『金剛般若経』全講義

岡野守也 著
Okano Moriya

大法輪閣

『金剛般若経』全講義　《目　次》

はじめに

前半――この上なく正しい覚りを

目次

装丁（山本太郎）

はじめに

金剛般若経《こんごうはんにゃきょう》とその他の般若経典

『金剛般若経』は、日本では『般若心経』についでよく知られた般若経典である。詳しくは『金剛般若波羅蜜経《こんごうはんにゃはらみつきょう》』または『能断金剛般若波羅蜜多経《のうだんこんごうはんにゃはらみったきょう》』といい、略して『金剛経』と呼ばれる。「能断」は「よく断つ」、「金剛」は「ダイヤモンド」、「般若」はふつうの知恵を超えた「智慧」、「波羅蜜多」（波羅蜜）は「覚りに到るための実践の方法」という意味である。何を断つのかというと、あらゆる煩悩を断つのである。

「悟り・覚り」という言葉を使うと、一見、ごくふつうの人間には関係ない、あるいはレベルが高すぎて無理な話だと誤解される方が多い。実際、覚りの話を始めるとすぐ「私は煩悩だらけの人間で、とてもそんなレベルの高い覚りなんて、得られるとも思わないし、求める気もない」とか「煩悩だらけのほうが人間らしくていい。煩悩がなくなったら、人生が面白くなくなるのではないか」という反応をする方がしばしばおられる。

しかし、覚りを「最高のいい気分」「悩みや苦しみから解放された、実に爽やかな心の状態」と言い換えると、なれるかどうかは別にして、「私もそうなれるといい」と思われるのではないだろうか。読者も、「どうしたら爽やかな・いい気分で生活することができるか」、あるいは「今のこの悩みや苦しみをどうしたらなくすことができるか」といった気持が動機で本書を手に取られたのかもしれない。

もちろん最高のレベルの覚りに誰もが簡単に到達できるわけではないが、心のコントロールの仕方を学ぶと、ごくふつうの人でもそれまでよりははるかに楽で爽やかな気持ちになれる。「どうしたら爽やかな気分で生きられるか」というのは、求める程度は別にして本格的な修行者と一般の人が共有する人生の基本的な問いだろう。

『金剛般若経』には、まさにそのポイントが語られていて、初心者から本格的な修行者に至るまで共通の、心の持ち方・生き方の大きなヒントになるはずである。

私たち人間の心の悩みや欲望といったネガティヴな感情の力は非常に強固で、よくない、しかたない、やめよう……と思っても、なかなか思いどおりにならない。そういう心をどうコントロールするか、「どんなに強固な悩みも根っこからすっぱり断ち切ってしまうことのできるダイヤモンドのような心のコントロールの智慧と方法」とタイトルを読み換えると、専門の修行者だけでなく一般の人にとっても大きな意味のある本であることがうかがわれるだろう。

筆者は長年、仏教と心理学の統合・融合を目指す「仏教心理学」の確立に向けて努力してきており、「日本仏教心理学会」の創設にも関わってきたが、そういうアプローチからも、『金剛般若経』は、「名は体を表わす」というとおり、専門家の研究対象としての過去の文献というだけでなく、読み取り方しだいで現代の一般の人にも興味深く有効性の高いものになるきわめて優れたテキストだと評価している。

しかし、かつて筆者自身、一般的な解説書・概説書ではなく原典に基づいて、「空《くう》」を正確に理解したいと思って般若経典類に当たり始めた頃、専門書と並行して『金剛般若経』の本文を講読した文献も探したが、ほとんどなくて非常にもどかしい思いをしたものである。

『般若心経』には読み切れないほど多数の解説書がある。ところが、もう一歩踏み込んで学ぶために『金剛般若経』を読みたいと思っても、現在に至るまで私の知る範囲では、一般の読者が全文を理解ししかも心のコントロールのヒントとして使うという目的に対して役立つものはないようだ。

サンスクリット語原典からの現代語訳は、幸いにして岩波文庫の『般若心経・金剛般若経』や中公文庫の『大乗仏典①般若部経典』などがあるが、漢訳原文はもちろん現代語訳であっても、一般の読者が読めばそのまま内容がわかるというものではない。

あまりにも有名な古代ギリシャの哲学者ソクラテスが先輩の哲学者ヘラクレイトスの著作について、「私がわかったところだけでも深い。わからなかったところはもっと深いのだろうが、深すぎて潜水夫でもなければとてもわからない」と、ユーモアを込めて語ったというエピソードがある。般若経典を学んできた筆者の感想もそれに似て、もちろんこれで『金剛般若経』のもっとも深いところまですべてわかったとは思っていない。しかし、『金剛般若経』が全体として何を言おうとしているのか、いちおう筋のとおった解釈はできたと考えており、かつての筆者のように『金剛般若経』をちゃんとわかりたいと願っている読者の参考にはなると思う。

すなわち、『金剛般若経』がまさにタイトルどおりの経典であるというその内容を、現代人にわかりかつ役立つように解説・解釈したいというのが、本書の元になった筆者の主宰するサングラハ教育・心理研究所での講義および雑誌『サングラハ』の連載、そして本書の執筆の動機である。現在一般的に入手可能なものとしては唯一の「金剛般若経全文講義」になると思う。

「般若経典群」について

本文に入る前に、専門書ではないので必要最小限にするが、予備知識を述べておきたい（面倒な方は先に本文の解説を読んでいただいてもいい。より詳しく知りたい方は、例えば、小峰彌彦・勝崎裕彦・渡辺章悟編『般若経大全』春秋社、を参照されたい）。

『金剛般若経』や『般若心経』以外にも「〇〇般若経」というタイトルの経典は数多くあり、学問的には「般若経典群」と呼ばれている。そうした般若経群の集大成として玄奘《げんじょう》の訳した全六百巻という膨大な量の『大般若経』がある。そこには、『般若心経』や『仁王《にんのう》般若経』などを除き、「〇〇般若経」と呼ばれるさまざまな般若経典群のほぼ全体が含まれていて、『金剛般若経』

に当たる部分も収録されているが、本書では広く読まれてきた鳩摩羅什《くまらじゅう》訳（『金剛般若波羅蜜経』）を使う。

奈良時代、聖武天皇の詔《みことのり》により全国の国分寺に必ず『大般若経』が揃えられるようになった頃から今日に到るまで、日本中の多くの寺院で「大般若会《だいはんにゃえ》」という儀式が行なわれてきた。そこでは、折本の経典が大きな扇のように開いては閉じられる「転読《てんどく》」がなされていて、テレビなどで報道されることがある。あまりに長くてすべてを声に出して読むのには時間がかかりすぎるので、一巻ごとに開いては閉じて、読んだことにするという意味と、一年に一度の風入れという意味があるという。

この六百巻を訳したのはかの有名な玄奘三蔵《げんじょうさんぞう》で、決死の覚悟でインドに旅してさまざまな経典を持ち帰り、たくさんの翻訳を成し遂げた後、最晩年、六六〇年正月から六六三年十月まで四年ちかくかけて訳したと言われている。

といっても、一人で膨大な作業すべてを行なったわけではない。サンスクリットの読める学僧が原文を読む。続いて、玄奘を中心に漢訳の原案が作られる。そしてまた玄奘を中心に、原典と漢訳とを対照しながらチェックし、最終案が決まったら、次にはそれを書いていく人たちがいる。訳経院《やっきょういん》といういわば翻訳チームの何十人単位での共同作業でも四年ちかくかかったという大変なものである。

近代の文献学的な経典の研究が進んでくるにつれて、こうした経典のなかのどの部分が早く書かれたものか、どの部分が後で書かれたものかについて議論がなされ、初期には、六百巻の最初の部分にあたるもっとも長大な『十万頌般若経《じゅうまんじゅ》』ができ、後からそれをダイジェストして小さいものが作られていったと考えられたが、今日では『大般若経』の四番目の部分にあたる『小品《しょうぼん》般若』と呼ばれるものが一番古く次第に拡大されていったというのがほぼ定説になっている。

サンスクリット語の三二音節のまとまりを一つと数えて「頌《じゅ》」と言い、『小品般若』は、ほぼ八千の頌から成っているため、現代の翻訳名では『八千頌般若経』と呼ばれる（中公文庫版の『大乗仏典』シリーズでは、第二巻、第三巻に『八千頌般若経』が収録されていて、幸いにして一番古い般若経典が現代語訳で読めるようになっている。ちなみに、第一巻には『善勇猛般若経』『金剛般若経』が収録されている）。

『八千頌般若経』以降、さらに一万頌、一万八千頌、二万五千頌、十万頌と拡大されていく。拡大されたものは、内容的にかなり重なっているのだが、それぞれ別のものと見なされ、「○○般若経」と呼ばれ、それらのほとんどを集大成したのが『大般若経』である。

かつては、より大きな般若経典が先に書かれ、『般若心経』や『金剛般若経』は後にダイジェストされたものではないかと言われていた。最近の研究では、『般若心経』はそうだが、『金剛般若経』は『八千頌般若経』に前後するくらい古いという説が有力になっている。

その根拠の一つは、『金剛般若経』では後の般若経典では中心的なコンセプトになる「空《くう》」という言葉が一度も使われていないことである。「空」という言葉を一度も使わず、しかも「空」の内容を語っているのは、「大乗」という新しい流れのなかで、「空」という術語が定着する以前つまり初期のものだからだろう、と推測されている（岩波文庫版『金剛般若経』解題、参照）。

また、後の拡大され整備された『二万五千頌般若経』（鳩摩羅什訳『摩訶般若波羅蜜経』、玄奘訳『大般若経』第二会にあたる）などでは、大乗仏教の基本は六波羅蜜《ろくはらみつ》つまり六つの修行項目の実践であると書かれており、それぞれについての十分な解説がなされているが、『金剛般若経』では、布施、忍辱《にんにく》、般若の三つの波羅蜜についてしか述べられていないことも、大乗仏教の教えの体系がまだ整備されていない初期のものであることを示しているのかもしれない、と筆者は考えている。

しかし、簡潔で、言葉は使っていないが「空」について、また「大乗仏教」の重要なポイントについて、語られるべき内容は十分に語られていることと、加えて寺院での日々の勤行《ごんぎょう》などで読むのに適当な分量であるという理由もあると思われるが、中国と日本では非常に重んじられてきた。日本では奈良仏教の法相宗《ほっそうしゅう》、平安仏教の天台宗、真言宗、鎌倉以降の禅宗の臨済宗、黄檗宗、曹洞宗などで、般若経典全体が重んじられているが、中でも『般若心経』と『金剛般若経』（鳩摩羅什訳）は日常的に読誦されており、そのこともあって一般にもよく知られている。

●「空《くう》」とは何か

さて、本文に入る前に、「空」とは、最終的には言葉を超えていて瞑想の実践（禅定《ぜんじょう》波羅蜜）をとおして直に体験するほかないものだが、あえて説明すればいちおうここまでは言葉で言える、というポイントをあらかじめ簡単に整理して押さえておきたい。

それは、『金剛般若経』は、内容はとても豊かで深いのだが、先に述べたとおり「空」という用語さえ使っていない、初期の、説明の仕方がまだ十分整理されていない時期の文献であるためだろう、文章をそのままたどるだけでは理解がきわめて難しいのに対して、整理された説明の仕方を使って逆に遡《さかのぼ》って読んでいくと、比較的、理解しやすくなると思われるからである。

「空」のサンスクリットの原語は「シューンヤ」で、数学のゼロと語源がおなじである。といっても、「何もない」とか「空っぽ」ということではなく、現代語訳すれば、もっとも適切なのは「非実体」つまり「実体ではない」という言葉だろう。

そこで、その反対の「実体」とは何かが問題だが、「実体」（英語ではsubstance）には東西の思想に共通した非常に明確な三つの定義がある。

第一は、「他のものの力を借りないでそれ自体で存在できる」ことで、それ自体で存在できるものを「実体」という。

　第二は、「それ自体の本性がある」ことで、ある時にはあり別の時にはなくなるというふうに変化する性質は「属性」であって「本性」とはいえないから、「それ自体の変わることのない本性がある」ということでもある。

　第三は、性質だけではなく存在そのものが変わらない、すなわち「永遠に存在することができる」ことである。

　まとめると、「それ自体で存在でき、変わらない本性があり、永遠に存在できるもの」を「実体」という。

　そういう意味での実体をサンスクリットでは「アートマン」という（パーリ語では「アッタン」）。そして、「アートマンといえるようなものは何もない」というのが、アートマンの否定語・「アナートマン」で、漢訳では「無我《むが》」と訳された（インド学仏教学の泰斗・故中村元博士は、むしろ「非我《ひが》」と訳したほうがよかったのではないか、と言っておられる）。

　これも一言注意しておくと、これまで文字の印象で誤用されてきたが、仏教のコンセプトとしての「無我」とは、「自我が無い」「我を張らない」「自己主張をしない」「無私」「滅私奉公」といった意味ではない。人間も人間以外の物もすべて「実体ではない」という意味である（拙著『自我と無我――〈個と集団〉の成熟した関係』ＰＨＰ新書、参照）。

「空」という言葉は「無我」という言葉とほぼ同義語だが、原始仏典以来頻繁に使われてきた「無我」ではなく、あえて「空」が使われるようになったのには理由があるようだ。

一つは、大乗仏教がそれ以前の仏教を「小乗」と呼んで、「我々のほうがよりレベルが高い、あるいはより深いのだ」と主張する時の標語として、従来それほど使われていなかった「空」こそ、より深くゴータマ・ブッダの真意を表わしているものとして選んだということ、もう一つは、「無我」以外の、「縁起《えんぎ》」、「無自性《むじしょう》」、「無常」、さらに「真如《しんにょ》・一如《いちにょ》・如《にょ》」という言葉で表現された事柄を一挙に一語に凝縮して表現する言葉として選んだと考えればいいのではないか、と筆者は考えている（拙著『よくわかる般若心経』ＰＨＰ文庫　などでは「空」と「苦」の関係についても述べているが、本書では本文の理解に必要ないと思われるので省略した）。

まず、「縁起」というコンセプトは、それ自体で存在できることを否定している。縁起とは、この世に存在するもの・ありとあらゆるものがすべて縁によって起こっている、つまり関係性・他のおかげで成り立っているということである。すなわち縁起ということは、まさにそれ自体で存在できることとの正反対である。つまり縁起において実体の定義の一が否定されるのである。

あらゆるものなので何を挙げてもいいのだが、仏教では他の何よりも私・人間の考察に焦点が当たっているので、私・人間のことを考えてみよう。

人間、特に近代人は、ある年齢になると「私は私だ」と思うようになり、あたかも「私は私だけで私であることができる」かのように思うことが多い。

だが、ほんとうにそうだろうか。私は私だけで生まれてくることはできない。私は私を生むことはできない。両親とのいのちのつながりによって生まれた存在である。反抗期の若者がしばしば「親は関係ない」と言うが、親との関係なしに生まれた人間はいないし、生まれることなしに生きている人間もいない。私は親との（そして遡ればすべての先祖との）深い関わり・縁によって生まれた結果として、今、生きているのである。私のいのちは、親・先祖とのいのちのつながり・縁によって生起・誕生した、縁起的なものである。

さらに、私は水を飲むこと、動物や植物や鉱物の食べ物を食べることによって生きることができている。空気を吸って吐くという大気・大空との関係によって生きることができている。それらとのつながり・縁なしには一瞬も生きることができない。

動物・植物・鉱物は大地（現代的に言えば地球）なしには存在しえないし、それらを食べて生きている私たちも大地なしには存在しえない。大地とのつながり・縁によって生かされて生きている。

簡略のためにいったんここまででとどめるが、こうしたつながり・縁は、ていねいに・深く・広く考えていくと宇宙全体にまでつながっていく。私たち人間は、宇宙のなかに宇宙とのつながりのおかげ・ご縁で生かされて生きている。これは、特定宗教としての仏教の内部だけで通用する教義ではなく普遍的な事実だと思うが、どうだろうか。

次に、あらゆるものは、他との関係および時間によって性質が変わっていく。この世に存在するものはすべて、そういう意味で変わることのない「本性」を持っていないということは「無自性」という言葉で表現され、実体の定義の二が否定されている。

例えば私という人間は、親との関係では子供、子供との関係では親、孫との関係では祖父、かつて教師だった時は学生との関係では教師、出版社との関係では著者である。大学を辞めた今はもう「教師」ではない。そのように、それらは、すべて他と関係によって決まり、関係によって変わる「属性」であって、変わることのない私の「本性」ではない。

さらに、かつて私は赤ん坊であり、幼児であり、少年であり、青年であり、中年、壮年だったが、いまや高齢者・老人である。幼い、小さい、若い……等々は、その時その時の性質・属性ではあるが、変わらない「本性」ではない。それどころか、そもそも私としては存在していなかった誕生以前があり、現状のようなかたちの私としては存在しなくなる死後がある。「存在すること」そのものが時間との関わりで変わることであって、私の永遠なる「本性」ということはできない。

さらに、この世に存在するものはすべて時間によって変化するのみならず、やがて無くなっていく。そういうことを「無常」という。もし何かが「実体」なら永遠に存在できるはずだが、すべては無常であって永遠に存在できない。無常ということは実体の第三の定義の否定である。

ふだんあまり考えないし、考えたくないことだが、私たち人間は、今は存在しているが、やがて必ず存在しなくなる。性質どころか存在そのものが有から無へと変化していくものなのである。そういう意味では、「存在している」と言うより、「現象している」と言うほうが正確だろう。

以上のように、縁起と無自性と無常というこの三つの概念・考え方が、ちょうど実体の三つの定義を否定している。私たち人間もその他のものもすべて、それ自体で存在することができ、変わらない本性を持ち、永遠に存在することができるようなものではない。つまり、「実体ではない・非実体」なのである。

そのように、「実体ではない」というのが「無我」という言葉のもともとの意味であり、しかし実体ではないということは、何も無い虚無的な無ということでは決してなく、ありのままの世界は現象しており、現象しているありのままの世界は縁起の世界であり、すべてがつながりつながって全部つながっているから、最後は「一つ」と言うほかない。それを「如《にょ》」あるいは「真如《しんにょ》」、「一如《いちにょ》」という言葉で表現する。

現代科学の知識を借りて言うと、〈私〉という存在、というより現象は、重力によって酸素の多い大気を引きつけて維持しており食べ物になってくれる動物や植物を育み鉱物を含んでいる地球、地球にエネルギーを注いでいる太陽、太陽系を生み出し、今こういう位置に存在させている天の川銀河、私たちの銀河を含むすべての銀河を生み出した宇宙とのつながり・関係・縁なしには存在しえないし、宇宙のすべての存在は何らかのかたちでつながっているし、宇宙エネルギーという究極のレベルでは一体である（こうした現代科学を援用した表現について詳しくは、拙著『コスモロジーの心理学』青土社、参照）。

しかしもちろん、修行者たちは科学的知識によってそう考えたのではない。瞑想のなかで、すべてが徹底的に「一」であり、比べる他の何かがない、比べるものが一切何もなく、数えられるような特定の何かとして認識することがもはやできない、ということを体験した結果、「一如と言ってもいいが、これはもう〈一〉とさえ言えない、〈空〉という言葉のほうがふさわしい」と考えたのだと思われる。

すなわち、それぞれの角度から語れば縁起・無自性・無常・無我・如といった概念で説明されるような存在のあるがままの姿を、一言で一挙に「空」という言葉に凝縮して表現したのである。それを概念的に整理しなおせば、「非実体」、それ自体で存在できず、変わらない本性をもたず、永遠には存在しない、しかしながら現象としてはありありと現われているものが、個人も含めての世界のさまざまな出来事のすべてであり、すべてはつながっていて実は一体である、ということになるだろう。

そういう意味で言うと、空と一如はおなじことがらの別の表現ということもでき、自分と他者・すべての心ある生き物・衆生がすべて空であり、ということは一如・一体でもあるという目覚めから、当然あるいは自然なこととして「慈悲《じひ》」が生まれる。

大乗の「菩薩《ぼさつ》」すなわち覚りを求める存在とは、そうした空・一如の智慧すなわち「般若」とそこから生まれる「慈悲」を探求する存在を意味している。

私は、講義ではいつも「この実体・非実体の定義がきちんと頭に入っているかどうかが、仏教とりわけ大乗仏教が基本的なところからわかるかどうかの境目になるので、ぜひ暗記するくらいに理解してほしい。人の話を聞いた時に『あ、聞いたことがある』と思うような〈受動的記憶〉ではなく、必要な時自分でいつでも思い出せる〈能動的記憶〉にしてほしい」と言っている。

すべては空である＝実体ではない

ともかく、以上のように「非実体・空」をあえて言葉で説明すればほぼこういうことであり、それを「空」という用語がまだ定着しない時代に他のいろいろな言葉でなんとか表現しようとしているのが『金剛般若経』だ、という予備的な理解を持って読んでいくと、全体の理解が正確になり、深まっていくだろう。

つまり『金剛般若経』は全体として、後の般若経典で使われている言葉で言えば、「すべては空である（一切空《いっさいくう》）」つまり実体ではないということを「空」という言葉を使わないで語った経典なのである。

本文中に実際に言及されている「すべて」の項目としては、自我、心、身体、生きとし生けるもの、物質的な富、世界・全宇宙、原子・微塵《みじん》、宇宙の一体性、仏・如来、仏の国土、真理の言葉・教え、それ以前の仏教の修行の四段階、大乗の覚り、智慧の心、施すこと、耐え忍ぶことなどなどが含まれている（この順序で語られているわけではない）。ほぼ「すべて」をカヴァーしていると言っていいだろう。

ふつう常識的にはこうしたものすべて――特に自我や心や身体、生き物、物質、原子、富、世界・宇宙など――は実体であるかのように思われていて疑われることもないから、突然「それらすべては空である」と言われても、わけがわからない。しかし、私たちが常識的にわけがわかっていて知恵だと思っているものは、実はむしろ迷い・無明であり、そのいわば浅知恵・悪知恵こそがすべての悩み・煩悩の元だ、というのが仏教の指摘するところである。

だから、もしあらゆる悩み――これには自分の悩みはもちろんだが、それだけではなく人間として生きとし生けるものすべての悩みが含まれる――を根本的に断ち切りたかったら、浅知恵・悪知恵を超えてほんとうの智慧を得る必要がある。しかしその智慧は、私たちが常識的に思っているような意味で「得られる」ものではない、という。あえて言えば、「実体的に得られるようなものは何もない」と気づくことが「智慧・般若」なのだというのである。

ここから先、詳しくは、本文に沿って、できるだけわけがわかるように解きほぐして講義していきたいと思う。

前半——この上なく正しい覚りを

経題と訳者

まず、タイトルと訳者の個所を解説していこう。

金剛般若波羅蜜経
姚秦《ようしん》の天竺《てんじく》三蔵鳩摩羅什《くまらじゅう》訳す

この経典は、玄奘三蔵よりもかなり前の世代の有名な訳経僧・鳩摩羅什（クマーラジーヴァ、三四四〜四一三）が訳したものである。他に真諦《しんだい》（パラマールタ）、達磨笈多《だるまぎゅうた》（ダルマグプタ）、玄奘も訳しているが、訳文の格調が非常に高く文学的に優れていたためか、中国でも日本でも鳩摩羅什訳が好んで読まれてきた。

仏教文献学の研究としては、サンスクリット原文の様々な写本の同異が詳細に論じられている（例えば渡辺章悟『金剛般若経の研究』山喜房佛書林、二〇〇九年）。

しかし、本書は研究書ではないので、これまで日本で知られてきた鳩摩羅什訳を、どのように現代人にとって意味あるものとして読み取ることができるか、というところに焦点を当てて解読していきたい。そのため、本文も、まず鳩摩羅什訳を私の理解で意訳的に現代語訳したもの、次に鳩摩羅什訳の漢文の書き下しというかたちで示していく。

なお、内容としては大まかに前半と後半に分けることができ、後半は前半と内容的にかなり重なっている。文献学的研究では、この経典の原型は前半で完結していたが、繰り返し・重複を厭わないというインドの伝統もあって、類似した別々の本文を後につなぎ合わせて一つの経典にしたのではないかと言われている。

したがって、大まかに理解するには前半だけでいいように思えるが、前半と後半をていねいに比較してみると、かなり異なる部分もあることがわかる。そうした点に関して、大乗仏教の代表的な論師《ろんじ》（宗教哲学者）であるアサンガ（無著《むじゃく》）が前半だけで省略せず全体にわたって注釈しているのも、単なる重複ではなくより深めた繰り返しと捉えているからだと思われる（前掲『大乗仏典1　般若部経典』中公文庫、参照）。筆者も、全文を解説するという本書の目的もあるので、そうした捉え方で、省略せず前半・後半の全文を取り上げていく。

●私はこのように聞いた

私はこのように聞いた。ある時、ブッダはシュラーヴァスティ（舎衛国《しゃえこく》）のジェータ林（祇樹）

にあるアナータピンダダ（給孤独《ぎっこどく》長者）の庭園に、千二百五十人の修行僧たちとともにおられた。その時、世尊は、食事時に衣を着け、鉢を持って、シュラーヴァスティ城に入り、食を乞い、城中で托鉢をおえて、もとの場所に帰られ、食事をすまされると、衣と鉢を収め、足を洗いおえ、敷物を敷いて坐られた。その時、スブーティ長老が集団のなかにいて、すぐに席を立ち、一方の肩だけ〔上着を〕かけ、右のひざを土に着け、合掌《がっしょう》礼拝《らいはい》して、ブッダに申し上げた。

（是《かく》の如《ごと》くわれ聞《き》けり。一時《あるとき》、仏《ほとけ》、舎衛国《しゃえこく》の祇樹給孤独園《ぎじゅぎっこどくおん》に在《い》まして、大比丘衆千二百五十《だいびくしゅせんにひゃくごじゅう》人《にん》とともなり。その時《とき》に世尊《せそん》は、食時《じきじ》に衣《え》を著《つ》け、鉢《はつ》を持《じ》して、舎衛大城《しゃえだいじょう》に入《い》りて食《じき》を乞《こ》い、その城中《じょうちゅう》において次第《しだい》に乞《こ》い已《おわ》って、本処《ほんじょ》に還《かえ》り、飯《ほん》を食《じき》し訖《おわ》って、衣鉢《えはつ》を収《おさ》め、足《あし》を洗《あら》い已《おわ》り、座《ざ》を敷《し》きて坐《ざ》したまいき。時《とき》に長老須菩提《ちょうろうしゅぼだい》は、大衆《だいしゅ》の中《なか》に在《あ》り、すなわち、座《ざ》より起《た》ちて、偏《ひと》えに右《みぎ》の肩《かた》を袒《はだぬ》ぎ、右《みぎ》の膝《ひざ》を地《ち》に著《つ》け、合掌恭敬《がっしょうくぎょう》して、仏《ほとけ》に白《もう》して言《い》う。）

多くの経典が、「如是我聞《にょぜがもん》」、「是《かく》の如《ごと》く我《われ》聞《き》けり」という言葉から始まる。「如是」は、「このとおり」、「このとおりまちがいなく」ということで、つまり「〔まちがいなく〕こういうふうに私は聞いた」という意味で、決まり文句ではあるが深い意味を読み取ることができる。

『金剛般若経』が、実在の歴史的な人物としてのゴータマ・ブッダ（釈尊）の語ったものではなく、後代の創作であることは、文献学的研究として明らかである。したがって作者は、ブッダの教えの本質を、時代を超えて「是の如く我聞けり」、まちがいなくこのように聞いたのだという非常に深い自信を持っていたにちがいないが、現代的に言えば、著者名を騙《かた》った著作権違反の「偽書」である。

しかし繰り返せば、「釈尊の覚りは、部派仏教で語られてきた程度の浅いものではなく、ほんとうはこのように深いものであったはずだ」という主張を持って、「是の如く我聞けり」という言葉から始めて経典を自分で書いたということは、著者自らもゴータマ・ブッダ同等あるいは『阿含経《あごんぎょう》』などで語られているもの以上の覚りを開いているという自覚と自信を持っていたからだと考えられる。

その自覚・自信が本物かどうか、語られている覚りがそう言えるほど深いものかどうか、本文を読みながら読者自身が評価していただければいいと思うが、筆者は、歴史的なゴータマ・ブッダの言葉に近いとされる『阿含経』も一通り学び、さらにさまざまな般若経典を学びながら、「これはほんとうに深い。書いた人たちが『是の如く我聞けり』とあえて主張しえた理由がよくわかる」と感じている。

場面設定は、歴史上のブッダがしばしば説法をされたシュラーヴァスティという街のはずれのジェータ林の庭園である。これはジェータという王子が持っていたものを、ブッダに非常に深く帰依して、身寄りのない人・孤独な人のために食事を布施していた（給孤独）長者が、王子に「ブッダが弟子たちに修行させたりお説法したりするのによい場所なのでぜひ譲って欲しい」と言うと、王子は、非常に気に入っていた場所らしく「とても売れない」と答えた。「いくらでもいいから売ってください」、「この土地に全部金を敷き詰めても、売れない」というやり取りがあり、古代インドではいったん値段を言ったものは売らなければならないという商慣行があったため、長者がほんとうに金を敷き詰めてしまうと、王子は売らざるをえなくなった、というエピソードがある。きわめて高額なお金を払ってでもあえてブッダに捧げたかったというすばらしい場所であり、ブッダはそこにおられたという。

その時、「千二百五十人の修行僧たちとともにおられた」とある。後の般若経典になると、どんどん同席者の人数が増え、さらに弟子たちだけではなく、さまざまなものが数多く集まってきて、「ここにはこれだけの仏や菩薩やその他の天や夜叉《やしゃ》やさまざまなものが集まった」という記事だけで何頁にもなるほどである。それに対して、この千二百五十人というのはブッダの生前の弟子のほぼ実数のようである。そういう意味でも、『金剛般若経』はまだあまり飾りたてられていない初期のものだろうといわれる。

ゴータマ・ブッダは日常的には、朝のうちに下着を着けて上着を持ち、鉢を持って、街からやや離れたジェータ林を出て、街まで行き、乞食《こつじき》、要するに托鉢をされる。街で托鉢をし、いただいたものはその日のうちに食べ、基本的には蓄えをしないのが原則だった。余談だが、日本語の乞食《こじき》はこの乞食《こつじき》から来ている。

托鉢・行乞から帰ってきて、食事を終え、鉢と上着を片づけ、基本的には裸足で歩くので、両足を洗い、設けられた座に、両足を組む結跏趺坐《けっかふざ》で、体を真っ直ぐにして坐られる。

原始教団では基本的には一日二食しか食べない。昼を食べ終わったら、あとは翌朝まで食べないのである。

しかし、それではさすがにお腹が空《す》くので、後の時代には軽い食事は取ってもよいことになった。空腹のために心が乱れないよう心にほんの少し添えてあげるという意味で「点心《てんじん》」と呼ばれる。これも余談だが、中華料理店に「点心」という名前の軽いメニューがあるが、元々はここから来ているようだ。

しかし、ブッダ自身は基本的に午後からは食べなかった。それで栄養は大丈夫なのかというと、坐禅をしていると、エネルギー消費が非常に少なくなり基礎代謝以外はほとんどなくなるので、栄養不足にはならないという。

私たちのような生活をし、さまざまな雑事をして、特に頭のなかが乱れていると、きわめて多くの余分なエネルギーを使うらしく、かなりの量を食べないでは済まないが、非常に澄み切った瞑想を続けていると、お腹はほとんど空《す》かないようだ。

その時、多くの修行僧たちが結跏趺坐しているブッダのところに近づいて、両足よりも低いところに頭を置くていねいな礼をする。仏に対する正式の礼の仕方で、「五体投地《ごたいとうち》」という。原始仏教とはちがうようだが、チベット仏教の五体投地ではほんとうに全身をバタンと投げ出す。報道番組で初めて見た時に、まさに「五体投地」だな、と思ったものである。戻ると、そうした自分の頭の上よりも高くブッダの足をいただくという礼拝をしてから、仏さまの周りを右回りに三度回る。スブーティは、そういう礼拝をしてからブッダに問いかけている。

心をどうコントロールするべきか

須菩提《しゅぼだい》＝スブーティは、初期からの弟子であり、ブッダの十大弟子・長老の一人で、空の理解では一番、「解空第一《げくうだいいち》」と言われている。その弟子が、座から立ち上がって、質問というかたちで説法のお願いをしたのである。

十大弟子のなかで、シャーリプトラ＝舎利弗《しゃりほつ》――舎利子《しゃりし》ともいい、『般若心経』の説法の相手――が「智慧第一」と呼ばれており、弟子中の双璧、「空に関しては須菩提・スブーティ、智慧なら舎利弗・シャーリプトラ」と言われたほどの弟子である。

そのスブーティ長老が席から立ち上がって上着を片方だけ肩にかけ――今でも東南アジアのテーラーヴァーダの修行僧たちが片肌を脱いでいる様子がテレビなどで報道されるが、形としては釈尊時代をそのまま伝えているという——右膝を地に着けてブッダに向かって合掌してから、次のように問うている。要するに「菩薩はどういうふうに修行したらいいでしょうか」、特に「心をどうトレーニングしたらいいでしょうか」と。

「驚くべきことです、世尊よ。如来がもろもろの菩薩を守り、もろもろの菩薩に委託しておられるとは。世尊よ、男女の修行者がこの上なく正しい覚りを得たいという心を起こした時、どのように生活を保ち、どのようにその心をコントロールすればよろしいでしょうか」と。

ブッダが言われた、「善《よ》いかな善いかな、スブーティよ、おまえが言うとおり、如来はもろもろの菩薩を守り、もろもろの菩薩に委託しておられる。おまえは、今よく聴くがよい。まさにおまえのために説こう。男女の修行者がこの上なく等しいもののない正しい覚りを得たいという心を起こした時は、このようにその心をコントロールすればよい（ということを）」。

「はい、ブッダよ、お聴きしたいと思います」。

ブッダは、スブーティに告げられた。

（『希有《けう》なり、世尊《せそん》よ、如来《にょらい》はよくもろもろの菩薩《ぼさつ》を護念《ごねん》し、よくもろもろの菩薩《ぼさつ》に付嘱《ふぞく》したもう。世尊《せそん》よ、善男子善女人《ぜんなんしぜんにょにん》、阿耨多羅三藐三菩提《あのくたらさんみゃくさんぼだい》の心《こころ》を発《おこ》さんに、まさに、いかんが住《じゅう》すべき、いかんがその心《こころ》を降伏《ごうぶく》すべきや』と。
仏言《ほとけい》いたもう、「善哉《よいかな》、善哉《よいかな》、須菩提《しゅぼだい》よ、汝《なんじ》の説《と》く所《ところ》の如《ごと》く、如来《にょらい》はよくもろもろの菩薩《ぼさつ》を護念《ごねん》し、よくもろもろの菩薩《ぼさつ》に付嘱《ふぞく》す。汝《なんじ》、今《いま》、諦《あきら》かに聴《き》け、まさに汝《なんじ》のために説《と》くべし。善男子善《ぜんなんしぜん》女人《にょにん》、阿耨多羅三藐三菩提《あのくたらさんみゃくさんぼだい》の心《こころ》を発《おこ》さんに、まさにかくの如《ごと》く住《じゅう》し、かくの如《ごと》くその心《こころ》を降伏《ごうぶく》すべし」。
「唯《いい》、然《しか》り、世尊《せそん》よ、願《ねが》わくは聴《き》かんと欲《ほっ》す」。）

説法が始まるに際し、それを引き出す質問をスブーティがしたわけである。これは、文学的な設定としては、空についてもっともよく理解している弟子が、ブッダに、空のことを直接にではなく、心をどうコントロールすれば最高の覚りが開けるだろうか、と聞いているのである。

「阿耨多羅三藐三菩提」は、「アヌッタラサムヤクサムボーディ」というサンスクリット語を音写したもので、一字ごとの漢字の意味は関係がない。「三」が二回出てくるが、これも数ではなくて音を表わしている。「無上正等正覚《むじょうしょうとうしょうがく》」と訳され、「この上なくこれに等しいもののない正しい覚り」という意味で、「ボーディ＝菩提・覚り」の上に形容詞が付けられたものである（以下訳では「この上なく正しい覚り」と略記する）。

最高の覚りを求めたいという心を起こした存在——覚りを求める存在をサンスクリット語で

「ボーディサットヴァ」といい、漢訳では「菩提薩埵《ぼだいさった》」と音写され、さらに「菩薩《ぼさつ》」と省略された。菩薩には男性も女性もいるから、「善男子《ぜんなんし》・善女人《ぜんにょにん》」という——そういう菩薩たちがこの上ない覚りを得たいという心を起こした時、どういうふうに心を保ったらいいか、という質問である。「住し」とは「保つ」という意味で、「どういう生活・行動をし、特にどういうふうに心を保ったらいいでしょうか」と問うたのである。

「余計な悩みがいっさいない人生を送るには、心をどうコントロールすればいいのか」、こう読み換えると、これは、専門の修行者だけでなく私たちすべての問いになる。

冒頭に述べたように、私たちの心の意欲や感情に関わる部分はなかなか理性・意識の思いどおりにはならず、勝手に動き回って自分にも人にもためにならない感情や行動を引き起こすもので、「悩んでもしかたない。悩むのはやめよう」と思っても悩んでしまう。そうした煩悩の心をどうコントロールするか、漢訳ではまさに「降伏《こうふく》させ押さえつける」というニュアンスで「降《ごう》伏《ぶく》」という言葉が使われている。

心を降伏する——仁王《におう》禅

元のサンスクリットは「降伏」という言葉ほどの強いニュアンスはなく、「保つ」ということのようだが、漢訳者の鳩摩羅什は、たぶん自らの体験も含めてだろう、心というものは非常にコントロールしにくく、それを何とかするという感じの「降伏」という訳語を使って表現したのではないかと推測される。

修行をしてみると確かに実感するが、自分の煩悩の心というものは簡単にはいかない。かなり気力・気合いを入れ、まさに降伏するくらいの気持ちでないとなかなかうまくコントロールできない。

かつて禅の師・秋月龍珉《あきづきりょうみん》先生に、「仁王禅」ということを教えていただいた。「特に初心の時には、仁王さまつまり金剛力士が大変な勢いで魔を倒し踏みつける時のような気合いを入れて、冬でも汗が出るくらいの気持ちで坐禅しなければ、なかなか心というものは言うことを聞いてくれないものだ」と言っておられ、なるほどと思ったものである。

時々思い出すのだが、東京神楽坂の秋月道場は、先生のお宅の裏にあって、工事の飯場のようなバラックに畳を敷いた、非常に簡素というか粗末というか、そういう道場だった。だから、冬は隙間風で実に寒い。「私のところは在家の方が多いので、ゆるやかにしてある」とおっしゃるのだが、最初の坐禅の時間は、真冬でもストーブは一切入らない。

しかし、「仁王禅」ということを教わっていたので、その気でやると、真冬でも坐禅の間は汗が出るくらいだった。しかし、丹田《たんでん》の力が身に付いていないので、坐禅が終わるとたんにゾクゾクッと来る。提唱《ていしょう》が始まるところからは、ストーブをつけていいことになっていたが、ようやくストーブに火が入っても、まだ部屋も体も冷えきっている。「提唱も坐禅と同じ気持ちで聞きなさい」と言われていたが、やはりいくらか気がゆるんでいるので、寒いなあと思いながら、部屋がやっと暖まってきた頃には会が終わっていた。

確かに「降伏」という漢訳の言葉が実感を持つくらい気合いを入れないと、あちらこちらへと気が散ってしまう。なんとなくぼんやりと坐って、さまざまな思いが起こってきて、そのうちにその思いもぼんやりしてきて、うっとりといい気持ちになるか眠くなる。そんなことでは坐禅にはならない。

坐ってぼんやり・うっとりとしていい気持ちになっているのは、心が安楽になるという効果があるにしても、それは坐禅ではない。秋月先生は「覚りを目指すという意味では、それではダメだ」とはっきりおっしゃっていた。究極の覚りを開きたいという心を持って臨む時は、「心を降伏する」というくらいの気持ちが必要だということである。

しかし、最初のところでも述べたように、「覚り」と言うと、ふつうの人間には無理な話だと思われがちだが、「悩みや苦しみから解放された、最高に爽やかな心の状態」と言い換えれば、なれるかどうかはともかく「私もそうなれるといい」と思うのではないだろうか。

求める程度は違っていても。「どうしたら爽やかに生きられるか」というのは、修行者と一般の人が共有する人生の基本的な問いだろう。

もちろん阿耨多羅三藐三菩提・この上ない最高の覚りに誰もが簡単に到達できるわけではないにしても、心のコントロールの仕方を学ぶと、ふつうの人でもそれまでよりははるかに楽で爽やかな気持ちになれる。

ここでは、まさにそのポイントが語られていて、「いかんがその心を降伏すべきや」、つまり、この勝手に動き回って良からぬ思いが湧いてきて少しもうまくコントロールできない心を、どうコントロールしたらいいか、という質問がなされていて、以下の問いと答えは、初心者から本格的な修行者に至るまで共通の、生き方・心の持ち方の大きなヒントになるはずである。

● 如来はもともと菩薩を守っていてくださる

初心者はもちろんかなりの経験を積んだ修行者たちでさえ、心はなかなかコントロールできず、さまざまなことで悩み苦しむものだが、しかし実は、まだコントロールできていなくても「にもかかわらず大丈夫だ」という決定的に重要なポイントが先に語られている。

「希有なり、世尊よ」とあるが、「希有なり」とは、非常に希なすばらしいことという意味である。「非常に希なすばらしいことです。ゴータマ・ブッダよ。如来はもろもろの菩薩を護念し最高の恵みで護っていてくださるし、菩薩たちに最高の委託・委嘱、つまりあなた方は修行して必ず真理をつかんでその真理を伝えることのできるような存在になるという予告というか予約・保証をしてくださっている」と。つまり、そもそも最初から如来が菩薩を恵み護っていてくださるし、将来覚りを得ることの保証をしていてくださる。その事実がまずあるというのである。

しかしそれはそうだとしても、現状としての菩薩はまだこれから覚りを得たいと願い、修行して得なければならない。「そのためにはどうすればいいでしょうか」と質問をしているのだが、その前にまずすでに如来からの働きかけが先にあることが押さえられている。如来の働きかけが先にあって、それに応えて私たちはその如来の働きを自らの自覚にしようとすることができるのである。

これは、すべての人は気づいても気づかなくても仏のなかに生かされており、だからこそそのことに気づく可能性があるということ、すなわち「仏性《ぶっしょう》」という言葉で表現されることがらである。

ここでわかりやすくするために「如来《にょらい》・仏」という言葉を「宇宙」と言い換えておくと（筆者の理解では神・仏・天地自然（つまり宇宙）・ご先祖さまはほぼ同義語である）、私たちふつうの人間つまり凡夫は基本的にほとんど自らが宇宙の一部だという事実に気づいていない。そんなことは夢にも思わず、「自分は自分だ」、つまり自らは他と分離・独立して存在する実体だと思いこんでいる。しかし、私たちがまったく気づいていないという状態にあっても、実は宇宙は最初から私たちを包んでおり、自らの一部分として生み出し存在させているのである。それに気づくと、深い安心が得られるし、人間はそれに気づく可能性を与えられている。

それに関して、筆者は「自分」という言葉には二つの対照的な意味が読み取れると考えている。まず「自ずから他と分離している」という意味、それから「大自然の一部分である」という意味である。そして、後のほうが「自分」の正しくかつ深い意味だと思われる。

そういう自分＝私という人間は、宇宙から心を与えられた存在であり、だから、宇宙はやがて気づく・覚ることのできる存在として人間を生み出しているとも言える。その事実のほうが先にある。事実が先にあるために、後でその事実に気がつくことができるという構造になっている。

とはいっても、私たちはよく学んでからでないと、頭でわかることさえできない。まして覚るというのは、実際に修行してからになる。そうした事情を後に後期インド仏教や中国仏教では、「本覚《ほんがく》」と「始覚《しかく》」という言葉で説明するようになった。

「本覚」とは「本来覚っている」という意味である。「始覚」とは初めて覚るということである。つまり私たちは、如来の世界、仏の世界、あるいは宇宙の真っただ中に最初からいる。これが本覚ということである。だから、本来ある意味では覚りの真っただ中にいるのである。しかし、覚りの真っただ中にいる者でありながら、そのことに気がついていない。気がついていないどころか、非常に迷っている。そういう状態にあるので、教えを受け、修行し、自分の自覚として初めて「ああそういうことなのか」と覚ることを「始覚」という。

つまり、初めて覚るという覚り・「始覚」の前に、本来覚りの世界にあるという「本覚」が先にあって、そこから始覚というものが成り立つのだということが、特に『大乗起信論《だいじょうきしんろん》』――これはインドでできたものか中国で新たに作られたものかという文献学上の問題があるが――のなかではっきりと説かれるようになってきた。しかし、そうした説明の元になる把握は、実は『金剛般若経』の冒頭の須菩提のブッダに対するこうした質問の仕方のなかにすでに現われている。「如来はよくもろもろの菩薩を護念し、よくもろもろの菩薩に付嘱したもう」ということの事実が先にある。その事実が先にあるので、善男子善女人は覚りたいという心を起こすことができるのだ。

ここで一つコメントをしておくと、『金剛般若経』で「如来」という言葉が使われる場合、ゴータマ・ブッダが自分を指す一人称的な言葉として「如来（である私）」と言う場合と、三人称的な空・宇宙という意味の場合があり、文脈で読み分ける必要がある。ここでは、三人称的な意味に取って解釈した。

さて、それで、須菩提・スブーティは、覚りたいという心が起こった時、実際的にはどうしたらいいのかと聞いているわけだが、実はすでにすべてわかっている。しかし、他の弟子たちのために、「お釈迦さま、ご指導をお願いします」と質問・依頼をしたのである。

するとブッダも、「善哉、善哉」――「ぜんざい、ぜんざい」という読みもあるが、漢訳でしかも漢字だけで「善哉、善哉」という字を見ると、なかなか味わいが深い——まさに「よいかな、よいかな」、「スブーティよ、おまえはほんとうに良い質問をした」ということである。

そして重要なのは「汝の説く所の如く」、質問のなかでおまえが言ったとおり、如来というものは「よくもろもろの菩薩を護念し、よくもろもろの菩薩に付嘱す」と。

すなわち、すでに私たちは覚りの世界に、そのただ中に置かれている。宇宙に包まれている。そのいわば客観的といってもいい事実から出発するのだが、しかし実際的には、覚りたいと思い、ではどうしたらよいかという主体的・主観的な問題があるので、「汝、今、諦《あきら》かに聴け、まさに汝のために説くべし」と、教えを説き—聞くということが必要になるのだ。

あなたのために語る

お説法というものは、実際には例えば千二百五十人といった多数の人のために説かれるのだが、興味深いことに、ここでは複数形で「おまえたちのために説く」とは言われていない。これは実はとても大事なことである。

説法は、聴衆一般にではなく、他の誰でもなく「あなた一人のために説く—私一人のために説かれている」というふうに聞かれた時にほんとうの説法になる。筆者も、かつて禅道場に通って老師から提唱・説法を聞いていた頃、ほんとうに深い学びができたと思ったのは、「老師は今日私のため・私だけのために語ってくれたのではないか」と感じた時だった。

そのように、ブッダはもちろん千数百人のために語るのであり、スブーティもそのことはわかっているのだが、にもかかわらず、ブッダは「あなたのために語る」と言うのだ。

それは、その場にたとえ何千人いたとしても、そこに師と特定の弟子との主体と主体、一対一の関係があるということなのである。少々哲学的に言うと、「実存的な対話関係」という。ユダヤ教神秘主義の哲学者M・ブーバーに「我と汝」という言葉があるように、まさにここで一人一人の人に向かって、ブッダは我と汝の関係性において真理の言葉を伝えようとしておられる、それが説法なのだ、ということがこの個所で語られていると思う。

平たく読むと、ブッダはスブーティの言ったことと同じことを繰り返して、「では君のために話してあげましょう」と、それだけのことを言っているにすぎないと読んで、読み過ごしてしまうような個所だが、それでは経典を読んだことにならないのではないだろうか。

学んでいる時、この仏典・『金剛般若経』の一句一句が私一人のために語られている、「まさに汝のために説くべし」という言葉として語られている、と主体的に受け止めた時、それがほんとうに真理の言葉としての「お経」になるのだと思われる。

「善男子善女人、阿耨多羅三藐三菩提の心を発さんに、まさにかくの如く住し、かくの如くその心を降伏すべし」「男女の修行者がこの上なく等しいもののない正しい覚りを得たいという心を起こした時は、このように生活を保ち、このようにその心をコントロールすればよい」と、これから話していこうと言われるのに対して、スブーティは「唯《ゆい》、然《しか》り」「はい、ぜひそうしてください」と応える。これから問い―答えの中身が始まる前に、「唯、然り」というブッダに対する全面的な信頼（「全幅の信頼」という言葉がある）が語られている。

読みとばしてしまいがちだが、「では今から授業を始めます」「お願いします」といった軽い儀礼的な話ではない。ほんとうに教え学ぶというのは、「まさに汝のために説くべし」「唯、然り、世尊よ、願わくは聴かんと欲す」というふうに説法が語られる―聞かれるということが起こることであり、ここには、一見非常に定型的な、しかし深く読むと感動的な場面が語られている。

自分も衆生も実体視しない

ブッダはスブーティに告げられた、「もろもろの菩薩・大士は、まさにこのようにその心をコントロールするがよい。『あらゆる生きとし生けるものの種類、すなわち卵から生まれるもの、胎から生まれるもの、湿り気から生まれるもの、何もないところからふと生まれるもの、色・かたちのあるもの、色・かたちのないもの、〔意識的な〕心があるもの、心がないもの、心があるともないともいえないものをすべて、私は煩悩の残りさえない涅槃《ねはん》に入れて、覚りの向こ

う岸へと渡らせる。そのように数限りない生きとし生けるものを超越させたとはいっても、実際には覚りを得たものはいないのだ』と。

なぜかというと、もし菩薩に、実体としての自我という観念、霊魂的な人格的な主体という観念、個体的な生命という観念、個体性を持って命を持続していくものという観念があるようなら、そもそも菩薩とはいえないからである。

(仏《ほとけ》、須菩提《しゅぼだい》に告《つ》げたもう。

「もろもろの菩薩《ぼさつ》・摩訶薩《まかさつ》は、まさにかくの如《ごと》く其《そ》の心《こころ》を降伏《ごうぶく》すべし。『あらゆる一切衆生《いっさいしゅじょう》の類《たぐい》、もしは卵生《らんしょう》、もしは胎生《たいしょう》、もしは湿生《しっしょう》、もしは化生《けしょう》、もしは有色《うしき》、もしは無色《むしき》、もしは有《う》想《そう》、もしは無想《むそう》、もしは非有想《ひうそう》、もしは非無想《ひむそう》なるもの、われ、皆《みな》、無余涅槃《むよねはん》に入《い》れて、これを滅《めつ》度《ど》せしむ。かくの如《ごと》く無量《むりょう》無数《むしゅ》無辺《むへん》の衆生《しゅじょう》を滅度《めつど》せしめたれども、実《じつ》には衆生《しゅじょう》の滅度《めつど》を得《う》る者《もの》無《な》し』と。何《なに》を以《もっ》ての故《ゆえ》に。須菩提《しゅぼだい》よ、もし菩薩《ぼさつ》に、我相《がそう》・人相《にんそう》・衆生相《しゅじょうそう》・寿者相《じゅしゃそう》あらば、すなわち、菩薩《ぼさつ》に非《あら》ざればなり」。)

ここは、最初に説明抜きできわめて深いことがすべて語られてしまっていると言ってもいい個所である。

「菩薩」はボーディサットヴァ・覚りを求める存在・求道者、「摩訶薩《まかさつ》」は「大士《だいし》」と訳され、マハーサットヴァ・大いなる存在という意味で、自分一人の覚りではなく一切衆生の覚りと救いを求めるという意味で大きな存在なのである。

般若経典のなかでは、この「菩薩」と「摩訶薩」という言葉は対で出てくることが多い。つまり、菩薩は摩訶薩でなければならないのだ。摩訶薩でない菩薩はほんとうの菩薩ではない。すなわち、そもそも自分一人だけの心の平安を求めるような修行の仕方は、大乗の修行ではないということである。

禅の代表的古典の一つ『坐禅儀《ざぜんぎ》』の冒頭にも「般若を学ぶ菩薩はまず最初に大悲心を起こすように」と語られているが、まさに菩薩は摩訶薩でなければならないということであり、最高の覚りを得たいのなら、心をそのようにコントロールすべきだ、というのである。

続いて、菩薩・摩訶薩が救いたいと願う「生きとし生けるもの・一切衆生」の分類がすべてあげられている。仏教の生命観では、生命は「四生《ししょう》」と書いて四種類に分類される。卵から生まれるか、それとも母の胎から生まれるか、湿ったところから湧いてくるか、それから仏教的な世界観では天人や魔などもいるので、前の三種類以外に、それ以前の姿と突然変化して現われ生まれるものという種類もある。

聖徳太子『十七条憲法』のなかにも「四生のよりどころ」という言葉が出てくるが、その場合の「四生」とは、この「卵生・胎生・湿生・化生」で、つまり四種類の生き物すべてということである。

それから、ふつうの生き物でない世界で、もう煩悩はなくなってしまっているが形だけは留めている世界を「有色界《うしきかい》」、形さえも無くなった心だけの世界を「無色界《むしきかい》」という。心の世界のなかで、まださまざまなイメージ作用が働いているのを「有想《うそう》」という。イメージ作用ももはや働いていないが、いわゆる心はまだあるのを「無想《むそう》」という。それから、もう心のなかでイメージが働いている・いないというレベルを超えた段階を「非有想《ひうそう》・非無想《ひむそう》」といい、この段階までは「一切衆生」のうちに入れられている。

つまり「無念無想の坐禅ができるようになった、もう心はほとんど天人だ」という境地になっても、まだ衆生なのである。その上まで行かないと仏の世界には入らない。だから、ちょっとくらい深い禅定ができるようになったからと言って、「私はもはや衆生界を脱した（ふつうの一般人とは違うのだ）」などとは思わないほうがいいということだ。

それで、そこまでも含めて「一切衆生」すべてを救いたい。一切余すところなく煩悩が無くなり、煩悩が最後に引っかかってどうしても残ってしまう肉体も無くなって、一切煩悩無しという状態を「無余涅槃《むよねはん》」あるいは「無余依涅槃《むよえねはん》」という。そこまで導きたいというのである。

「滅度《めつど》」とか「涅槃」というと日本では言葉の印象で暗いイメージに取られてしまいがちだが、一切の悩みがなくなって覚りの向う岸に渡ってしまうことを「滅度」という。

だから、滅度・涅槃というのは、とても明るい希望のある話で、全然暗い話ではない。暗い冥土に行ってしまうことではなく、まったく悩み無しという光の世界に超越していくことである。つまり、一切衆生を絶対の究極の安らぎの世界に導きたい、というのである。無限に存在する一切衆生すべてを救いたい・覚らせたいと願い、実践するのが菩薩・摩訶薩である。

しかし、その結果としてもし数限りない衆生すべてを覚らせる・絶対の平安の世界に超越させることができたとしても、実際には悩みがなくなり覚って平安になった衆生などというものも実体的に把握はできないのだ、と心をちゃんとコントロールする。これが菩薩の心のコントロールの仕方だ、という。

常識的には矛盾しているように思えるが、自分が究極の安らぎに到りたいと思うのなら、まずすべての生き物を安らぎに到らせたいと思うべきだ、というのである。それは、以下いろいろな角度から述べていくが、自分だけが幸せになりたいと思う心こそが、実は自分をも他者をも不幸にしてしまう元だからなのである。

筆者は、少し前まで大学で教えていて、しばしば学期の最終授業で、「私がきみたちに何を伝えたかったか、こういうことだと思うことをまとめなさい」という試験を行なった。毎回、数百枚の答案の大部分が「よく学んでくれたな」「よく伝わったな」と感じさせてくれるものだった。そして、「先生の授業のおかげで私の人生が明るくなりました」とか、「先生のこの授業は一生忘れないと思う」といった、うれしいことを書いてくれた。実際にはしばらくしたら忘れたのかもしれないが。ともかくその時点では「一生忘れない」くらいに感じてくれたようで、読みながら内心、「私はなかなか優れた教師だな」などと思ったものである。

しかし、救う・教える実体としての私がこちらにいて、教えられる・救われる実体としての衆生や学生が向うにいて、「私がきみたちを教えてあげた（だから私は偉い）」と思っている間は菩薩ではない。ふつうの教師が、学生たちがとてもいい授業の感想を書いてくれた時、「私っていい教師だなあ」とかと思うのは、まあ許してもらうとしても、菩薩としてはそれではダメなのだ。

それはなぜならば、衆生もまた実体ではなく、菩薩も実体ではなく、空だからである。「空」を「如」と言い換えると、菩薩も衆生も一体なのである。だから、教えた・教えられたというのは相対的なことであり、あえて言うと「宇宙が宇宙を教えた」、つまり「自分で自分を教えた」のだから、深い意味では教えたということも教わったということもない。誰が偉いも偉くないもない。宇宙が「ふむふむ、そういうことだな」と自学自習し自己納得しただけだと言ってもいい。

「菩薩が一切衆生を救う」という場合、実は一切衆生と菩薩は一体なので、救うも救われるもない。もちろん形式上・現象上、救う菩薩と救われる衆生という区別はあるのだが、空というレベルで見ると、救うものも救われるものもない。それどころかもともと菩薩も衆生も一体の世界であり、空の世界・救いの世界に最初からぜんぶ包まれっ放しなのである。

如来は菩薩を最初から恵みでいっぱいに満たし、「おまえたちは必ず覚れる」とちゃんと保証してくださっている。その仏の世界に最初から包まれている。そのことを衆生たちにうまくわからせてあげたとしても、それは衆生にとっても最初からそうなのだ。

最初からすべて空の世界・仏の世界なのだということを、救う仕事を実行する時にも絶えず心に留めながらやる。そういうやり方で衆生を救っていくのが、菩薩の修行の心の持ち方なのだ、と言われている。

ここに「空」という言葉はないが、「実には衆生の滅度を得る者無し」の「実には……無し」が「空」ということである。つまり「実体としては無い」ということであり、しかし現象としてはあるのだ。

実体としては無いことを絶えず心に留めながら、しかし実際の行為としてきわめて情熱的・熱心に一切衆生を救おうと徹底的に努力し続けている。徹底的にし続けている時、これはまずは「私が好きでやっていること」と捉え、「実は私さえもないのであって、宇宙・仏が、やりたいからやっている。もう私も何もない」という気持ちで、しかも自分の心理としては非常に情熱的に衆生を救っている。そういう「空と慈悲」という心で衆生を救うという行為をしながら修行する、それが菩薩・摩訶薩の修行の仕方なのだ、と。

これで結論といえばもう結論である。「日々そういう心のあり方・修行の仕方で暮らしなさい。それが菩薩・摩訶薩というものであり、そうすれば、究極の覚り、究極の安らぎに到達できる」と。

とはいっても、もちろん続きがあって、ふたたび、「みなさん」ではなくて「スブーティよ」と個人名で語りかけられている。『般若心経』では「シャーリプトラよ」と呼びかけられていたように、我と汝の関係において「他ならぬスブーティ、おまえに言っているのだよ」と。しかしそれは、聴衆一人一人に言っているということでもあるのだが。

「もし修行者、菩薩という者に、我というものがあるという思いがあるようだったら、それはもう菩薩ではない」と。「我」のサンスクリットの原語は「アートマン」であり、広い意味では「実体」だが、ここではより限定された「実体としての自分・自我」ということである。実体としての自我があると思っているようでは菩薩ではない、というのである。

次の「人」は、原語では「プドガラ」で、古代のインド思想一般にあった霊魂的な人格的な主体があるという考え方である。「衆生」は、「サットヴァ」で、生きとし生けるもの・命を持った個体的な生命という考え方である。「寿者」は、霊魂、個体性を持って命を持続していくもので、原語は「ジーヴァ」である。

まとめて言うと、実体としての自我、実体としての生命、他と分離してそれ自体で成り立っているような自分というものがいるという思い、自分についても他の衆生に対してもそういう思いを持っているようなら、それはもうその点で菩薩ではない。私も無我・空、衆生も無我・空と思っているのでなければ、菩薩ではないのである。

ということはしかし、私も如、衆生も如という「一如」の世界にある。「自他不二《じたふに》」ということである。自他不二といっても、自他は分離していないが区別はちゃんとできるので、本来は一体でありながら区別できる自と他に分かれていて、他が苦しんでいるのは、広い深い意味での自分が苦しんでいることだから、放っておけない。そういうかたちで出てくるのが「慈悲」である。

だから、空・如の覚りに基づいて慈悲の働きをする、それが菩薩・摩訶薩なのだ。

だから、たとえ人のためにするとか、人にいいことをするとかといっても、そこで空・如という自覚が失われてしまったら、それはもう菩薩のやっていることではない、と。そこが、私たちがふつうに行なう善行やボランティアと、菩薩の修行としての例えば布施などと根本的に質の違うところである。

私たちが菩薩として日々を送りたいのならば、以下のような自覚を持ってやらなければならない。人に何かをしてあげる時に、「実は人も私もない。仮には人と私に分かれていて区別はできるけれども、決して分離しているのではない。それどころかつながっていて、結局は空・如・一体なのだ。そして、この空・如・一体の宇宙で、こちらの部分に余っている、向うの部分に足りないとしたら、宇宙の都合でこちらから向うに移す。それが、私が人に物をあげるということの本質なのだ。だから、ほんとうはあげるももらうもないのだ。宇宙が自分のやりたいように自分の物を移しているだけであり、それを代行する……代行というか、私も宇宙の一部だから代行でさえないのだが……宇宙の一部としてその宇宙の働きをやっている。これが、現象として私が人に物をあげること、私が人に何かしてあげることなのだ」といった自覚である。

自我を形成して超える

それにしても、なぜ私たちは、他と分離・独立した実体としての自分・自我があると思うのだろうか。それは主に、人間が言葉、特に名詞を使ってものを見ることから来ていると思われる。

私たちは、生まれると名前・固有名詞が付けられ、繰り返しその名前で呼ばれて覚えることによって、自分は「○○ちゃん」なのだと思うようになる。さらに発達すると、人称代名詞を覚え、「○○ちゃん」であるだけでなく「わたし」という自分がいると思うようになる。

そういうふうに、私たちは親や社会から固有名詞や代名詞を言い聞かされ・教え込まれることを通じて自我を確立していくのだが、それは仏教の目から見ると、実体としての自我があると思い込ませるという点で、深い意味では錯覚・妄想を教えることになる。

しかし、そうだとしても、人間が言葉を使わず自我意識を持たずに自然や社会のなかで生きていける適応的な存在になることは不可能だろう。とにかくいったんは自我を確立するほかない。確立した上で、その限界性に気づいて、それを超えていく。そういう道筋しか人間にはないと筆者は考えている。

しかし昔の禅者はしばしば「覚りとは赤ん坊のようになることだ」といった語り方をしたものである。筆者自身、複数の禅の高僧のお説法でそう聞かされて、「そうか、自我を確立することはいけないことなのだ。自我は確立しないほうがいいのだ」と思ったのだが、「そうだとして、もしみんなが赤ん坊のようになったら社会生活は成り立たないだろう。そのあたりはどういうことなのだろう」と、長い間、疑問を抱えた。

けれどもよく考えると、それは比喩的な言い方であって、ブッダ自身、一人前の大人になり、悩んで修行して覚りを開かれたのであるし、生まれつき覚りを開いている人がいるという報告は聞いたことがない。いったん自我を形成した上でそれを超えるというのが筋道だろう。

つまり、修行しようという大人としての意志決断ができる人が菩薩になるのであり、そういう人が修行しようという時には、そもそもの心構えとして、まだ理屈で教わっただけにすぎないとしても、実体としての個体という思いを超えようとするのである。

すべての存在は縁起的存在だから、自分だけで存在することができていない。そして無常の存在だから、かつては自分ではなかったし、やがては自分ではなくなる。だとしたら、変わることのない自分の本性・実体的な性質はないということになり、縁起ということからも無常ということからも無自性ということからも、すべては実体ではない、とりわけ自分というものは実体ではない・無我ということを学ぶ。この学んだことを手がかりにするのだが、それもまた言葉で学んだにすぎないので、実際に実体という錯覚を超える体験をするために修行をするわけである。

だから、修行をスタートする時にすでに、「自らとすべての存在は実体ではない。無我・空である」という思いで始めなければ、そもそも修行している人すなわち菩薩とはいえないのである。

十分な説明なしに「菩薩は〜ならば、菩薩にあらざるなり」という句を読むと、わけがわからなくなるが、こういうふうに実はきわめて筋道のとおったことが語られているのだ。

まとめて繰り返すと、「菩薩に、実体としての自我、実体としての人格・主体性、実体としての生命・個体性、実体としてのある特定の寿命を生きるような生命・個体性というもの、そういう実体があるという思いがあったならば、それはもはや菩薩ではない（すなわち無我・空ということが心に入っていないのだから）」ということである。

『金剛般若経』は、こうしたかたちで、「無我」という言葉だけで「空」は一度も使わないけれども、実は「空」とは何かを語る経典なのだと言ってもいいだろう。

●実体視せずこだわらず施《ほどこ》す

「また次に、スブーティよ、菩薩は対象を実体視することなく布施を実行すべきである。すなわち、物質的現象を実体視することなく布施し、音、香り、味、触感、対象的存在を実体視

することなく布施するのである。スブーティよ、菩薩はまさにこのように布施をする際に実体的なかたちに捉われてはならないのだ。なぜかというと、もし菩薩がかたちを実体視することなく布施をすれば、その効果は考えも及ばないほどになるからである。スブーティよ、おまえはどう思うか。東方の大空〔の限界〕は考えられるだろうか、できないだろうか」。「できません、ブッダよ」。「スブーティよ、南・西・北とその間の四方向と上下の大空の限界は考えられるだろうか」。「考えられません、ブッダよ」。「スブーティよ、菩薩の、実体的なかたちに固着することのない布施の効果もまた、このように考えられないほどのものなのである」。

（「また次《つぎ》に、須菩提《しゅぼだい》よ、菩薩《ぼさつ》は法《ほう》においてまさに住《じゅう》する所無《ところな》くして布施《ふせ》を行《ぎょう》ずべし。いわゆる、色《しき》に住《じゅう》せずして布施《ふせ》し、声《しょう》・香《こう》・味《み》・触《そく》・法《ほう》に住《じゅう》せずして布施《ふせ》するなり。須菩提《しゅぼだい》よ、菩薩《ぼさつ》はまさにかくの如《ごと》く布施《ふせ》して相《そう》に住《じゅう》せざるべし。何《なに》を以《もっ》ての故《ゆえ》に。もし菩薩《ぼさつ》、相《そう》に住《じゅう》せずして布施《ふせ》せば、その福徳《ふくとく》は思量《しりょう》すべからざればなり。須菩提《しゅぼだい》よ、意《い》においていかに。東方《とうほう》の虚空《こくう》は思量《しりょう》すべきや、いなや」。「いななり、世尊《せそん》よ」。「須菩提《しゅぼだい》よ、南西北方四維上下《なんざいほっぽうしいじょうげ》の虚空《こくう》は思量《しりょう》すべきや、いなや」。「いななり、世尊《せそん》よ」。「須菩提《しゅぼだい》よ、菩薩《ぼさつ》の、相《そう》に住《じゅう》すること無《な》き布施《ふせ》の福徳《ふくとく》も、またまた、かくの如《ごと》く思量《しりょう》すべからず」。）

続いて、最高の覚りを得るためには、実体に執着することのないよう心をコントロールしながら、「布施」つまり他者への施しを実践するように、と語られている。布施は、後に整理・整備されたかたちで言えば、「六波羅蜜」すなわち六種類の修行法の第一である。

後の唯識の論師で、『摂大乗論《しょうだいじょうろん》』の著者であるアサンガ（無著《むじゃく》）は、この個所に「ここではいちおう布施波羅蜜を述べているが、実は六波羅蜜全体を布施に要約して述べているので、六波羅蜜全体に広げて理解するべきだ」と注釈している（『大乗仏典1　般若部経典』中公文庫、一四頁参照）。

それは確かにそうだろうが、初期仏教の「八正道」つまり八つの修行法にはない、衆生・他者への積極的な働きかけの強調にこそ大乗の特徴があるのであり、ここで他のどれでもなく、まず「布施をせよ」と語られていることには、そういう意味があると思われる。

いずれにせよ、この個所では、特に「法においてまさに住する所無くして」というところがポイントである。

「法」の原語は「ダルマ」で、真理、真理の教え、なにかの道筋、特定の道筋・条理をもっているもの、対象的な存在・物などなど多様な意味を持っているので、この言葉が出てきた場合、文脈でどの意味で使われているか判別しなければならないのはとても不便なのだが、ここでは「もの・対象的存在」という意味だと思っていいだろう。

布施をするという場合、常識的に言えば当然、私が－何かを－誰かにあげる、というのが基本形である。この三つの要素を「三輪《さんりん》」という。布施の三要素・三輪全体について述べているのだが、特にものを中心に言っている。ものをあげる時、それに捉われて、つまり実体としてのものがあると思って施しをしてはならない。すべてのことに関して、無我・空ということを覚るための修行としてやるのだから、「ものも実は実体ではない、空である」と心得てやらなければならないということである。後に、「三輪空寂《さんりんくうじゃく》の施《せ》」という言葉で表現されるようになった心得である。

世界経済は無明《むみょう》のシステム

しかし、ふつうの人間は、自我・私が実体としてあると思い、ものも実体としてあると思っているため、私が何かを持つこと・「所有」も実体的にあると思い込んでしまっている。この思い込みは恐るべきことで、いま日本の、そして世界の経済はすべて「誰かが何かを持つということは実体的にあるのだ」という思い込みを基に、実体的な所有・所得・利益の追求を大前提として営まれている。それは実に恐るべきことである、と私は思う。

ありのままの事実・如に反して、誰かが何かを持つということが実体的にあると思って営みをやっていると、不都合がいろいろと起こる。その不都合の大きなものが、例えば貧富の差、搾取《さくしゅ》や貧困である。それから、そういう思いでやっていても、ある一定期間は経済がうまく回るように見えるのだが、例えばやがて大不況がやってくる。

さらに、環境問題は、すでに今深刻になりつつあり、数十年以内にいっそう本格的に深刻になるのはほぼまちがいないだろう。

人間社会の経済というものが実体だと思い、人間社会とは分離したものとして自然資源が存在すると思い、人間が勝手に使っていいと思って、資源をどんどん大量使用する。大量生産・大量消費をして、いい生活ができるようになってよかった、と先進国の人たち（しかも中流以上）だけは思って、途上国の人たちは貧困にあえいだままである。

消費というと「消え費やす」と書くので、言葉のアヤで消えてなくなるような気がするが、なくならない。やがてそこに必ずゴミが残る。スウェーデンの人たちは非常にそのことをよく理解しているようで、「商品は最後に必ずゴミになる」ということを自覚しているという。つまり、消えてなくなりはしない。使い終わったらゴミになる。あらゆる商品の最後はゴミだということである。

そのゴミは経済・社会と分かちがたくつながっている環境へ廃棄されていき、環境・自然の浄化能力を超えたものは残留・蓄積していく。

そうした入り口での資源の大量使用そして出口での大量廃棄という現在の経済システムは、資源の枯渇《こかつ》と地球の自己浄化能力の限界という二つの限界に達して、本格的に今行き詰まろうとしている。

こういう行き詰まりのいちばん元にあるのは、何かが実体的に存在しており、それを実体としての私が持つということがあり、実体としてのものをたくさん持てば持つほど、自分が安全である、幸福である、利益が得られる、という思い込み・錯覚である。

「無明のシステム」と私は呼んでいるが、世界経済は仏教から見ると、まさに「無明のシステム」そのものである。無明に基づいているとはいっても、システムではあるのでいちおう作動はするのだが、しばしば誤作動を起こして自他に被害をもたらすのである。

宇宙が宇宙のものを宇宙へ

それに対して菩薩は、「私も実体ではない、ものも実体ではない、もちろんあげる相手も実体ではない」と、こだわることなく、しかし現象としては私が何かを誰かにあげるということを実行するべきだ、という。

もし私が宇宙と一体であると、布施とは、その宇宙の一部である私が、宇宙の一部であるものを、また宇宙の一部である他の人のところに移していくということ、宇宙が自分の都合で、そちらにあったものをこちらに移すだけのことである。すべての与える―受け取るという行為は、覚りの目から見れば、宇宙が自らの都合・自らの意志で、そちらにあるよりもこちらにあったほうがいいと思うから、自分のものを自分で動かすだけなのだ。

菩薩は、そのことを理論的には教わっているが、まだ自分自身がほんとうに心の奥底から実感するに至っていないので、「そういうことなのだ」と自分の心に言い聞かせながら、現象としては、私が誰かに何かをあげるという行為・布施を行なって、いわば練習・実習していくのである。

法施《ほうせ》・財施《ざいせ》・無畏施《むいせ》

布施には、主に三つのことがあると言われている。

第一は「法施《ほうせ》」といい、この場合の「法」は真理・真理の教えという意味である。すべての生きとし生けるものは、無明《むみょう》のなかに溺れているために煩悩すなわちさまざまに悩んだり悩ませたりする。この愚かな行為の元である無明をなくす手がかりとして真理の言葉を施すのが施しの第一である。

「布施」というと、私たちはすぐにもののことを考えがちである。また、日本の仏教では、檀信徒がお坊さんにお金を包むことが布施になっている。しかし、本来はそうではなく、菩薩・修行者が修行者でない人のために行なうのが布施であり、その時第一にすべきことが「法施」である。真理の言葉を伝える「法施」は、煩悩の苦しみ・無明の苦しみから衆生を救うためにやるべきもっとも重要な布施なのである。

しかしそうは言っても、衆生が今貧困にあえいでいる場合、空や無我の教えを説かれても、単なる観念的な理想論に聞こえてうるさいだけで救いにはならない。当面飢えている人、ものに困っている人には、ものをあげることから先にする。それが「財施《ざいせ》」である。

そして、法施にせよ財施にせよ結局何を目指すかというと、安心して生きられるようにしてさしあげることである。おそれなき心の施、「無畏施《むいせ》」という。そのために、精神的な施をしたり、物質的な施をしたりするのだが、最終的目的は心の安らぎである。

この三つが布施の主な内容だと言われている。

宇宙の一部として宇宙全体を代行する

この時にも、例えば法施でいうと、「私という人がいて、偉い人で、真理というものを知っていて、それを知らないおまえに教えてやる」というふうになったら、それは菩薩の布施ではない。実体として自分や人や真理があると思っていると、そういう教え方になってしまうものだが、それでは菩薩の法施ではない。菩薩が法を語るという語り方としては失格である。

そもそも、私もあなたもありはしない。そして語る言葉も実体ではない。これらを通じて、すべてがつながって一つであることに気づくために、「現象的にいえば宇宙のこちらの部分・私のほうが先に気づいた。そちらの部分であるあなたはまだ気づいていない。そこで、宇宙の働きとしての言葉を伝達することによって、あなたにも気づいていただきたい。気づいてみれば、あなたも私ももともとは一体でした。教える側も教えてもらう側も、実は一体です。でもなぜかあなたは気づいていないようなので、一体であるという話をします。しかし、話をしてもしなくても、実はもともと一体なのです」というふうに伝えるような法の説き方でなければならない。

そしてものをあげる時も、「私が実体としてのものを持っていて、私のほうがたくさん持っているから、持っていないおまえを哀れんで――上から下に――やる」というのでは、これはもう布施には全然ならない。すべてが宇宙だから、こちらに余っていて、こちらで足りなかったら、余っているところから足りないところに、宇宙の理として動かしたくなる。それを――「宇宙に代わって」というとまだ分離感が残るが――宇宙の一部として宇宙全体を代行するというのが、ものの布施・財施をするということである。

実体だと思わないで実践する

そうして結局のところ宇宙と自己は一体だということに気がつくと、怖いことは何もない。今は「敵」と思っている者も、災害だと思っているものも、すべて宇宙の出来事だからである。究極まで行くとほんとうは何も怖いことはない・無畏ということをわかってもらうために、真理の言葉を伝え、ものをあげるという行為をする。しかしその行為すべては、もともとあなたも私もありはしないという意味で、実体性にこだわることなくして行なわれるものでなければならない。

けれども、「〔私は〕こだわるまい」、「〔私は〕捉われまい」と努力してもなかなか実際にはできないし、ある程度できたとしても、それでは「私」が残ってしまっている。

だからそこにとどまらず、それ以上に、「捉われるも捉われないもない。そもそも私が実体的にあると思うこと自体が無明なのだ」ということを心に留めながら、実践しながら自分の心と身体に染み込ませていくのが、布施をすることの意味である。

だから、色・形に現われた物質的現象・「色」を実体だと思って布施をしてはならない。もちろん声や香りや味や触れられるものや心の対象になるものも実体だと思うことなくして、布施をするのである。

「住して」の原語は「捉われて」と現代語訳され、「住せずして」はしばしば「捉われず」「こだわらず」「執着せず」という意味として解説がなされる。それはまちがいではないが、「実体視することなく」「実体だと思うことなく」と読むほうがより深い読みだ、と筆者は考える。

実体だと思うから、捉われこだわり執着する。だから、捉われまい・こだわるまい・執着しまいと思っていても、実体だという思いが残っているかぎり、逆説的な言い方になるが、捉われまいということに捉われる、こだわるまいということにこだわる、ということになってしまう。だから、菩薩はまさにこのように「こだわるもこだわらないもない。そもそも実体がないのだから」と、実体だと思うことなく布施をしていくのである。

見返りも生きた証もいらない

次の「相」は、岩波文庫版の現代語訳では「跡を残したい」となっている。実体としての自分というものがあるから、自分の生きた証というものを残したくなるのである。自分がやったという証・印を残したい、さらにはそれに対する見返りがほしい、そのような思いが起こってくる。これもまた自分という実体があると思うから、自分への見返りを求めるようになるのである。

自分の生きた証を残したいという気持ちは、ふつうにいえば決して悪いことではない。生きた証が残るくらいの立派な行ないをしようという心がけは、とてもいいことなのだが、しかし大乗仏教の境地としていえば、「跡を残したい」というこだわりのある心は、そもそも無我の心・無心とは言えない。「残っても残らなくてもよい、そんなことはどうでもいい」となった時に、ほんとうの無我の心になりほんとうの布施になる。

「相に住せざる」とあるように、単に跡を残したいという思いだけではなく、生きた証とか見返りが欲しいというのはすべて、自らが無我であることがわかっていないからそういう思いが出てくるのだ、と。

しかしほんとうはそうではなく、すべては宇宙なのだから、跡を残すも残さないもない。また宇宙は無常であってどんどん変化していくので、跡など残らなくてもいいのだ。さらに言えば、宇宙一三八億年の歴史の痕跡はすべてちゃんと宇宙に残る。「残したい」とか「残らなくてもいい」

とか思わなくても、宇宙の一部として生きた私のカルマ・行為の影響は宇宙のなかに必ず残っていくのである。

だから、そういうことは思わなくていい、宇宙の理のままにやればいい。無常だから、ダイナミックに変化して動いているのだから、宇宙の働きとともに働けばいい。それ以外のことを考える必要がない、というのが「まさにかくの如く布施して相に住せざるべし」ということである。

無限の相互福祉効果

「何を以ての故に」、なぜか？　「もし菩薩、相に住せずして布施せば」、そのようなことに捉われることなく、実体性に足をすくわれることなく、宇宙の理に従って、宇宙とともに働けば、それがもたらす功徳・益は想像もつかないほどのものになる。

そこで「須菩提よ」と修行者に呼びかけつつ、「意においていかに」、おまえはどう思うか、と。

説法は一方的に語るだけではほんとうの説法にならない。伝えることが相手に伝わってはじめて説法になる。だから、相手が聞いているかどうか、わかっているかどうかわからないのに自分の言いたいことをしゃべりっぱなしというのでは、説法者としてはダメということである。逆にいうと、「わかっているかな？　あの目を見ているとわかっているようだな」「あの目を見ているとわかっていない。いや、そもそも目がよそに行っているから、どうやったら目をさまさせて、ちょっとでも伝えられるかな?」と、相手に伝わるかという思いをちゃんと持ちながら語るのが説法なのである。

ブッダは、解空《げくう》第一、空の理解がいちばんといわれた須菩提に対しても、「おまえはどう思うか?」「この件に対して、おまえはわかっているか? どう思うか?」と質問をしながら、対話的に説法を進めている。

「東側の空《そら》の限界はどこにあるのかということは考えられるか。どこまで行ったら空が果てになるのかということは考えられるか」。「いや、ブッダ、世尊よ。それは考えられません。無限というほかはないでしょう」。「ではスブーティよ……」と。

古代インドの考え方で全方向のことを「十方《じっぽう》」という。東西南北と、その間を「四維《しい》」といい、それを入れて「八方」、上下を加えると「十方」になる。「十方三世《さんぜ》一切の諸仏」というときの「十方」とは、あらゆる方向つまり全宇宙という意味である。「三世」とは過去と現在と未来で、「十方三世一切の諸仏」とは、全宇宙、あらゆる時代のすべての仏という意味である。

ブッダが「この大空というもの、宇宙というものについて、全方向に向かって、どこかに限界を想定できるか? どう思うか?」と問い、スブーティが「いや、それはできません。世尊よ」と答える。

それに対し、さらにブッダは、「須菩提よ、菩薩の、相に住すること無き布施の福徳も、またまた、かくの如く思量すべからず」と言う。

ここからが私で、ここからがおまえで、ここにものがあって、といった実体的な分離にこだわりながらやる布施ではなくて、あなたも宇宙、ものも宇宙、私も宇宙、宇宙のなかで宇宙の働きが起こっているだけ、というかたちで行なわれる布施は、まさに宇宙的な布施だから、それにはもう限界がない。そのような心によって行なわれる布施であれば、布施が布施を呼んで、すべての生きとし生けるものの関係が、いわば相互布施になっていく。まさに福徳・効力が無限になっていく。無限に助けあい、支えあい、恵みあうのである。

仏教精神に基づいた社会は、必然的に互恵社会になる。社会のメンバーすべての関係が、お互いに恵みあう関係になる。もし、無明の世界システムではなくて、覚りの世界システムが形成されたならば、世界全体がお互いを幸せにしあう互恵社会になる。それはつまり、高次の福祉世界である。そうなったら、地上がかぎりなく極楽・パラダイスに近づくだろう。

大乗仏教には、死んでから極楽に行くことを語る浄土系もあるが、般若経典では菩薩が仏国土《ぶっこくど》をこの世に実現していくのが基本である。この世界のなかに仏の国土を創り出す。この世界を極楽にしていく。こういう布施をすること、布施をし合うということが人間同士のなかに行き渡るならば、まさにこの世が仏国土になるはずなのである。

無明と本来清浄《ほんらいしょうじょう》

大乗の立場からいうと、人間の本質からいっても、それができるのが人間の本性であるはずなのだが、残念ながら今はまだ無明に覆われている。しかし、無明は人間の本質ではなくて、本心が覆われているだけだというのが、ゴータマ・ブッダから大乗に至るまでの基本的な立場である。人間のもっとも深い本心は、無明によって覆われているが、それそのものが汚れているわけではない。

そのことを「本来清浄」という。本来は清浄なのである。私たちの心も本来清浄なのだが、残念ながら無明に覆われている。しかし覆われているだけだから、無明の覆いを取ってしまい本心が現われてくれれば、そういうことが可能である。それが人間だというのが大乗仏教の人間把握であるし、私もそれが人間の本質だと考えている。しかも、願望的に言うのではなく、人間の本質を洞察していけばいくほど、そういう構造になっていると思う。

特にそのことを心理構造として明らかにしたのが唯識であり、般若経典・空の思想と唯識思想は、説明としては相互に補いあう関係にある、と筆者は考えている。

筆者は、かつて唯識がわかった段階で、不遜にも「もう空は卒業だ」と思ったのだが、確認のため般若経典を読みはじめると、「いやいや、唯識がわかっても、けっして空は卒業ではない。唯識はある意味でいうとあくまでも説明で、境地としていうと般若経典は恐ろしいほど深い」と思うようになった。しかし、唯識がわかると般若経典の語っていることの筋道がしっかりわかるようになるのも確かである。

歴史的にも、まず般若経典があって、それが十分に理解されないという思いから唯識の論師たちが説明をしたという関係になっているから、両方を補い合う関係と捉えるのが適切だと今は考えている。

布施の心で互恵《ごけい》世界を創る

さて、そのように、菩薩は宇宙とともに宇宙の働きとして布施を行なうのだが、それは持戒、忍辱、精進、禅定、智慧についても同じである。宇宙の働きとして、自己と宇宙は一体で、しかもそれは決して実体ではなく、ダイナミックに働き続けるものであり、一瞬も滞ることはない。無常だから、滞りたくても滞れないというのが宇宙の理である。滞りたくても滞れないのだし、滞る必要はまったくないのだ。

私たちがなぜ滞りたくなるかというと、実体としての自分があると思うから自分を保持したくなるという意味で滞ってしまうのだが、実体ではないのだから保持できない。できないものを保持する必要はないのである。

まだそこまで心の準備ができていない人は、「自分を保持することなど必要ない」と言われると、自己崩壊・自己喪失が起こるような気がして、怖くなってニヒリズムに陥ってしまうので、『善勇猛《ぜんゆうみょう》般若経』などでは、「そのような怖いという心を起こすような人には説かない」と言われている。

私ということにこだわる必要はない。そもそもこだわれないのだから、やめたほうがいい。そして、あにはからんや、やめたら気持ちがよくなる。自分にこだわらないほうが、自分の気持ちがいい。人間の心は、どうも本質的にそういう構造になっているようだ。

言葉だけで言うと、論理として矛盾しているように聞こえるかもしれないが、実際上、自分を幸せにしようなどと思わなくなった時のほうが、自分が幸せになれるという構造になっているようである。別の言い方をすると、幸福はよく生きた結果として感じられるものであって、目的として追求するものではない、ということである。

なんとかして自分を幸せにしようとしがみついている間は、かえって自分もまわりも不幸にしてしまいがちである。「もう私の幸福などどうでもいい」と思ってしまって、やれることを宇宙とともにやり始めたら、功徳がたくさん返ってくる。というか、宇宙だから返るも返らないもないのだが、いちおう現象としての私にも功徳がどんどん巡ってくる。この功徳は巡り始めると働きは限りなく、「かくの如く、思量すべからず」、思いもかけないような実りがどんどん実ってくるというのだ。

筆者は、企業人の方々にそういう話をさせていただくことがある。「所有とか利益とかおっしゃっていますが、そんなものはほんとう（つまり実体として）はないんです。もちろん相対的現象としてはあるんですけど」という話をしていると、「ふむふむ」という感じで聞いておられる。「実体ではない利益を実体としてつかもうと思うから苦しむので、ほんとうに宇宙の働きとしてなすべきことをやったら、結果として宇宙の巡りとしての利益が返ってくるという、そういうビジネスをやりませんか」といった話をすると、「なるほど、そういうビジネスにしたいですね」とおっしゃる方も増えてきているようだ。

その原理を実際のビジネスの現場で実行するのは、もちろん口で言うほど易しくはない。しかし原理的に言えば、宇宙の理に即したことをやれば、宇宙的な利益が返ってくるのは当たり前なのである。そして、幸いにして実行している企業人も少数ながらおられるようである。

ともかくこれからは、コスモスの理に即して布施的な仕事をすると、ほんとうの意味で互恵的に利益が私にも戻ってくるし、みんなが幸せになるという世界経済のシステムを構想・構築しなければ、人類にはこの先あまり明るい未来はない、と私は考えている。

より肯定的な言い方に換えよう。人間の本質である布施的な生産、布施的な経済を相互に行なえば、これから世界はみんなが幸せになれる。そういう世界を創り出すことは、もちろんきわめて困難なことではあるが、人間にとって本質的には決して不可能ではない。

● 実体的な形によって如来を見てはならない

「スブーティよ、菩薩は、ただまさに教えられたことのとおりに留まるがよい。スブーティよ、どう思うか。身体の形によって如来を見るべきか、そうではないだろうか」。「そうではありません。世尊よ、身体の形によって如来を見ることはできません。なぜかというと、如来によって説かれた身体の形というのは、すなわち〈実体としての〉身体の姿ではないからです」。ブッダはスブーティに告げられた、「およそあらゆる〈実体としての〉形はみな虚妄である。もしもろもろの形は〈実体としての〉形ではないと見る時、すなわち如来を見ることになるのだ」。

（「須菩提《しゅぼだい》よ、菩薩《ぼさつ》は、ただ、まさに教《おし》うる所《ところ》の如《ごと》くに住《じゅう》すべし。須菩提《しゅぼだい》よ、意《い》においていかに。身相《しんそう》を以《もっ》て如来《にょらい》を見《み》るべきやいなや」。「いなり、世尊《せそん》よ、身相《しんそう》を以《もっ》て如来《にょらい》を見《み》ることを得《う》べからず。何《なに》を以《もっ》ての故《ゆえ》に。如来《にょらい》の説《と》きたまえる所《ところ》の身相《しんそう》は、すなわち、身相《しんそう》に非《あら》ざればなり」。仏《ほとけ》、須《しゅ》菩提《ぼだい》に告《つ》げたもう、「およそあらゆる相《そう》は皆《みな》これ虚妄《こもう》なり。もし諸相《しょそう》は相《そう》に非《あら》ずと見《み》るときは、すなわち如来《にょらい》を見《み》る」。）

解説を続ける前に言うと、「もし諸相は相に非ずと見るときは、すなわち如来を見る」という句には、覚りに関するもっとも重要なことが一行で書いてあると言ってもいいだろう。「如来を見る」ことが覚りを開くことであり、「諸相は相に非ずと見る」ことができれば、覚りが開ける。つまり「如来を見る」ことができるというのだ。

つまり、心をいかに降伏《ごうぶく》・コントロールするかという問いへの答えは、「諸相は相に非ずと見る」ということである。そういうものの見方ができるようになることが、心を降伏することである。そうできれば、如来を見ることができる。覚りを開くことができる。阿耨多羅三藐三菩提を得ることができるのである。

菩薩が教えられたとおりしっかりと留まって六波羅蜜を行なうとは、自己と他者と実行されるものとの分離なくして、三つの要素がすべて清らかで（三輪清浄）、三つの要素がすべて空・ゼロになる（三輪空寂）ように行なうことである。やってあげる私も、やってもらうあなたも、やってあげることも、すべてが一つの宇宙すなわち空として布施が行なわれるように、他の五波羅蜜も含めてすべてが三輪空寂の六波羅蜜になるよう、教えたとおりにしなさい、ということである。

一言コメントしておくと、ここで言われている「すべし」は「条件付きの命令」である。「こうしたいのならば、こうしなさい」という場合、「こうしたい」は本人の願望である。だから、「あなたの願望を実現したいのならば、こうしなければならない」と言うことは、不当な強制・「絶対的な命令」ではない。方法を知っている人が、「自分の望みを果たしたいのならば、あなたはこうするしかない」と教えてくれているわけである。いくら個人の自由が大切だといっても、この世界にそういう命令はあっていい、というか、なければ指導・教育ということが成り立たないだろう。

ここでのブッダの命令も、「あなたが覚りたいのならば」という条件付きである。「覚りたいのならば、そしてあなたが私を覚っていると思い、私を師と仰いでいるのであれば、私の言うとおりにやりなさい」という条件付き命令なのである。逆にいえば、覚りたくないのならばブッダの命令に従わなくていい。その結果、覚れない、悩み続ける、空しい、苦しい、それでもいいというのなら、従う必要はないのだ。

これは教える—教わるというあらゆる場で、ぜひ必要なことである。それは、スポーツの場合を考えるとすぐにわかる。あるコーチにつく場合、基本的にはそのコーチが作ったトレーニング・メニューをぜんぶ受け容れるしかないだろう。「こうしなさい」と言われても、「いや、今日はほかのことをしたい」とか、「今日は二十キロ走りなさい」と言われて、「いや、走りたくない」と反抗しておいて、「あなたについたが、記録が上がらない。どうしてくれる」とクレームをつけられても、コーチは責任の取りようがない。

こうしたことは、必ず学びの場にはありうることである。ゴータマ・ブッダという権威のある存在だからというだけでなく、学びたいのなら、「教うる所の如くに住すべし」、教わったとおりにやり続けるほかないのである。

そして、ここでの「教わったとおり」とは、六波羅蜜なかでも布施波羅蜜を、「私が誰かに何かをしてやるなどということはそもそも成り立たないことだ。だから、こだわれないのだ」ということを心に留めて、こだわらないように心がけて練習せよ、ということである。そう言われて素直にやらなければ、覚りに近づくことはできない。

如来を見るとは実体的な形を見ないこと

「身相」とは、体の特定の特徴や姿・形という意味である。仏はふつうの人間と違った三十二種類の特徴があるとされていて、「三十二相《さんじゅうにそう》」という。さらに加えて細かく言うと八十種類あって、「八十種好《はちじっしゅごう》」という。

余談だが、そうしたさまざまな特徴には、現代の私たちにはそれほどいいとは思えないものもある。例えば、仏には手の指の間に水かきのようなものがあるとされるが、それではまるで河童ではないか。あるいは螺髪《らほつ》といって髪が自然にくるくるとボタンのようにまとまっていたり、眉間のところに白い長いヒゲのようなものがあるなどなど。もうひとつ挙げると、舌が非常に長い、「長広舌《ちょうこうぜつ》」で、大きな声を出していくらでもお説法ができるという。しかし、長すぎると舌が回らないのではないか思うのだが、ともかくそういうことになっている。

それらの三十二種類すべてを具えた仏像を筆者はこれまでに見たことはないが、足の裏に模様が書いてある仏像や、よく見ると水かきがある仏像などはある。

ブッダが、「そういう実体的な特徴を持ったものとして如来というものを見るべきだろうか」と問い、解空第一の須菩提は、もちろん「そんなことはありません」と答える。そのような特徴が如来の本質ではない。形によって如来を見ることはできない。なぜかというと、如来自身が説く如来の体とは、そもそも体ではないからだ、という。

この「身相は身相に非ず」という言い方を説明抜きにそのまま聞くと、私たちはまったくわけがわからなくなってしまうだろう。しかし、これはインド的な表現方法・レトリックで深遠に聞こえるが、ちゃんと解説をすればそれほど難解なことを言っているわけではない。すなわち、如来が説く如来のほんとうの形は、「実体的な形ではない」ということである。つまり、後の「身相」に「実体的な」と補って「如来の体の形は実体的な形ではない」と読めばいいのだ。

そう解釈してまちがいないのは、次に「およそあらゆる相は皆これ虚妄なり」と言われているとおりである。「他と分離独立した実体としてこういう形がある」と私たちが見るのは、そもそも錯覚である。すべての相は、私たちが自分の人間として持っている器官の能力の範囲内で感覚したものを、さらに言葉で秩序づけることによって、他と分離した実体として特定の「形がある」と見ているにすぎず、根本的にいうと、全体としての世界のほんとうの姿は一体なので、あらゆる個別の形を超えているのである。

「諸相は相に非ず」という場合も、相対的に他と区別できる相が現われていることを否定しているわけではない。もし否定しているのだとすると、仏教は、実に深遠そうな、しかし訳のわからない・理に適《かな》わないことを言っていることになってしまうが、そうではなく、分離した実体としての相を否定するだけで、現象的に現われていて他と区別できるような相は否定していないと思われる。

例えば、この講義を録音したＭＤプレーヤーは四角に見える。これはその時の現象としてはそのとおりである。だが、組み立てる前は四角だったのだろうか。型に入れる前は四角も何もない。それから壊れてしまえば、四角の形が残るかというと、外側は資源として再生される場合でも、溶かされるから四角ではなくなるだろう。今ここで四角の形を現わしていることはまちがいないが、このように作られ使われている一定期間の縁起と無常ということを離れて、実体としていつまでも四角であるかというと、そんなことはありえない。すべては無常だから、そもそもＭＤプレーヤーでなかった過去と、なくなる未来がある。もちろん四角でなかった過去と、四角でなくなる未来もある。短い一定時間、四角の形を現わしているだけである。

あらゆるものはそういうものだ。あらゆる相が、縁起、無常、無自性であって、一定期間、相対的に相を現わしはするけれども、それは実体的な相ではない。「あらゆるものの姿・形は実体的な姿・形ではない。このことがほんとうにわかったら、その時に覚れるのだ。それが如来を見るということなのだ」ということがここで語られている。

このようにほぐして語ると、覚りの世界についていちおう理論としてはわかるだろう。しかし、これを自分の心の底、唯識でいう「アーラヤ識」に染み込ませるには、頭でわかるだけでまったく不十分であることを忘れてはならない。

とはいえ、言葉の持つ力というのは確かにあるので、「諸相は相に非ずと見るときは、すなわち如来を見る」という言葉をしっかり理解し憶えるのはいいことだ。さまざまなものが変わらずにずっと実体としてあるのではない。私についても、さまざまな所有物についても、他者についても、世界のあらゆることについて、ほんとうに「諸相は相に非ず」と見ることができたら、そこで覚りが開ける、如来を見ることになる、という。

如来・宇宙・空

ここで「如来」という言葉を簡単に説明しておくと、これは仏の別名で、「仏」とは仏陀・ブッダつまり覚った人という意味である。「如」はサンスクリット語で「タタター」であり、あるがままの真実を意味し、「如来」とは、「如からやって来た」、つまりあるがままの真実からやって来たということである。それに関わってもうひとつ、「如去《にょこ》」・ありのままに去っていくという言葉もある。しかし、「如去」はあまり使われず、「如来」のほうが頻繁に使われている。そして、「如」は実は来たり去ったりしないので、「如来は来たらず」という言葉もある。「諸相は相に非ず」と見る時に如を見ることになる。

あえて言うと、如を見た人のことを如来と言ってもいいのだが、しかしその人も宇宙の如の一部だから、ほんとうの如来とは、如を見た特定の個人を超えて、宇宙全体が如来だということにもなる。

ただし「宇宙」と言うと、すぐに私たちは物質的な宇宙だけを想像しがちなので、宇宙というよりは「空」と言うほうがいいかもしれない。要するに如来は空なのである。そのことを覚った人が、現象的な「仏」ということになる。

簡単に触れておくと、後にその辺の事情を説明して、宇宙的な仏を「法身《ほっしん》」、修行したことによって得られた報いとして心と体として持っている姿のことを「報身《ほうじん》」、覚りによって得られた身体と心を持つ仏が、衆生のためにわかるような姿を現わすことを「化身《けしん》」と呼んで区別をしている。そういう区別の仕方でいえば、ゴータマ・ブッダは化身仏であり、ゴータマ・ブッダをブッダたらしめている空が法身仏なのである。

このように後に「仏の三身説《さんじんせつ》」、つまり仏という言葉には法身、報身、化身という三つのレベルがあるという区別がされるようになった。ここではそうした区別の説明なしに「如来」という言葉が使われているので、ややわかりにくいが、とにかく、あらゆる相を実体ではないと見られるようになったら、それは如を見たことだ、と。如が見えたら、如来を見たこと、つまり覚りを開いたことになる、というのである。

無我・空を心に留めながら布施を実践する

すでに「我人四相《がにんしそう》」を否定したところで結論が出たと言ってもいいと述べたが、ここはまさに結論で、質問に対して、「要するにあらゆるものの姿を実体ではないと見ることが、如来を見ること、覚りを開くことなのであり、そのように心をコントロールしなさい。そのためには、そもそも最初から実体ではないものとして、しかし心を込めて六波羅蜜を実行しなさい」と。

特に「大乗の菩薩として、第一に何よりも利他行・布施を、心を込めてしかし無我・空ということを心に留めながらやりなさい。そうすると心をコントロールすることができ、阿耨多羅三藐三菩提、この上なく等しいもののない究極の覚りに到達できる」と、この個所で語られているのである。

●ブッダの死の五百年後にも

スブーティがブッダに申し上げた、「世尊よ、いったい、こうした説法・言葉を聞いて真実だと信じることのできるような人間がいくらかでもいるものでしょうか、いないでしょうか」と。ブッダがスブーティに告げられた、「そういうことを言ってはならない。如来〔である私〕が涅槃に入って五百年後に、戒律を守り、功徳を実践する者があって、こうした言葉に対して信心を生じ、それを真実だとするだろう。まさに知るべきである、この人は〔過去世において〕一人の仏、二人の仏、三、四、五人の仏のところで善なる根を植えてきたのみでなく、すでに数えきれない千・万の仏のところでもろもろの善なる根を植えてきており、〔それゆえに〕こうした言葉を聞くと、一瞬にして清らかな信心を生じる人である、と。スブーティよ、如来は、こうしたもろもろの人々が、こうした数えきれない功徳を得ることを、ことごとく知っており、ことごとく見ているのである」と。

（須菩提《しゅぼだい》、仏《ほとけ》に白《もう》して言《い》う、「世尊《せそん》よ、頗《すこぶ》る衆生《しゅじょう》有《あ》りて、かくの如《ごと》き言説《ごんぜつ》章句《しょうく》を聞《き》きて実信《じつしん》を生《しょう》ずることを得《う》るや、いなや」。仏《ほとけ》、須菩提《しゅぼだい》に告《つ》げたもう、「この説《せつ》を作《な》すことなかれ。如来《にょらい》の滅《めつ》後《ご》、後《のち》の五百歳《ごひゃくさい》に、戒《かい》を持《じ》し、福《ふく》を修《おさ》むる者《もの》ありて、この章句《しょうく》において、よく信心《しんじん》を生《しょう》じ、これを以《もっ》て実《じつ》なりとなさん。まさに知《し》るべし、この人《ひと》は、一仏二仏三四五仏《いちぶつにぶつさんしごぶつ》において善根《ぜんこん》を種《う》えしのみならず、すでに無量千万仏《むりょうせんまんぶつ》の所《ところ》において、もろもろの善根《ぜんこん》を種《う》え、この章句《しょうく》を聞《き》きて、乃《ない》至《し》、一念《いちねん》に浄信《じょうしん》を生《しょう》ずる者《もの》なることを。須菩提《しゅぼだい》よ、如来《にょらい》は、このもろもろの衆生《しゅじょう》の、かくの如《ごと》き無量《むりょう》の福徳《ふくとく》を得《え》んことを、悉《ことごと》く知《し》り、悉《ことごと》く見《み》るなり」。）

前段までで、「空」という言葉を使わないで空の中身を語っていた。特に「あらゆる相は皆これ虚妄なり」、つまり私たちが実体として、形としてものを認識するという、ふつうの常識的なものの認識の仕方、相の見方、これはすべて実は無明なのだ、虚妄なのだ、と。すべての実体として見える形は、本来はそういう形のものではないのだということ、すなわち空ということだが、そのことがわかった時、ほんとうの仏ということがわかる。如来を見るということになる。「諸相は相に非ずと見るときは、すなわち如来を見る」と、ある意味での結論が述べられていた。

究極の結論が述べられたのに続き、スブーティがそれにかかわって次のような質問をする。すなわち「ここまで深い言葉なので、こういう教えを聞いて、それがほんとうのことだ、真実だということを理解できるような衆生――具体的には人間――がいったいいくらかでも、あるいはたくさん、いるものでしょうか」と。つまり、「空などという常識とはあまりにもかけ離れた真理をここまで深く語られると、いったい一般の人でこういうことがわかる人がいるのだろうか」という疑問である。

歴史的なブッダの教えとして量的には多くなかった「空」という言葉・概念を拡大・深化させ「ブッダの真意はこうだ」と主張したのが大乗の般若経典である。したがって、この個所は大乗経典としての場面設定で言えば、初期仏教・直弟子の代表の一人であり空をいちばんよく理解していたスブーティに質問させているのも、ブッダが亡くなって五百年後くらいのまさに般若経典の書かれた時代状況のなかで語られ・書かれたものだと理解するのが適切だろう。

ともかくその「こんな時代に、こんなに深い教えを理解できる人間などいったいいるのでしょうか」という質問に対し、「そういう質問をしてはいけない。そういうことを言ってはならない」とブッダは答えている。ブッダが生きていた時に語られて、予言されたように、「如来が亡くなって五百年経ってから後にも、仏が教えたとおりの戒律をしっかりと守って福（修行による功徳）を修める、つまり覚りを目指して修行する人間はいる。現われるのだ」と語られる。そして、こうした深い説き方に対して、「まだ自分は覚ることはできていないが、これはきっと真理なのだ」という信心を生じる人々が必ず現われてくる、と語られている。

「まさにその必ず現われるべくして現われてきたのが私たちなのだ」という思いを持った大乗の人が、五百年時代をずらして、「五百年前にすでにブッダがこう言われている」と書いているのだから、そういう意味で現代的に言うとフィクションだが、そこにある深い宗教的リアリティが感じられる。まさに「これほど乱れている時代のなか、そしてブッダの直系の弟子と称する部派仏教の人たちがブッダの真意を理解していないという状況下にあって、ここまで深い空ということをいったい理解できる人間がいるだろうか？」と自問し、「いや、我々がいる。それどころかこの経典をブッダに代わって書いた私は、ブッダの真意をそのまま代理として語ることができる。ある意味ではもっと深く語ることができる」と自答する、自らが覚者であるという自信を持った人が般若経典を書いたと考えられる。

だから、そういう信心を持った、それどころか覚りを開いた人が、ブッダの五百年後にも存在する、というか、むしろブッダが亡くなって五百年後にこそ存在する、という主張がここに込められていると考えられる。

仏教における本来の「信心」

本文の解説からやや外れるが、ここで「信心」という言葉について述べておきたい。

日本仏教では多くの場合、「信心」とは、特定の仏や経典や教祖、さらには特定の教義や教団を絶対的なものとして信じることとされてきたのではないだろうか。しかし般若経典における「信心」——ということは大乗仏教の原点における「信心」ということでもある——は、明らかに真理の言葉が語られたのに対して「まだ覚れていないが、これは真理だと信じる」という意味である。

大乗仏教の代表的な論師である龍樹《りゅうじゅ》（ナーガールジュナ）は、「仏法《ぶっぽう》の大海《たいかい》は信《しん》をもって能入《のうにゅう》となす」（『大智度論』）ときわめて明快に言っている。仏教・仏法の世界を大きな海に譬えて「仏法の大海は」と言い、「信」とはまさにここで言う「信心」で、「能入」というのは入ることができる、という意味である。つまり「仏法の大海には、まずそこで語られている言葉が真理であると信じるところから入門ができるのだ」ということである。「信・信心」は、まだ覚っていないけれども、覚りの言葉を真理として信じて、それに従って戒律を守り修行をしていく基礎になる心である。仏教における「信心」とは、まさにこれが本筋である。

しかし、こうした教えをまず頭だけでも理解して、それを真理だと信じて、それに従って修行をしていくというかたちの「信心」は、ある意味でかなり高度で抽象的な理論を理解する能力を持った人にしかできない。そこで、そういう能力の十分でない人々のための方便として、神話的な表現や具体的な形・言葉などによる、特定の仏のイメージや経典や教祖という五感や意識で捉えやすいものを絶対的なものとして信じることを通じて覚りの世界に一歩でも二歩でも近づかせようという道が出てきたことには、もちろんそれなりの理由も意味もあると思う。

けれども、ゴータマ・ブッダに始まり大乗仏教まで一貫した、仏教の本筋としての「信心」とはまず真理の言葉を信じることだ、という点をしっかりと押さえておく必要がある。そういう真理の言葉を信じることができる人は、般若経典の書かれた時代にも、現代においても存在しうるのである。

そして、その人は、無限の輪廻のなか前世やその前世、さらにその前世で、一人の仏、二人の仏、三人、四人の仏、そして無量千万仏という非常にたくさんの仏に会っていて、その段階で覚ることはできなかったにしても、そこで仏に仕えるという善根・覚りの元になるものを、唯識的に言えば心の深い底である「アーラヤ識」――般若経典の段階ではまだアーラヤ識という概念は出てきていないが――にしっかりと蓄えてきている。

蓄えた元があったうえで言葉を聞いたので、聞いたとたんに「これは真理だ」ということを信じることができたのである。その前提がなければ、聞いて直ちに信じることはできない。けれども、長い輪廻のなかで蓄えてきたものがある人は、「一念《いちねん》に浄信《じょうしん》を生《しょう》ずる」、「聞いたその瞬間に、あ、これは真理だという清らかな信心を生じることができる」という。

そういう信心を持つことのできた人々は、かならず無限の福徳つまり功徳を得る。「功徳」というと、修行した結果病気が治るとか、お供物を捧げた、お百度参りをしたなどのおかげで、商売が繁盛した、家内安全になった、といったことだと一般的には考えられがちだが、仏教における最高の功徳は、覚りに至ることのできる力なのである。

そして、清らかな信心から無限の覚りに近づく力を得ることができるという衆生の心のあり方を、如来は根本的に知り根本的に見ておられるのだ、という。

これは現代的な言い方に換えると、「全宇宙と個人の可能性」といった言葉で表現できるだろう。全宇宙は、ひとりひとりのなかに蓄えられた善根・覚る可能性としっかりつながっているという意味で、ちゃんと知っている、ちゃんと見ている。

つまり、私たちが仏を見ようとする前に、見ようとする心の働きの向う側に、仏がこちらを見ていらっしゃるということがある、とここで語られている。仏に見られているから、私たちが仏を見ようという気持ちを起こすことができる、それが人間の本質だということである。

惹《ひ》かれることは引かれていること

私たちは仏に見られている、あるいは宇宙に包まれていると言ってもいいし、宇宙と一体だと言ってもいいのだが、それについて実感が湧いてくる、実感しきるところまでなかなか行かない。けれども、そういったことが語られる場や語られている本、そこで語られる言葉に非常に強く心を惹かれ「これはほんとうだ」と思うことはある。その時、実はその時すでに仏に見られているということが起こっている、あるいは宇宙が私に働きかけている、ふつうに言うと私がその気になったのだが、実は宇宙が私をその気にさせたのだ、という。

私たちは、ふつう「自分が関心を持った」「私が心を惹かれている」と思う。しかし「心を惹かれている」という言い方自体、実は向こうから引かれていることを示している。「私が関心を持つ」という言い方では私が主体だが、「心を惹かれる」は心が向こうから「引かれて」いるということであり、そこにすでに大きなものの働きが私たちに届いている。

そもそも生きていること・生まれたことそのもののなかに大きなものの力が働いているのだ

が、そのことを自覚的に捉えたいという気持ちになった時、その気持ちも実は向こうからやってきている。いちおう「私が修行したい」と思ったのだが、だんだん気持ちが深まってくると、修行したいという思いは大きな何かからその気にさせていただいたという感じがしてくるのである。

そういう意味で、神話的表現を伴ってはいるが浄土教の「絶対他力《ぜったいたりき》」という言い方は真実を非常に的確に捉えていると思う。ある段階までは自力なのだが、「自力で修行したい」と思うのはまだまだで、自力で深くなればなるほど、やがてしだいに「この自力は、自力ではない。他力なのだ」と感じ取られてくるということのようである。

高校の日本史や倫理の知識では、道元や栄西の禅は自力、法然や親鸞の浄土教は他力と簡単に分類されがちだが、道元の語り方は中期以降、特に晩年、非常に他力的になっている。かつて講義し、本にも書いたとおり（『道元のコスモロジー——『正法眼蔵』の核心』二〇〇四年、大法輪閣）、初期の『一顆明珠《いっかみょうしゅ》』の巻にも「光に包まれている」という認識はあるが、特に晩年の『生死』の巻では「この生死はすなわち仏の御いのちなり」「ただわが身をも心をも、はなちわすれて、仏のいへになげいれて、仏のかたよりおこなはれて、これにしたがひもてゆくとき、ちからをもいれず、こころをも、つひやさずして、生死をはなれ仏となる」といった非常に他力的な語りになっている。

深まれば深まるほど、やはり「私が捉えようとする前に捉えられている・抱かれている」という自覚が起こってくる。そういう事態を、ここでは「悉く知り、悉く見るなり」、如来がすべて見ておられる、と言っているのだと理解してまちがいないだろう。

●真理の言葉にも捉われない

なぜかというと、このもろもろの人々〔衆生〕には、実体としての自我という観念、霊魂的な人格的な主体という観念、個体的な生命という観念、個体性を持って命を持続していくものという観念がなく、〔実体的な〕物という観念もなく、また物はないという観念もない。なぜかというと、このもろもろの人々は、もし心のなかに観念をもつ時には、実体としての自我、霊魂的な人格的な主体、個体的な生命、個体性を持って命を持続していくものに執着することになり、もし物という観念をもつ時には、実体としての自我、霊魂的な人格的な主体、個体的な生命、個体性を持って命を持続していくものに執着することになるからである。なぜかというと、もし物はないという観念をもつ時にも、実体としての自我、霊魂的な人格的な主体、個体的な生命、個体性を持って命を持続していくものに執着することになるからである。それゆえに、まさに物〔という観念〕をもってはならないし、まさに物はないこと〔という観念〕も

もってはならない。

（「何《なに》を以《もっ》ての故《ゆえ》に。このもろもろの衆生《しゅじょう》には、また、我相《がそう》・人相《にんそう》・衆生相《しゅじょうそう》・寿者相無《じゅしゃそうな》く、法相《ほっそう》も無《な》く、また、非法相《ひほっそう》も無《な》ければなり。何《なに》を以《もっ》ての故《ゆえ》に。このもろもろの衆生《しゅじょう》、もし、心《こころ》に相《そう》を取《と》るときは、すなわち、我《が》・人《にん》・衆生《しゅじょう》・寿者《じゅしゃ》に著《じゃく》せられ、もし、法《ほう》に相《そう》を取《と》るときは、すなわち、我《が》・人《にん》・衆生《しゅじょう》・寿者《じゅしゃ》に著《じゃく》すればなり。何《なに》を以《もっ》ての故《ゆえ》に。もし、非法《ひほう》に相《そう》を取《と》るときは、すなわち、我《が》・人《にん》・衆生《しゅじょう》・寿者《じゅしゃ》に著《じゃく》すればなり。この故《ゆえ》に、まさに法《ほう》を取《と》るべからず。まさに非法《ひほう》をも取《と》るべからず」。）

「このもろもろの衆生」とは、文脈からいうと単なる凡夫としての衆生・サットヴァではなく、すでに修行を始めたサットヴァ、ボーディサットヴァのことである。その菩薩にとって、実体的な自我や個体としての人間性、あるいは生きているものとか命を持っているものという捉え方はない。

「法相」の「法」は、何度も言うように、まず真理という意味と、真理の教えという意味、物質的な現象・物・存在という意味と、物の持っている筋道・形といったいくつもの意味があって、経典ではいちいち注釈をして使い分けられてはいないので、どの意味かは文脈で読み取らなければならない。仏教の初学者にとってはとても不便なのだが、ここでは「物という姿」「物が実体としてあるという捉え方」と理解していいだろう。

すなわち、菩薩は、人間性を実体として捉えることもなく、物を実体として捉えることもない、ということである。

「非法相・物でないもの」は、ここでは、物とは別に実体としての精神的なものが何かある、という意味だと解釈しておくといいだろう。

実体としての個人的な姿、実体としての物の姿、そしてそれ以外に物質ではないが精神的実体があるといったことも思わない、ということである。

なぜかというと、「このもろもろの衆生」すなわち菩薩たちは、もし心のなかで実体ということを思うならば、特に人間・自分について実体と捉えたら、とたんにその自分というもの、あるいはその自分と他者という人間の実体性に執着することになる。もし物が実体だと思ってしまうと、物質的な存在としての自分というものに執着をすることになる。それから、物でない精神的な何かが実体として存在するのだと思ってしまうと、今度は物・生理的な身体ではないいわば魂のようなものとしての自分に執着することになる。どういう局面についても、「実体だと思ったとたんに執着が起こる」ことがここで指摘されている。

私たちが実体的な認識を持ったとたん、それはかならず執着を生み出す。執着を生み出されると、その執着がかならず苦しみを生み出す。煩悩を生み出す。したがって煩悩から解放されるためには、執着をなくさなければいけない。というか、そもそも物は本来無常なので執着してもしきれない・できないようにできているのだ、ということを知らなければならないのだ。

その「執着できないようにできている」ことがまさに空ということなのだが、しかし私たちはどうしてもその逆に相を取り実体として見てしまう。個人性、物質性、あるいは精神性ということについて、すべて実体的な認識をしてしまう。

それを避けるためには、「法を取るべからず。まさに非法をも取るべからず」とあるが、ここではひとまず「法」を「物」と取って、「執着し苦しむことがないためには、物質を実体視してはならないし、非物質・精神をも実体視してはならない」と解釈することができるが、さらに、文脈として以下の部分とつながっているものとして、「真理の言葉」をも意味していると理解する必要があると思われる。

そういう理由で、如来はいつも説いていたではないか、「汝ら修行者たちよ、私の説法が筏《いかだ》のようなものだと知っている者ならば、真理の教えでさえ執着するべきではない。まして真理の教えでないものは言うまでもない」と。

（「この義《ぎ》を以《もっ》ての故《ゆえ》に、如来《にょらい》は常《つね》に説《と》けり、『汝《なんじ》ら比丘《びく》よ。わが説法《せっぽう》を筏《いかだ》の喩《たと》えの如《ごと》しと知《し》る者《もの》は、法《ほう》すらなおまさに捨《す》つべし。いかに況《いわ》んや非法《ひほう》をや』と」。）

「ブッダはいつもこう言っていたではないか」、「つまり私はいつもおまえたちにこう教えていたはずだ。私の説法を筏《いかだ》の喩《たと》えのように理解しなさい」と。つまり言葉というものは、ほんとうに覚るための手段＝筏にすぎない。大きな川を渡る時に筏を使って渡る。だから、渡るに際して筏は必要だが、渡ってしまえば筏はいらない。それに似て、迷いのこちらの岸から向うの覚りの岸へと渡るに際しては言葉による教えが手がかりになるが、覚ってしまえばもう教えにこだわる必要はない、というのが、有名な「筏の喩え」である。

言葉はみなすべてを誤って実体化していくけれども、とはいっても人間は言葉の世界に生きているので、言葉でいったん教えないと、学ぶ気にも修行する気にもなれない。そこでまず、いったんは言葉で教え、学ぶ。しかし言葉による説法、言葉で教え言葉を学ぶのは、言葉を超えるために学ぶのであり、だから言葉を超えることができたら、もう言葉はいらない。そういう言葉になった教え・法である。

したがってブッダの説いたのは、「言葉になった法・教えでさえ、覚ったらもう捨てなさいということだったのだから、まして非法・真理の言葉でないものに引っかかってはならない」ということである。

そこから戻って解釈すると、「この故に、まさに法を取るべからず。まさに非法をも取るべからず」というのは、「たとえ真理の言葉であっても、それに執着をしてしまってはならない。まして真理でない言葉に引っかかってならない」ということでもある。

あらゆる個体性、物質性、精神性ということも、私たち人間はすべてを言葉でものを捉えるから、それらが実体としてあると思ってしまう。「それが実体ではない」という説法でさえも、実体的に捉えてそれにこだわってしまいがちである。だから、そういう言葉・教えにさえもとらわれてはいけない。まして真理から外れたような教えにとらわれるのはもってのほかだ、ということである。

筏の喩えを語った後、さらに追い打ちをかけるように、次でこう言う。

「スブーティよ、どう思うか。如来がこの上ない覚りを得られたとして、如来が説く〔実体的な〕真理の教えがあるだろうか」。スブーティは申し上げた。「私が、ブッダの説かれたことを理解するところでは、真理として『この上ない覚り』と名づけられるようなものはけっしてありません。また、真理の教えとして如来によって説かれるべきものなどけっしてありません。なぜかというと、如来が説かれた真理はすべて〔実体として〕把握することも、説くこともできないからです。それは、〔実体的な〕真理ではなく、かといって真理ではないというのでもありません。すべての賢者・聖者は、まったく人為や分離を超えた真理によりながら、しかも

〔相対的には〕区別をするのです」。

（「須菩提《しゅぼだい》よ、意《い》においていかに。如来《にょらい》にして阿耨多羅三藐三菩提《あのくたらさんみゃくさんぼだい》を得《え》んに、如来《にょらい》の説《と》く所《ところ》の法《ほう》有《あ》りや」。須菩提《しゅぼだい》言《い》う、「われ仏《ほとけ》の説《と》きたもう所《ところ》の義《ぎ》を解《げ》する如《ごと》くんば、定《さだ》んで、法《ほう》の、阿耨多羅《あのくたら》三藐三菩提《さんみゃくさんぼだい》と名《な》づくるもの、有《あ》ること無《な》し、また。定《さだ》んで、法《ほう》の、如来《にょらい》によりて説《と》かるべきもの、有《あ》ること無《な》し。何《なに》を以《もっ》ての故《ゆえ》に。如来《にょらい》の説《と》きたもう所《ところ》の法《ほう》は、皆《みな》、取《と》るべからず、説《と》くべからざればなり。法《ほう》にも非《あら》ず、非法《ひほう》にも非《あら》ず。一切《いっさい》の賢聖《けんじょう》は、皆《みな》、無為《むい》の法《ほう》を以《もっ》て、しかも、差別《しゃべつ》有《あ》ればなり」。）

「須菩提よ。おまえはどう思うか」とブッダが問う。もちろん、須菩提がかなりよく覚っているという前提で、正しい答えが言えるかどうかをブッダは試しているのだが、「如来・私が、この上ない覚り＝阿耨多羅三藐三菩提を得ているということで、如来・私が説くところの法というものが実在すると思うか」と。

この場合の「法」は少し厄介だが、「真理は実体ではない」という意味での「真理」と、実体ではないものをあえて言葉で表現する「真理の言葉」という二重の意味合いが含まれていると読まないと、後の話がわからない。

須菩提は、「仏が今まで言葉で説いてくださったことの義・本来の意味を、私が理解している、というか覚っているところに従って言えば、まちがいなく、ほんとうの真理は『阿耨多羅三藐三菩提』といった名詞で名付けることのできるようなものではありません。仮に『阿耨多羅三藐三菩提』という名詞で呼んではいますが、それはそういう名詞で呼ぶことのできるようなものではないのです」「法の、阿耨多羅三藐三菩提と名付くるもの、あること無し」と。すなわち、「真理は私たちが真理だと思っているようなかたちで存在するのではないということを、ブッダも私もわかっております」というのがこの答えである。

さらに「真理の言葉というものも、究極的にブッダが真理の言葉を説くということも、ほんとうはないのだ」と。もちろん仮に現象としてはあるのだが、「定んで、法の、如来によりて説かるべきもの、有ること無し」という。

なぜかというと、実は如来が言葉で指し示そうとしている真理とは、本来私たちの言語による認識によっては把握できないし、言語によって説くこともできない。それが真理というものだから、そこから仮に出てくる言葉はあるにしても、ほんとうには如来が法を説くなどということはない。そもそもその「阿耨多羅三藐三菩提」などというものはないのだ、と。

しかし、最初から「ない」と言ってしまうと、聞いている側の手がかりがないので、「阿耨多羅三藐三菩提」とか「ダルマ」という言葉で、いわば方向指示をするのである。しかし、方向指示をしているその言葉が真理なのではない。

禅でしばしば使われる譬えだが、「向こうに月がある」と指差しているその指が真理なのではなく、月そのものが真理なのだ。

ところが私たちは、その言葉・指のほうに目が行ってしまって、その指が長いか短いか、太いか細いかといったところを見て、指についてさまざまなことを言ったりする。けれどもそうではなく、指の指している向こう側が問題なのであり、その指している向こう側は、実はもはや言葉で語りえない世界なのだということである。

言葉を沈黙させる

だとしたら、語りえない世界を覚るためにはどうすればいいのか。言葉によって語りえず把握しえない、言葉を超えた世界を把握するためには、言葉をすべて一度休止させてしまう。言葉の働きをいったん完全になくしてしまうことが必要なのである。

しかし言葉をなくしてしまうと言っても、気絶や昏睡《こんすい》、陶酔《とうすい》では目覚めにはならない。言葉を超えた世界に目覚めるために、言葉を沈黙させる、言葉を沈黙させながらしっかりと意識を保って目覚めていくという実践が禅定《ぜんじょう》なのである。

だから、私たちがほんとうの意味で般若経典を学ぶというのは、学んだ結果、指ではなく指された方向を見て「実物はあちらにある」と気づくことであって、般若経典を隅々まで読み、さらに注釈書を何十冊も読んだけれども坐禅は一回もしていないという学び方は、率直に言えば本末転倒である。

あくまでも般若経典を読んだ結果、「ああ、言葉を超えないと真理は見えてこないのだ」ということがわかって、「では言葉を超えるためにはどうしたらよいのか」「坐禅するしかないのだ」と坐禅をする気になる。本来、経典はその媒介としてのみ存在するとさえ言える。

しかし、実際に坐禅・禅定を実修して、最終的には言葉にならない体験をして、もう一度経典に戻ってくると、「あの体験を一所懸命こうやってなんとか言葉にしようとしているのだな」とわかって、読みが深くなる。

つまり、言葉で理解して、それを信じて禅定を実践し、実体験をしてからもう一度読むと、読みが深まる。しかし、坐禅の途中で「般若経典に書いてあったのはこういうことだな」などと思い出すのは、それも所詮分別であって禅定にならないから、いったん忘れる。学んで、忘れて、禅定すると、さらに学びが深まる、という仕組みになっているようである。

言葉にならない世界を言葉にする

最終的には経典という言葉の世界を離れて禅定という言葉を超える実践をするほうが本道なのだが、人間は言葉の世界に生きているので、「言葉を超えないと真理に到達できない」と言葉でそうとうていねいに言われて、ようやく言葉を超えようという気になれるということもあるので、以下、講義は講義として続けよう。

もう一度見ておくと、「如来の説きたもう所の法は、皆、取るべからず、説くべからざればなり」と。ブッダが言葉で説いている真理は、実は「取ること」つまり言語によって学習的に獲得することはできないし、そもそもほんとうは言葉で説くことのできないものなのだから、と。だから実は「法にも非ず」、真理とかダルマといった名詞で呼ぶことさえ、ほんとうはできないのだ。もちろん法と呼ぶことができないくらいだから、「法でないもの」と言うこともちろんできない。まったくどんな言葉で表現することもできない。

しかし、そこでインドの覚者たちはほんとうに苦労したのである。言葉にならない世界をそれでも言葉にしようと、常識的には何を言っているかわからないような言葉を重ねながら、何とか言葉を超えた世界を指し示そうとした。そして、それを私たちに伝えてくれたのである。そのおかげで伝えられた私たちの心のなかに、やはりそこに何かがある・それは真理だという信心が起こり、ぜひ自分も覚りたいという気持ちが起こってきて、実際に修行をし、修行をするにつれて言葉を超えた世界が何かあるのだなと少しほのかに感じられてくると、例えば「法にも非ず、非法にも非ず」という言葉に少しリアリティを感じられるようになる。確かにこの道筋はまちがいないと思い、さらに禅定を深めていくと、「こういう言葉がぴったりだ」「そのとおり、言葉で言うとこういう言い方しかないな」「もう言葉にならないのだな」とわかっていくのである。

それに対して中国の禅者は、言葉にならないことがらをしばしば言葉でないかたちで表現している。臨済のように「喝！」と脅してみたり、徳山《とくさん》のように棒で殴ってみたり、筆者がよく言及する倶胝《ぐてい》和尚のようにただ親指を立てて突き出して見せたり、といったことをやっている。

しかし、インドの般若経典の著者である覚った人たちは、「語りえない世界なのだ」ということを恐ろしく長く果てしなく語っている。それはとてもおもしろいことだ。かつて『大般若経』全六百巻をいちおう通しで読んだが、「ほんとうに言葉にならない世界なのだ」「執着しては駄目なのだ」「わかったつもりになっては駄目なのだ」「こんなものは読んでもしょうがないのだ」と、わかりやすく言うとそういう意味のことが書いてある。「文字にとらわれてはいけない」「読んでわかったつもりのことは、それがつかめたのではないのだ」と、ちゃんと書いてあるのだ。しかも、それが読まれることを予想して長々と書いているのだから、きわめておもしろい。

そして、長々と六百巻も書かれた『大般若経』と、覚った人が質問されてただ黙っていることとが、真理を指し示す深さにおいては同じ、あるいは後者のほうがより深いと言われている。

区別と一体性

さて、次の「無為《むい》」は、「有為《うい》と無為」と対になる仏教用語で、有為は「人為的に作られたもの」、無為は「人為的に作られたのではないもの」という意味である。つまり、無為の法とは天然・自然・宇宙の理ということである。その天然・自然・宇宙の理から生まれてくるのが覚った人、すべての賢聖・聖者たちである。

つまり宇宙・天然・自然の理を覚った人が聖者・覚者だから、それは宇宙から生まれてくる。ほんとうは宇宙と一体なのだけれども、仮にあの聖者とこの聖者、あの仏とこの仏という差別はちゃんとある。

概念の混乱を避けるために「区別」と「分離」という言葉の使い分けをすれば、ここで言う「差別」は「区別」ということである。つまり、覚った人たちはすべて宇宙と一体なのだが、しかしあの覚った人とこの覚った人という、それぞれの区別はあるということである。

実は私たちも宇宙と一体なのだが、個々人という区別はある。しかし、私たちは覚者と違って、自分を「他者と区別があるもの」というふうにではなく、「他者と分離したもの・実体」と実感してしまっている。

簡潔に言ってしまえば、自分と自分以外のものが分離していると思っているのが覚っていない状態で、区別はあるけれども一体である、一体であるけれども区別はあるということが心の奥底までわかっているのが覚っている状態である。シンプルに表現すれば、それだけで終わりと言ってもよいことなのだが、そのメカニズムがどうなっているかを詳しく語ると、唯識の教えやあるいはさらに他の詳細・複雑な教学にもなっていく。

詳しい言葉になった教えを学んだり、もっとシンプルに学んだりするのは、何よりも「分離はしていない。つながって一つである。しかしきちんと区別はある」ということが日常的な意識において実感できるというところまで自分の心を深めていく、その媒介としてであり、そのためにこうして学ぶのであって、それ自体が目的ではない。

●宇宙の膨大な富を使う

「スブーティよ、どう思うか。もし、全宇宙を満たすほどの七種類の宝石を使って布施をしたとすると、その人の得る功徳は非常に多いかそうでないだろうか」。スブーティは申し上げた。「はなはだ多いです。世尊よ。なぜかというと、その功徳はすなわち功徳という性質がないからです。それゆえに如来は、功徳が多いと説かれたのです」。

（「須菩提《しゅぼだい》よ、意《い》においていかに。もし、人《ひと》、三千大千世界《さんぜんだいせんせかい》を満《み》たす七宝《しっぽう》を、以《もっ》て用《もち》いて布施《ふせ》せんに、この人《ひと》の得《う》る所《ところ》の福徳《ふくとく》は、寧《むし》ろ多《おお》しとなすやいなや」。須菩提《しゅぼだい》言《い》う、「甚《はなは》だ多《おお》し、世尊《せそん》よ。何《なに》を以《もっ》ての故《ゆえ》に。この福徳《ふくとく》は、すなわち、また、福性《ふくしょう》に非《あら》ざればなり。この故《ゆえ》に如来《にょらい》は、福徳多《ふくとくおお》しと説《と》きたもう」。）

「三千大千世界」とは、古代インド的・仏教的な神話的な世界観で、現代的に言うと全宇宙のことである。だからいちおう「全宇宙」と読んでおいてかまわないが、その神話的な宇宙観はかなり明快にシステム的に述べられていて、代表的な文献は漢訳で『倶舎論《くしゃろん》』と言う。

古代インド的・仏教的な世界観の知識をざっとでも知っていると仏典の神話的部分も興味深く読めるという意味で、大まかに紹介しよう。

より詳しくは、定方晟《さだかたあきら》『須弥山と極楽——仏教の宇宙観』（講談社現代新書）に仏教の神話的な世界観の概要がコンパクトにわかりやすく書いてあるので、参照していただきたい。この本は、仏教を勉強する方には必携と言ってもよい本で、私も折に触れて参照している。

そこから、『倶舎論』の宇宙観を比較的わかりやすく説明している図を参考に作図させていただくと、私たちのこの世界は、図のいちばん上の円のなかの瞻部州《せんぶしゅう》である。他に三つの州があるが、私たちはすぐには行けない。そして七つの山脈で囲まれたその真ん中に、世界の中心である高い山、須弥山《しゅみせん》（スメール山）があるとされる。

やや余談になるが、仏壇の中心としての須弥壇《しゅみだん》は、仏教的な宇宙観の中心にある高い山を象徴している。つまり、仏壇は仏教的な世界観のミニチュアなのである。そのことがわかっていると仏壇を拝むことの意味が深くなる。ところが、残念なことに、仏壇や須弥壇の持っている象徴的な意味は、檀信徒さらには一般の方に十分啓蒙されているとは言えないようだ。

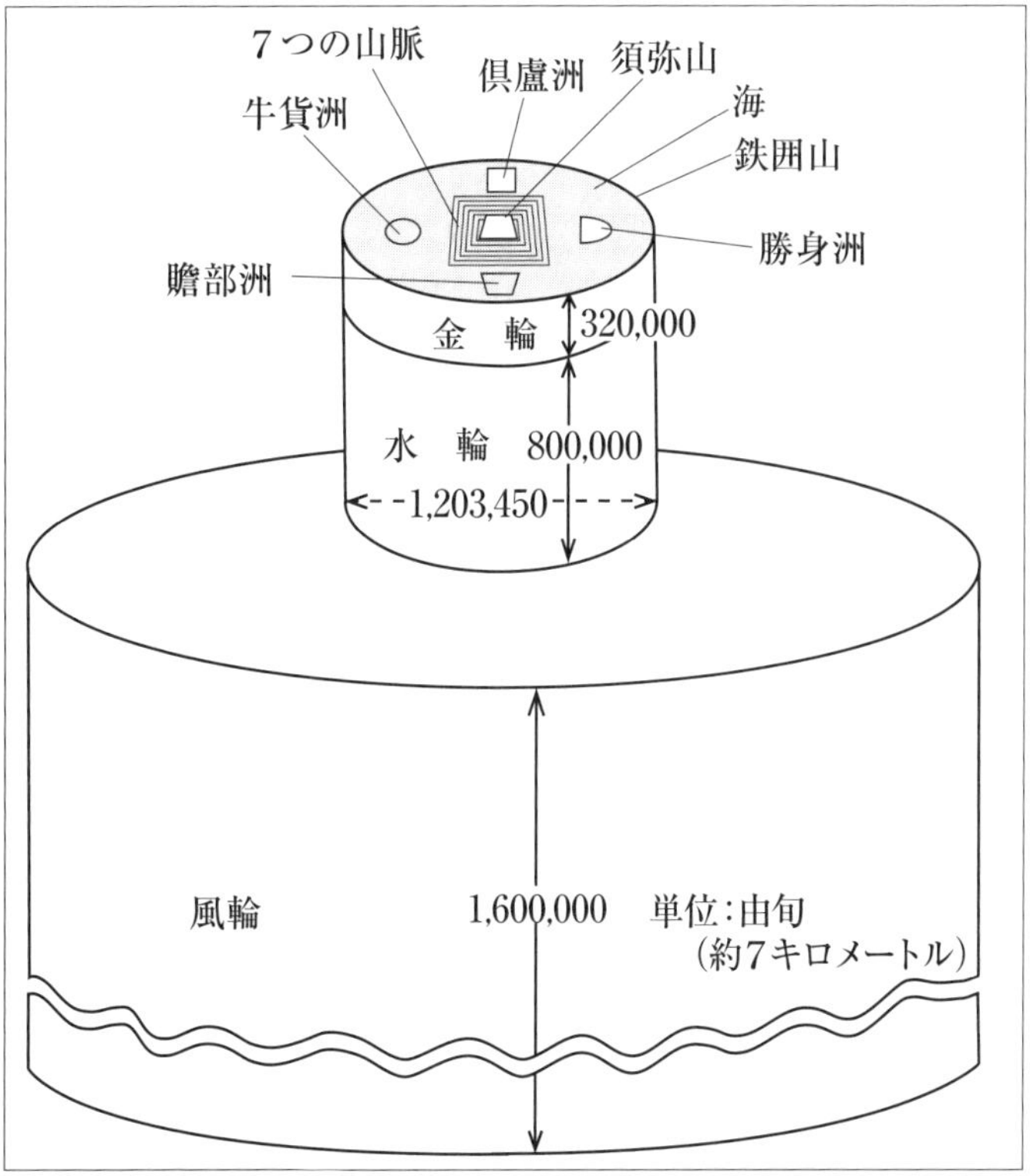

須弥山に仏さまがいらっしゃるので、仏壇の正しい飾り方としては、仏さまより一段低い所にご先祖さまの位牌が置かれていなければならない。要するに仏さまの世界があって、それから声聞《しょうもん》、独覚《どっかく》、菩薩、仏という世界があって、その下のところに天界と人間界がある。だからご先祖さまなどがいる所は中間のところでなければいけないのである。ご本尊を飾って、ご本尊と同じ高さの所に位牌を置いていているというケースを見かけるが、本来はそうではなく、仏さまが高い所にいらっしゃっ

て、その脇の下の所に我が家のご先祖さまがいるのが、仏教的世界観からいうと正しいのである。

それはともかく、世界には四つの州があり、外側を鉄囲山《てっちせん》という高い山に囲まれている。この山に囲まれた円状の世界の四分の一のところが私たちのこの世界である、と古代インドでは考えたようである。これは地上の世界までで、地上の四つの州・国の上に三十三ほど天界がある。

古代インドの「由旬《ゆじゅん》（ヨージャナ）」という距離単位は、現行の単位に換算すると約七キロだとされる。図の「～由旬」×七キロで計算すると、古代インドの人たちが世界の大きさをどのくらいだと想像していたかがわかる。古代インドの人たちは、こういう数値を想像だけで出したのだと思われるが、驚くべき想像力である。

戻ると、私たちがいる世界の下を支えているのを「金輪《こんりん》」と言う。その下を「水輪《すいりん》」が支え、さらに「風輪《ふうりん》」が支えているという構造になっている。さらなる下に地獄があるのだが、この図では描かれていない。ともかく、このワンセットが「世界」である。

このワンセットの世界が千集まって「小千世界」になる。小千世界が千集まると「中千世界」という。千×千つまり世界が百万集まったのが中千世界、それがさらに千集まって「大千世界」または「三千大千世界《さんぜんだいせんせかい》」という。この場合の「三千」とはいわゆる三千ではなく、千を三回掛けるという意味である。これが仏教的な全宇宙である。

もちろん神話的ではあるがきわめてケールの大きな世界・全宇宙を想定し、その全宇宙と自己が一体というところまで覚ったのがブッダだというのが、ブッダ以降の仏教の考え方である。これは、世界像が現代科学的な世界像になっても、意味としてはまったく古くなっていない。像そのものは古代的・神話的な世界像から現代的な宇宙像へという大きな変化をしている。しかし、私と宇宙が一体だということを覚ることが人間には可能でも必要でもあるという点では、古代でも現代でも同じである。

さて戻るが、「もし、人、三千大千世界を満たす七宝を」とある。これも余談だが、「七宝《しっぽう》焼き」というのはここからきているようだ。七種類には説がいくつかあり、例えば『法華経』では金、銀、瑠璃《るり》、頗璃《はり》、瑪瑙《めのう》、真珠、玫瑰《たいまい》で、その他、『無量寿経』や『大智度論』など異なった説もあるようだが、大まかに「世界のなかの特に価値ある宝七種類」と覚えておけばいいだろう。

ともかく驚くほど大きな話をしていて、全宇宙の宝すべてを使って布施をする、という。これは大変な布施である。～百万円の寄付、～億円の寄付といった程度ではない。「もし全宇宙の宝をすべて使って布施をしたとすると、その人の報い・功徳、これは多いと思うか多くないと思うか」と、聞くまでもないような質問を、ブッダはスブーティにしている。

スブーティは、まず「ブッダよ、それはものすごく多いに決まっています」と答えた後、「なぜかというと、この福徳・功徳というものは、実は〔実体としての〕福徳といったものではないからです。だからあえて如来は、福徳が多いと説かれたのです」と言う。

繰り返し言うように、『金剛般若経』のさまざまな個所は「実体としての〜ではない」と読むと、一見矛盾しているような言葉の意味がわかってくる。ここも「実体としての功徳、効果ではない」と読むと意味が通る。

すなわち、空とは別の言葉で言うと一如ということでもあり、宇宙と私が一体だとしたら、宇宙の富はぜんぶ私の富、そしてあなたの富でもある、という関係になるから、布施をすることは、宇宙が宇宙自身のために宇宙の富をこちらからあちらへ移しただけ、ということになって、布施するもしないもなくなる。布施をしたから功徳があるなどということもない。布施をするもしないもなければ、布施の功徳があるとかないとかということもなく、すべてのことは宇宙の働きだということになる。

そういう宇宙の働きとしての布施を、私が宇宙の一部として行なう。そうなった時、布施が宇宙的に大きな効力をもつことになる。ほんとうの布施とは、布施をする人・布施するもの・布施をしてもらう人が、ぜんぶ一体・空というところでなされるべきものだ。それは全宇宙にわたることなのだ、と。

世界中・全宇宙にある富、そしてその富のもたらす効果は、本来は富とか効果といった実体として語ることもできないものであり、すべてのことがすべて宇宙の働きだということを表現するために、ブッダはあえて「福徳多し」という言葉でおっしゃるのだ、と。

こういうことがわかると、例えば、「ちっぽけな私など生きていても無力で……」などという話はなくなる。このちっぽけで無力に見える私が、すべての富、すべての力である宇宙と一体なのである。そういう意味では、「ちっぽけな私」も「無力な私」もほんとうにはいないということだ。そして、ちっぽけな私も無力な私もほんとうにはいないという気づきほど人生における大きな報い・功徳はないだろう。そのことをわからせるために、あえて比喩としてこういうことを言っているのだ、ということである。

それは「一切《いっさい》の賢聖《けんじょう》は、皆《みな》、無為《むい》の法《ほう》を以《もっ》て、しかも、差別《しゃべつ》有《あ》ればなり」ということとつながっていることは、これでおわかりいただけると思う。覚っている人は、人為的に作られたものではない天然・自然・大宇宙と一体であることを覚りながら、しかし相対的な、現象的な区別はできるという意味での個体性・個人性は保っている。しかし、区別できるという意味での個人性・個体性は保っていながら、自分はいつも他者と世界と一体だということに目覚めているから、「世界の宝はぜんぶ私の宝」という気持ちで生きていくことができる。

この心の豊かさは、分離していると錯覚した自分が何千億の財産を蓄えたという豊かさよりもはるかに豊かだ、そういう福徳、つまり福徳といったことを超えてしまった福徳こそほんとうの福徳だ、あえて俗な言葉で言えば、儲かる・損するといったことを超えてしまった心の儲けのほうがほんとうの人生の儲けだ、ということである。そういった心になる、つまり覚ることができる。

特に『金剛般若経』のこの個所は、覚りを単なる個人の内面の話にとどめず、「宇宙のものはすべて私のもの、といった気持ちになって、宇宙のものをぜんぶ使いながら、しかしそれは宇宙のためにやっていることだ、というかたちで布施をすることができる。そういうスケールの大きな心のあり方を持つことのできた人間を菩薩・摩訶薩《まかさつ》（大士）という。菩薩を目指すというのは、そういう心の人間になろうとすることなのだ」という、非常にスケールの大きな話で、「私は、いろいろ悩んでいるので、瞑想してさわやかな気持ちになりたい」といった自分一人だけの小さなことではない。まさにそこが大きな乗り物・大乗仏教なのである。

● 仏法は実体ではない

「また、もしある人が、この経のなかのわずか四句の詩句でも保持して、他の人のために説く時、その功徳はそれよりも勝っている。なぜかというと、スブーティよ、すべての仏たちと仏たちのこの上ない正しい覚りの教えは、みなこの経から出たものだからである。スブーティよ、いわゆる仏法とはすなわち仏法ではないのである」。

（「もしまた、人有《ひとあ》り、この経《きょう》の中《なか》において、乃至四句《ないししく》の偈等《げとう》を受持《じゅじ》して、他人《たにん》のために説《と》くときは、その福《ふく》は彼《かれ》よりも勝《すぐ》れたり。何《なに》を以《もっ》ての故《ゆえ》に。須菩提《しゅぼだい》よ、一切《いっさい》の諸仏及《しょぶつおよ》び諸仏《しょぶつ》の阿耨多羅三藐三《あのくたらさんみゃくさん》菩提《ぼだい》の法《ほう》は、皆《みな》、この経《きょう》より出《い》でたればなり。須菩提《しゅぼだい》よ、いわゆる仏法《ぶっぽう》とは、すなわち仏法《ぶっぽう》に非《あら》ざるなり」。)

布施について最初のほうで語られ、先の個所でもう一度語られ、続いて「福」「福徳」という言葉との関連で、精神的な布施つまり真理を伝える布施がテーマとして出てきている。布施の三要素、財施と法施と無畏施で言えば、まず財施の話、次に法施つまり真理や教えを施すことが語られているわけである。

「偈《げ》」は詩句、「受持《じゅじ》」は受け保つということで、「もし人がいて、このお経のたった四行の詩の句でさえ、自分のものとして受け保ち、さらに他の人のために説く時は、その福徳は財施よりもはるかに勝れているのだ」という。

「福」は、持つ者をほんとうの意味で幸せにしていく効力・功徳ということで、真理の言葉を布施することは宇宙中の宝を布施するよりももっと大きな効力があるのだ、と。なぜなら、すべての仏たちと、その仏たちが説く真理の教え、この上なく比較するものもない真理すべては、この経つまり『金剛般若経』から出ているからである、と。

すでに述べたように、文献学的には大乗仏典は歴史的なゴータマ・ブッダが説いたものではない。そこから考えると、この個所は大変なことを主張していることに注目していただきたい。「もろもろの仏とその真理の教えはすべて、この経典から生まれている」と言っているのだから、これは激越とさえ感じられる大変な自信である。しかも、ブッダの名前を騙《かた》って言っているわけだから、この大変な自信は、もし中身がないとしたら、宗教史上類を見ないと言っていいくらいの傲慢である。

しかし、この主張が、二千年近くブッダの真理の言葉として聞かれてきたということは、単に神話的に信じこまれたというだけではないだろう。もちろんそういう面もまったくないとは言えない。かなり問題のある硬直した教えであっても、教祖が説いてしまうと、後の人間が何百年あるいはもっと長く信じこんだままということもありうるから、教えに関しては長く続けば正しいという保証はない。しかし、西暦紀元前後に書かれたものと思われるから、少なくとも二千年くらい一般の信者だけでなく本格的な修行者たちも信じてきたことには、やはりそれだけの理由があると思われる。

つまり、般若経典の著者が、これだけの自信を持って語りえたのは、真理や真理の教えも含めてすべてが実体ではないことを、単に知的に知ったのではなく体験的に覚り、しかも自分がブッダと同等、あるいは「ブッダがもし生きていたら、阿含経典などのような語り方ではなくて、むしろこういう語り方をしたはずだ」と考えるほど、深く覚っているという根源的な自信があったからと考えるほかない。

そのことは、「いわゆる仏法とは、すなわち仏法に非ざるなり」、仏の説いた真理・真理の教えは、決して実体化・固定化できるような教えではないのだ、という句からはっきりうかがえる。そもそも仏法とは、人間がすべて、とりわけ自我を実体視することから解放するための方便にすぎないのであり、たとえ歴史的なブッダの説いたものだとしても、その教えが実体視され、その結果、固定化され、権威化され、絶対視されたのでは、まったくの本末転倒になってしまうのだ。

歴代の仏教者のなかには、残念ながらそういう人が出て来た・出て来るようだ。特定の教えを実体視し、そしてそれを知っている・わかっているつもりの、あるいはそれを信じている自分を実体視し、そういう自分や自分たちが他の人に比べて絶対に正しい、絶対に偉いのだという、ちょうどブッダが説こうとしたことと逆さまの姿勢に陥る、というはなはだ残念なことが起こったし、起こってしまうようだ。

大乗の側から見ると、当時の部派仏教にはその傾向があったのであり、それが批判点である。だから実体視され、執着され、それが自分や自分たちの特権的な誇りになったら、とたんにそれは仏法とはまっ逆さまになってしまうのだ、と。「仏法とは、すなわち仏法に非ざるなり」という言葉で、本質に徹した批判がなされているのである。

だから、文字化され固定化されて伝承された経典を実体視・絶対視して尊んでいる人からすると、大変なことが語られていたわけである。しかし、ここまできびしく警告した『金剛経』もまた、実体視されて尊重される、有り難がられるという皮肉な歴史が起こってしまう。

しかし、私たちがほんとうに仏法を学ぶには、文字化された理論としての教えはあくまでもそれを超えたものを指し示し覚らせるための方便にすぎないことを自覚しておかなければならない。

筏《いかだ》の譬えのとおり、あくまでも筏として、しかし有用性がある限りは、つまりこちらの岸から向こうの岸へ渡るために役に立つという意味では、非常に尊重しなければいけない。けれども筏そのものは目的ではなく渡るための手段であって、渡ることのほうが目的でありより根本的に重要なのである。そこを本末転倒しないことが必要である。そのために、何度も何度もくどいほどそのポイントが述べられていくのである。

修行の四段階も実体ではない

さて次からしばらくの部分は、いわば流れで読んでしまえるので、先に解説しておこう。

大乗以前の仏教では、修行の段階として「四向四果《しこうしか》」という四つの段階を唱えていたと言われる。その四段階いちいちについて、「実体化されてしまうと、それはそもそもほんとうにそういう境地に達したことにならないのだ」と述べられていく。

修行の段階は、もちろん相対的にはあるが、相対的にあるにすぎない。それに対して、私をも段階をも実体視し、「私は第～段階に入った」「最終段階に入った」と自我の精神的な獲得物として誇りにするようでは、実はその段階に入ったことにはまったくならないというのである。

これは、こういう講義をしている筆者のような者にとってももっとも自戒すべきでありながら、もっとも陥りがちなところである。かつて唯識がわかったつもりになった時、「唯識がわかっている偉い私」という錯覚が起こりかかったのを憶えている。幸い禅を学んできていたおかげで、そうなりかかった時、「あ、いつの間にか唯識を理解している『偉い私』という錯覚に陥りつつある。これはもう、そもそも唯識・仏教が目指しているところと、まっ逆さまではないか」という反省を何とかすることができたが。

学びや修行を続けていると、次第に「心境が深まってきたかな」という気がしたりする。しかしその心境が「〔実体としての〕私個人の心境だ」と思っているのは、実は深まっていないのだ。それどころか、かえってひどいことになっている、深みにはまっているという危険が非常にある。ほんとうは深まれば深まるほど、あるいは高まれば高まるほど、「これは個人・私の話ではない」と気づいていくということでなければならないからである。

この個所は、当時、大乗の立場から見ると、当時の部派仏教では優れた修行者であるほど自分の境地を誇る状態になっていたことへの批判だと思われる。

●覚りの第一段階……須陀洹《しゅだおん》

「スブーティよ、どう思うか。スロータパンナは、『私はスロータパンナという結果を得た』という思いをもつだろうか、もたないだろうか」。スブーティは申し上げた。「もつことはありません。世尊よ。なぜかというと、スロータパンナは覚りの流れに入ったという意味ですが、しかも〔実体として〕入るようなところはないからです。色形、音、香り、味、感触、対象に入らないこと、それをスロータパンナと名づけているのです」。

（「須菩提《しゅぼだい》よ、意《い》においていかに。須陀洹《しゅだおん》は、よく、この念《おも》いを作《な》して、『われ、須陀洹《しゅだおん》の果《か》を得《え》たり』とするや、いなや」。須菩提《しゅぼだいい》言う、「いななり、世尊《せそん》よ。何《なに》を以《もっ》ての故《ゆえ》に。須陀洹《しゅだおん》は名《な》づけて入流《にゅうる》となせども、しかも入《い》る所《ところ》無ければなり。色声香味触法《しきしょうこうみそくほう》に入《い》らざる、これを須陀洹《しゅだおん》と名《な》づくるなり」。）

「須陀洹」とは、サンスクリット語の「スロータパンナ」を中国語の音に訳したいわゆる音訳で、「覚り・涅槃の流れに入る」という意味である。これを意味で訳したのが「入流《にゅうる》」で、「預流《よる》」という訳もある。そこで、「預流果」と言ったり「須陀洹果」と言ったりする。

ほんとうに覚り・ニルヴァーナの第一段階に入った修行者は、「私がそういう段階に入った」と思うのだろうか、というブッダの問いに対して、スブーティは「いやそんなことはありえません」と答える。なぜかというと、いちおう「スロータパンナ・永遠の覚りの流れに入った者」という言葉はあるが、実は実体として入るところなどない。つまり全宇宙がそこだから、初めから入っているのであって、ある時からここからそこに入るなどということはないわけである。

仮に境地として、今まで全面的に無明状態だったのが、ジャンプして覚りの一定の段階に入った、と言えないことはない。しかし、ほんとうに入ったということは、入るも入らないもないことを覚ることである。

それから特に六境《ろっきょう》、すなわち対象的な存在の六要素としての色・声・香・味・触・法を実体としてそれに執着をするという世界に入らない。つまり六要素に入りこんでしまわないことこそが「入流・須陀洹果」と呼ばれるのだ、と。

自分が須陀洹という境地に実体的に入ったなどと思っていること自体、自我に対する実体視、執着である。自我の構成要素としての六境に執着することも同じで、それでは実際に須陀洹果に入ったとはまったく言えない。実体視から自由になり始めたことをこそ「スロータパンナ」と呼ばなければならないからである。

もちろん空がもっともわかっているスブーティだから、一貫して正解を述べていくわけだが、まず第一段階についてこう言っていて、第二段階以下もほぼ同様だが、ざっと見ておこう。

覚りの第二段階……斯陀含《しだごん》

「スブーティよ、どう思うか。サクリダーガーミンは、『私はサクリダーガーミンという結果を得た』という思いをもつだろうか、もたないだろうか」。スブーティは申し上げた。「もつことはありません。世尊よ。なぜかというと、サクリダーガーミンは一度だけ往来するという意味ですが、しかも往来することなどないからです。それをサクリダーガーミンと名づけているのです」。

（「須菩提《しゅぼだい》よ、意《い》においていかに。斯陀含《しだごん》は、よく、この念《おも》いを作《な》して、『われ斯陀含《しだごん》の果《か》を得《え》たり』とするや、いなや」。須菩提《しゅぼだい》言う、「いななり、世尊《せそん》よ。何《なに》を以《もっ》ての故《ゆえ》に。斯陀含《しだごん》を一往来《いちおうらい》と名《な》づくれども、しかも、実《じつ》には、往来《おうらい》無《な》ければなり。これを斯陀含《しだごん》と名《な》づくるなり」。）

「斯陀含」も「サクリダーガーミン」という音を写したものである。修行の目指すところは、輪廻を繰り返している迷いのこの世界から輪廻しない覚りの世界に行くことだが、「斯陀含」は、今生での修行がかなりのレベルまで行ったので、もう一度だけ生まれ変わってこの世に戻ってくるけれども、一度戻ってきたらもう二度と生まれ変わらないという覚りに至る位・段階である。一回だけ往来するので「一往来《いちおうらい》」、あるいは往を取って「一来《いちらい》」とも訳される。

しかし、大乗仏教の覚りの究極から言うと、輪廻の世界と涅槃の世界の二つが分離して存在するのでは、それはもう一如ではない。輪廻の世界と涅槃の世界も実は根本的には一つなのだ、というのが空・一如の覚りである。

もう一度だけ生まれ変わるといった神話的・インド的な世界観を『金剛般若経』も全面的に否定してはいない。仮に相対的にはそう言えるが、しかし実はその世界とこの世界も一体なのだから、行って戻る・往来することは本質的にはない。行ったり戻ったりなどということはないのだと覚るのが「斯陀含の果を得る」ことのほんとうの意味なのだから、と。

そして、私と世界は一体だから、「私がそういう境地に入る」と言うこと自体実は覚っていないことの証拠であって、ほんとうに斯陀含の段階に入った者は「私が斯陀含の段階に入った」などと思わないのだ、ということである。

●覚りの第三段階……阿那含《あなごん》

「スブーティよ、どう思うか。アナーガーミンは、『私はアナーガーミンという結果を得た』

という思いをもつだろうか、もたないだろうか」。スブーティは申し上げた。「もつことはありません。世尊よ。なぜかというと、アナーガーミンは戻って来ることはないという意味ですが、しかも実体として来ることなどないからです。だからこそ、アナーガーミンと名づけているのです」。

(「須菩提《しゅぼだい》よ、意《い》においていかに。阿那含《あなごん》は、よく、この念《おも》いを作《な》して、『われ、阿那含《あなごん》の果《か》を得《え》たり』とするや、いなや」。須菩提《しゅぼだい》言《い》う、「いななり、世尊《せそん》よ。何《なに》を以《もっ》ての故《ゆえ》に。阿那含《あなごん》を名《な》づけて不来《ふらい》となせども、しかも実《じつ》には、来《く》ること無《な》ければなり。この故《ゆえ》に阿那含《あなごん》と名《な》づくるなり」。)

続いて、さらに第三段階である。「阿那含」は「アナーガーミン」という音を写したもので、「不来《ふらい》」、または輪廻してもう一度この世に戻ってくることがないので「不還《ふげん》」とも訳される。「不来果」ないしは「不還果」という段階である。

「『私はもう二度と生まれ変わってこない覚りの世界に入った』と思うだろうか」とブッダ、「いやそんなことはありません」とスブーティ。いちおう「もう輪廻の世界には戻ってこない」というふうに言うけれども、実はそもそも一体なる世界には行くも帰るもない。だから来るということもない。

そもそも「来る」ことなどなく「行く」こともないのがこの覚りの世界だから、行くも来るもないと覚って初めてほんとうの「阿那含」と言える。そうなった時には、世界と私は一体だから、「私がその境地に入る」などということはありえない。「われ、阿那含の果を得たり」といったことを思うはずがない、ということである。

たしかに覚りの深い方は、一方では「私とあなたには、覚っている人と覚っていない人という意味での相対的な大きな違いがある」ことをしっかり踏まえながら、しかし「覚っても覚らなくても同じなのだ」ということをより深く理解しておられるようである。

だから、覚りの深い人ほど他者との差別感や自分の優越性を感じさせない人柄で、まったくどんな人とも対等に付き合うことができる。しかし、相対的な教えの場になると、非常に高いところに立って堂々と教える。根本的には平等であるけれども、しかし相対的には覚っている人と覚っていない人との差はきわめて大きい。その両方をちゃんと踏まえている。そういうことが感じられるようである。

しばしばお話しするのは、例えば久松真一先生である。久松先生に初めてお目にかかった頃は、私は若造で、先生は八十九歳だった。九十歳で亡くなられる一年前に一回お会いできただけだが、若造などという扱いではなくて、まったく対等の人というか、そういう雰囲気で付き合ってくださった。しかし、大事なことをおっしゃる時には、きわめてぴしりとおっしゃる。偉そうではないのだが、偉そうでないぶん、「いや、ほんとうに偉い方なんだな」と感じさせられたものである。

つまり、覚りの境地が深まれば深まるほど、「覚りの境地にある」「私が覚っている」などとは思わない。本質的にはそういうことである。

● 覚りの第四段階……阿羅漢《あらかん》

「スブーティよ、どう思うか。アルハットは、『私はアルハットという結果を得た』という思いをもつだろうか、もたないだろうか」。スブーティは申し上げた。「もつことはありません。世尊よ。なぜかというと、実体としてアルハットと名づけるような存在はないからです。世尊よ、もしアルハット（のつもり）でありながら、『私はアルハットという段階を獲得した』と思うようであれば、それは実体としての自我、個体的な自我、生物としての自我、特定の生命体としてある霊魂のような自我に捉われていることになるからです」。

（「須菩提《しゅぼだい》よ、意《い》においていかに。阿羅漢《あらかん》は、よく、この念《おも》いを作《な》して、『われ、阿羅漢道《あらかんどう》を得《え》たり』とするや、いなや」。須菩提《しゅぼだい》言《い》う、「いななり、世尊《せそん》よ。何《なに》を以《もっ》ての故《ゆえ》に。実《じつ》に、法《ほう》として、阿羅漢《あらかん》と名《な》づくるもの、有《あ》ること無《な》ければなり。世尊《せそん》よ、もし阿羅漢《あらかん》にして、この念《おも》いを作《な》して、『われ、阿羅漢道《あらかんどう》を得《え》たり』とせば、すなわち、我《が》・人《にん》・衆生《しゅじょう》・寿者《じゅしゃ》に著《じゃく》せらる」。）

そして、最終段階の「阿羅漢」は、「アルハット」が原語で、「けがれなき最高の段階」という意味である。煩悩の漏れ出ることがまったくなくなって清浄そのものになった境地である。中国で、阿が取れて「羅漢《らかん》」となった。日本では、「羅漢さん」として親しまれ、例えば五百羅漢や千五百羅漢といった像が寺院のお堂や庭に祀られたりしている、その元である。

部派仏教では、ゴータマ・ブッダは特別であり、ふつうの修行者は決してブッダの位には至れない。修行者は、行くことができても阿羅漢の位までで、その上に仏の位がある、とされている。しかし、修行者としては部派仏教における最高の境地である。

この位についても同じく、ブッダが「もしほんとうに阿羅漢の境地に達したのだったら、『私が阿羅漢の境地に達した』などと思うということがありうるだろうか」と問い、「いや、そんなことはありえません。実際に、法（この場合「存在」という意味）として阿羅漢と名づけることができるような実体的な存在は、存在しえないからです」とスブーティは答えている。

たとえ阿羅漢であっても、それは実体ではない。最高の境地も空《くう》である。というか、凡夫から最高の境地に達したブッダまで、境地も何もない、すべて空なのである。もちろん阿羅漢も空である。阿羅漢というものが実体としてあるわけがないので、実体としてないものを「私が獲得した」とすると、そもそも私も実体視されているし、獲得されるものも実体視されているから、空の自覚とはまっ逆さまの妄想ということになるわけである。

もし「私が阿羅漢道を得た」と思ったとすると、それは「我・人・衆生・寿者」、つまり自我としての自分、個体的な自分、生物としての自分、特定の生命体としてある霊魂のような自分を実体として捉えて執着していることになる。そういう境地を「阿羅漢」と呼べるはずがない。四向四果すべてが空だから、初歩段階で覚っても、第二、第三、最高段階で覚ったとしても、ほんとうに覚ったのなら「私はその境地に達した」などと思ってはならない、思うはずがないという、そこのところがみごとに述べられている。

これは、修行や僧の位が実体視されてしまって、根源的な平等性が忘れられていることへの痛烈な批判である。法・教えは、結局はそれを超えて空を覚るための方便にすぎない。ブッダは、「空」より「無我」という言葉のほうを多く使ってはいるが、「空」であれ「無我」であれ指し示しているものは同じである。そして、「私はそういう境地に達した」という時には、それは無我の心ではなくて「我」の心になってしまっている。そのようになりがちな状態にあった当時の部派仏教界に対する痛烈な批判が、ここでなされている。しかしそれは批判のための批判ではなくて、ブッダの原点に帰るということである。形はブッダ時代の弟子の姿をまねているけれども精神が失われていることに対する、本質的な批判としてあえてこうしたことが語られたのだと思われる。

● 最高の境地も実体ではない

「世尊よ、ブッダ（であるあなた）は私を『争いを超えた三昧《さんまい》を得た者のなかでも第一人者である。彼こそ最高の欲を離れたアルハットである』と言ってくださっていますが、私は『私こそ欲を離れたアルハットである』といった思いをもつことはありません。世尊よ、もし私が、『私はアルハットという境地を獲得した』と思うようであれば、世尊が、『スブーティこそ争いのない行為を楽しむ者であり、スブーティの実体的に行為することがないことを、あえてスブーティは争いのない行為を楽しむと言うのだ』と説かれることはなかったでしょう」。

（「世尊《せそん》よ、仏《ほとけ》は、われを、『無諍三昧《むじょうざんまい》を得《え》たる人《ひと》の中《なか》にてもっとも第一《だいいち》となす。これ第一《だいいち》の離《り》欲《よく》の阿羅漢《あらかん》なり』と説《と》かれたれども、われは、この念《おも》いを作《な》さず、『われはこれ、離欲《りよく》の阿羅漢《あらかん》なり』と。世尊《せそん》よ、われ、もし、この念《おも》いを作《な》して、『われ、阿羅漢道《あらかんどう》を得《え》たり』とせば、世尊《せそん》は、すなわち、『須菩提《しゅぼだい》はこれ阿蘭那《あらんな》の行《ぎょう》を楽《たの》しむ者《もの》なり、須菩提《しゅぼだい》の、実《じつ》には所行《しょぎょう》無《な》きを以《もっ》てして、しかも須菩提《しゅぼだい》はこれ阿蘭那《あらんな》の行《ぎょう》を楽《たの》しむと名《な》づく』とは説《と》きたまわざりしならん」。）

次に、そうした部派仏教の状況に対比して、ブッダがスブーティを「おまえは最高の境地に達した人間だ」と評したという故事に因《ちな》んで、ほんとうの阿羅漢は自分を阿羅漢だとさえ思わない、という一見矛盾した、しかし本質的なことが語られている。

「無諍三昧」とは、心のなかに争いや葛藤がまったくないことである。実体としての概念があると、必ず対立概念がある。善か悪か、価値があるかないか、意味があるかないか、損か得かという、さまざまな二元対立が必ず起こってくる。言葉・コンセプトを持つことによって二元対立が起こり、心のなかに葛藤が起こる。そういう二元的・分別的な対立をまったく離れた三昧・サマーディが、すなわち禅定《ぜんじょう》である。

スブーティは、そういう禅定を習得した人間のなかでも第一番であるとされる。これは「解空第一」、空の解釈・理解が第一ということの別の言い方である。ブッダは、スブーティを「おまえがいちばん空ということをよくわかっている」、欲を離れた第一の阿羅漢、「おまえは最高の、欲望から自由になった清浄なる存在・阿羅漢だ」と言われた。

それに対して、「そう言っていただきましたが、私は『自分は欲望から自由になった阿羅漢だ』などという思いは持ちません。もし私が『私は阿羅漢になったのだ』『阿羅漢という段階を獲得したのだ』と思うようなら、そもそも世尊が『スブーティは……』と説かれなかったはずです」と続けて述べていく。

「阿蘭那」とは、争いを離れたまったくの静寂の世界という意味である。原語は「騒がしいところから離れている、静かな」という意味で、町から離れた静かな瞑想の場所も阿蘭那と呼ぶことがあるが、ここでは心の状態のことである。つまり、「スブーティは、騒がしさや争いをまったく離れた行を楽しむ者だ」と。

さらに、「スブーティは、ほんとうは行をするなどということからも離れている」とある。つまり私たちが行為をなす時には、「私が／何かを／する」わけである。私が／何かを／すると思わなければ、ふつう行為は起こらない。

例えば、私が講義をしている時、「私は／みなさんに／『金剛般若経』の講義を／しなければ」と思いながらする。みなさんも、講義が終わったら「終わった」という概念がめぐって「さあ家に帰ろう」と思い、帰りに乗る駅の「〇〇駅」という名詞を思い出しながら、「〇〇駅に行かなければ」「家の近くの〇〇駅までの運賃は〇〇円」と考えなければ、帰れない。

ところが、そのように名詞を使って「私が何かをする」といったことから離れることこそ阿蘭那の行だから、私たちがふつう考えるような実体的ないわゆる「行為」を離れているということである。

もし「私が、阿羅漢という境地を獲得したのだ」と考えているとしたら、そもそもそれは阿蘭那の行をやっていないことだから、「須菩提はそういう境地に達しそういう行をやっている」「須菩提はこれ阿蘭那の行を楽しむと名づく」とブッダが認定してくださるはずがない、「私はそういう思いさえ離れていきます」と。

坐禅も同じことで、まさに形をとった阿蘭那の行が坐禅である。坐禅が深まってくると、もう「私が坐禅をしている」という気持ちはなくなる。

努力している間は、「脚が痛い」「腰が痛い」とか、「私は呼吸が下手だな」「私ってダメだな」とか、「何年経っても進歩がない。私には向かないのかな」「もう諦めたほうがいいのかな」などと思うものである。日本語はいちいち主語を言わないので、少し表現が曖昧《あいまい》になるが、英語で言えばこれらの文の主語はすべて「I～」である。そうした思いを離れることを目指すのが坐禅なのだが、初期段階ではむしろそうした思い・雑念がさまざまに湧いてくる。

けれども、深まってくると、「私が坐っている」から「ただ坐っている」という感じに、さらに「ただあるだけ」という感じになる。さらに、ただあるだけから、あえて言えば「ただ目覚めているだけ」というふうに深まっていく。それは「私が目覚めている」のではなく、「ただ目覚めがそこにある」といった感じである。そうしたところまで深まっていく。そういう坐禅体験をすると、この「阿蘭那の行を楽しむ」という言葉がよくわかる。

須菩提やブッダはもちろん、『金剛般若経』を書いた覚者も、まさに「私が阿羅漢道を得た」などとはまったく思わない境地で禅定し、それだけでなく日常もそういう境地に達していたからこそ、自信を持ってブッダに代わって「これが最高なのだ」と主張することができたのだと考えられる。

●過去世でも得たものはない

ブッダはスブーティに告げられた。「どう思うか。如来は、昔ディーパンカラ仏のところにいて、真理・真理の教えを獲得したということがあるだろうか、ないだろうか」。「世尊よ、如来がディーパンカラ仏のところにいて、真理・真理の教えについて実体的に獲得したなどということはありません」。

（仏《ほとけ》、須菩提《しゅぼだい》に告《つ》げたもう、「意《い》においていかに。如来《にょらい》は昔《むかし》、然燈仏《ねんとうぶつ》の所《ところ》に在《あ》りて、法《ほう》において得《う》る所《ところ》有《あ》りしや、いなや」。「世尊《せそん》よ、如来《にょらい》は然燈仏《ねんとうぶつ》の所《ところ》に在《あ》りて、法《ほう》において、実《じつ》には得《う》る所《ところ》無《な》し」。）

古代インド・仏教的な世界観では輪廻があり前世がある。ゴータマ・ブッダも、何度も何度も輪廻しながら修行を重ねることによってようやく今生でブッダ・覚者になったと考えられている。過去世にさまざまな仏に就いて修行したことになっているが、直近の過去世に教わったのが「ディーパンカラ」、灯火を燃やすという意味で、訳して「然燈仏《ねんとうぶつ》」（「燃燈仏」という表記もある）である。

ブッダは、「然燈仏のところで真理の教えを何か得たということがあるだろうか」と問い、スブーティは、「もちろんそんなことはありません。如来は前世、然燈仏のところで何か真理の教えを実体的に獲得するなどということはありませんでした」と。

ここで思い出されるのは、道元が宋から帰ってきて言ったという「空手還郷《くうしゅげんきょう》」「空手で故郷に帰ってきた」という言葉で、まさに前の言葉と同じである。ほんとうに覚った人は、実体などないということを覚ったのだから、何も持っては帰らない。実体的に考えると、経典を何千巻持って帰った、新しい教えを学んで帰った、ということになるのだが。

もちろん道元は、書籍は持ち帰ったようだし、何よりも師の如浄《にょじょう》禅師からおまえは覚ったと証明するものをもらって帰ってきている。当時、中国仏教には大きな権威があり、向こうの格式の高い大寺院の高い地位にある師僧から覚りを証明するものをもらってきて、「これが証拠だ」と出せば説得力はあったのだが、道元は、中国の最新の仏教の教えを持って帰ったという権威で語ろうとせず、「何も持たずに空手で帰ってきた」と言っている。その「空手で帰ってきた」と言えるということが、大変な自信なのである。

これはまさに、世尊・如来もまた然燈仏という前世の仏のところにあって、法・真理の教えについて得たものは何もない、というのと同じである。この「得たものは何もない」ということこそほんとうは覚りを得たということなのである。

●仏国土の建設も実体ではない

「スブーティよ、どう思うか。菩薩が仏国土を美しく建設するということはあるだろうか、ないだろうか」。「ありません。世尊よ。なぜかというと、仏国土を美しく建設するというのは、すなわち〔実体として〕美しく建設することではないからです。それを〔仮に〕美しく建設すると名づけているだけなのです」。

（「須菩提《しゅぼだい》よ、意《い》においていかに。菩薩《ぼさつ》は仏土《ぶつど》を荘厳《しょうごん》するや、いなや。」「いなり、世尊《せそん》よ。何《なに》を以《もっ》ての故《ゆえ》に。仏土《ぶつど》を荘厳《しょうごん》すというは、すなわち、荘厳《しょうごん》に非《あら》ざればなり。これを荘厳《しょうごん》と名《な》づくるなり」。）

荘厳とは、直接的には「飾る」という意味である。そこから飾って作るという意味で「建設する」という意味にもなる。仏の国土を飾り作る仕事をするのが菩薩なのだが、「菩薩は仏の国土を作るのか、そうでないのか」と聞かれたら、「もちろん実体としてそういうことをすることはありえません」とスブーティは答えている。

ほんとうの意味での仏土は全世界・全宇宙だから、今さら新たに作るなどということはない。

宇宙はありのままですばらしく美しいのだから、今さら飾るなどということもない。もちろんそれもまた実体ではないから、作るとか飾るとかいうことは実体的にはない。

しかしそのことがわかると、特に人間界においてはやはり、現象的・相対的には醜さ、悪、汚れ、破壊といったことはあるので、そうしたことが無くなるようにこの世を清めていく。実体ではないが、現象的にはそういうことがある。そう捉え実行していくのが菩薩なのである。

だから、そもそも仏の国土というものを特定の場所に限った上で、それが汚れていると見て、きれいにしなければとか、それが破壊されているから作り直さなければとか、そういう実体視の思いで仏土を荘厳しようとするのは、それは違う。そういうことを離れ、宇宙の働き・空の働きをそのままにやっていくのが、ほんとうの意味で仏土を荘厳する、仏国土を作っていくということなのだ、と。

それに関わって言うと、聖徳太子は、日本という国において仏国土を建設することを目指されたと思われる。『金剛般若経』のことは直接には述べておられないが、読んでおられたに違いない。それから何よりも『維摩経』における空の思想、菩薩の思想を非常に深く理解されていて、そこにも仏国土というコンセプトが出てくるのであるが、それを踏まえた上で、それを日本の国において実現しようという志を持たれたと思われる。しかしその場合、それを実体として捉え執着して、今の醜いこの日本を何とか美しい日本にしなければ、というふうに実体視した執着によって目指されたとはどうも思われない。

そのように、実体視はしないけれども、しかし非常に熱心にそのことをやるのが、菩薩のすごさである。執着せず、しかしきわめて熱心に心を込めて実践する。これはなかなか私たちにはできないことである。無明に閉ざされ、執着に閉ざされているとそれはなかなかできない。

そこで、それを体で覚えようというのが坐禅である。非常に熱心に、本気で気合を入れなければ坐禅にならない。単に力を抜いてぼーっとして、うっとりとして眠くなったり恍惚《こうこつ》境に入ったりするのは、これは菩薩の修行としての禅定にはならない。気合が本気で入っていなければならないが、本気で気合を入れながら、しかも肩の力を抜いて安らかにする。筋肉的な力は抜けているのである。力んではいない。力まないけれども気合を入れるというのは、なかなか難しい。気合を入れようと思うと、筋肉が硬直して肩に力が入り、しかし実はけっこう気は抜けていて、あでもないこうでもないとつまらないことをいっぱい考えながら、緊張だけはしている。そうなりがちなのだが、力を抜いてしかし気合を入れて安らかな呼吸を続けていく。

そうした心に近づく訓練は、もちろん心の訓練でもあるが、それを体で覚えていくというのが、禅定の大きな意味だと思う。

聖徳太子も、たえず禅定しておられ、特にさまざまな社会的・世俗的な悩みがある時には、現存の夢殿の前身に当たるお堂に何日間も籠って禅定をされたという伝承が残っているが、さもありなんと思う。
そういう実体視を離れた心で、菩薩は仏土を荘厳する。実体に対するような執着はなく、しかし熱意を込めて行なうのである。

● 執着することなく心を生ずる

「そういうわけで、スブーティよ、もろもろの菩薩・大士は、まさにそのように清浄な心を生ずるべきである。物質的現象に執着して心を生じてはならない。音・香り・味・触覚・対象に執着して心を生じてはならない。執着するところなく、しかも心を生ずべきなのである」。

(「この故《ゆえ》に須菩提《しゅぼだい》よ、もろもろの菩薩《ぼさつ》・摩訶薩《まかさつ》は、まさに、かくの如《ごと》く、清浄《しょうじょう》の心《こころ》を生《しょう》ずべし。まさに色《しき》に住《じゅう》して心《こころ》を生《しょう》ずべからず。まさに声香味触法《しょうこうみそくほう》に住《じゅう》して心《こころ》を生《しょう》ずべからず。まさに住《じゅう》する所無《ところな》くして、しかもその心《こころ》を生《しょう》ずべし」。)

「まさに住する所無くして、しかもその心を生ずべし」は「應無所住而生其心《おうむしょじゅうにしょうごしん》」と音読みする。
禅の初祖達磨《だるま》から数えて六番目の祖・六祖慧能《えのう》禅師が、まだ俗人だったころ、僧が『金剛般若経』を唱えている声を聞いていて、「應無所住而生其心」というところではっと気づいたことがあり、出家のきっかけになったという有名な個所で、禅宗では非常に重んじられている。
「菩薩」についてはすでに述べたので略すが、「摩訶薩」の「摩訶」は「大きい」、「薩」は薩埵（サットヴァ）の省略で「存在」という意味である。「大きな存在」という意味で「大士」とも訳される。なぜかというと、自分一人が自分だと思うことなく、一切衆生を自分だと思う大きな心の存在という意味で「摩訶薩・大士」と呼ばれるのである。般若経典では、「菩薩・摩訶薩」とセットで出てくることが多い。つまり、菩薩であるということは、同時にきわめて大きな志の人・摩訶薩でなければならないということである。

今まで述べたようなわけで、そういうことを修行しているもろもろの菩薩・摩訶薩は、次に述べるような清らかな心を生じるべきである、と。色・形に表われた物質に執着しそれを実体だと思って、それに捉われるという心の働きをやってはならない。それからもちろん、音や香り、味、触覚、特定の対象物・もの、それらが実体としてあると思うような心を生じてはならない。ではどうすればいいのかというと、決して執着したり捉われたり実体視することなく、しかもしっかりと意識的な心を持ちなさい、と。

坐禅の時に目を閉じてはならない、意識が混濁してはならないというのは、まさにここを目指すからである。単なる無意識になるのではなく、意識的な心を生じなければダメなのである。

だから、餓死や焼身自殺や投身自殺でこの世を去るという誤解された「即身成仏」があったようだが、そういうやり方ではなく、ちゃんと生きていて意識的な心を生じなければ覚りにならない。ボーディ（覚り）はサンスクリット語からしても中国語の漢字の意味からしても「目覚める」ということで、意識がなくなったのでは目覚めようがない。目覚めなくてはダメなのである。

そして、坐禅は目覚めるためのトレーニングだから、目をつぶっていてはならない。意識的な心で目覚めるのである。だから眠くなってきたらもう一度目を開く。意識が混濁してきたら気を取り直す。

坐禅では基本的には臍下丹田《せいかたんでん》に心を置くのだが、どうしても眠くなってきた時には、鼻の頭に意識を置くようにと、古来修行者が忠告している。私たち人間は、五官のうち目をいちばん使う。そこで意識がもっとも向くのは顔面である。そのために、鼻のところに意識の焦点をもってくると意識がはっきりしやすいので、眠い時にはいったん鼻のあたりに意識をもってきて目を覚ますようにと言われている。ともかく意識的にならなければならないのだ。

「まさに住する所無くして、しかもその心を生ずべし」、つまり実体視することなく、そして執着・こだわることなく、しかもちゃんと意識的な心を持つ。それが覚るということなのである。

と言われても、すぐにはできないので、特定の坐禅という時間と形と場で、静かに、なるべく一つのことに集中して、一念から無念を目指すという心で、しかもしっかりと目覚めているという意識状態、「まさに住する所無くして、しかもその心を生ずべし」という心に接近していくのである。

しかし、朝起きてから夜寝るまで、あるいは眠っていても、「應無所住而生其心」という心であることを目指すのが菩薩であるし、そしてそれが日常的にもできるようになるにつれて菩薩としての境地が深まるということである。

そうなればなるほど、「私と私以外のものは区別はできるけれども決して分離はしておらずいつもつながって一つなのだ」という気持ちで、自己と他の関係を捉えながら日々を生きることができるようになる。それが菩薩になるということで、それが本格的にできると、朝起きてから夜寝るまで、菩薩の心を貫いているのは智慧と慈悲の心ということにだんだんになっていくのである。

●体でない大きな体

「スブーティよ、例えば、もしスメール山ほどの体の人がいるとして、どう思うか。この体は大きいというべきだろうか、そうでないだろうか」。

スブーティが申し上げた。「きわめて大きいです。世尊よ。なぜかというと、世尊は『体でないものを大いなる体と名づける』と説いておられるからです」。

（「須菩提《しゅぼだい》よ、譬《たと》えば、もし、人有《ひとあ》りて、身《み》、須弥山王《しゅみせんおう》の如《ごと》しとせんに、意《い》においていかに、この身《み》を大《だい》となすやいなや」。須菩提言《しゅぼだいい》う、「甚《はなは》だ大《だい》なり、世尊《せそん》よ。何《なに》を以《もっ》ての故《ゆえ》に。仏《ほとけ》は、『非身《ひしん》をこれ大身《だいしん》と名《な》づく』と説《と》かれたればなり」。）

ブッダがスブーティに聞く、「ここに人がいて、（インドの神話的な世界の中央にある）スメール山くらいに大きな山のような身体を持っているとすると、どう思うか。この身体は大きいだろうか」と。これは、まずふつうの実体的な思考を前提にして問いを発しているわけである。

それに対してスブーティは、いちおう実体的な思考として、「それはもうもちろん大きいです」と答えた後で、次に空的な思考に入っていく。

なぜかというと、山もそうだし人間もそうだが、すべての身体と思っているものは、実は他のものとつながっている。ずっとつながっている。全部つながっていて、結局は宇宙と一体だ。ということになると、実体的な身体というものは実はありえない。

私たちは自分の身体は他と分離・独立した実体だと思っているが、今この瞬間も、私ではない空気と絶えず交流している。しかも鼻や口だけではなく全身の毛穴で、私ではないと思っている外界と私だと思っている私の身体が絶えず交流している。

科学的な知識を借りて言えば、さっきまで私の身体の一部であった炭素を酸素と結合させて外に出し、さっきまで私ではなかった酸素を私のなかに取り入れて、私の体内のとりわけ血液中の酸素とするといったことが絶えず外界との交流のなかで行なわれている。

これは、呼吸だけでなくさまざまなことがそうである。例えば、私たちの体温は絶えず体外に発散されていっている。つまり、私のなかの体の一部だと思っていた栄養が熱に変わり、そして外に出ていく。しかし寒くて内部のエネルギーが不十分な場合、例えばストーブの熱をもらったりする。自分のなかの体温とストーブの熱とが絶えず出たり入ったりしているわけである。

こうした例はあげていくと切りがないので、呼吸と体温にとどめるが、ともかくそれだけで独立して存在している私の身体というものは存在しない。もちろん他とのつながりのなかで、とりあえず他のものと区別できる私の身体というものはあるのだが、しかしそれは他とつながってい る縁起的存在としてである。そして、私たちの実体的な思考からするととても残念なことだが、この形も長くても百年くらいで終わりになる。

そういうふうに、縁起的、無自性的、無常的にできているのが私たちの身体であって、そういう意味で実体的な身体はない。そのことを「非身」という言葉で表現していて、身体はそもそもほんとうは「非身」なのだという。

しかし、そういうと、一見、非常に恐ろしく、悲しく、空しいことのように見えるが、それは同時に、全部つながって宇宙と一体なのだから、実体的でない身体こそは、宇宙が全部私の身体であると言ってもいい大きな身体なのだ。つまり、「非身をこれ大身と名づく」ということである。だから、スメール山もそうとう大きいが、宇宙に比べればはるかに小さいものであり、私たち個人個人の身体は実は実体としての身体ではなく、スメール山はもちろんのこと、宇宙とつながったきわめて大きな身体なのであるという。

因みに、道元は自らの覚り体験を「身心脱落《しんじんだつらく》」と表現しているが、身体の面で言えば身体の実体視が完全に克服されたということだと思われる。

私の心は他とのつながりによって心であることができる

心の面についても少し言っておくと、私たちの心は実体的にあると思われがちだが、実はそうではないことを証明しているのは、一九六〇年代にアメリカで行なわれた「感覚遮断実験」という心理学の実験である。ボランティアで被験者になることを承諾した人に、真っ暗で光がなく、一切音も聞こえず、匂いもしない部屋に入ってもらう。期間が長くなる場合には、無味無臭の栄養液を飲んでもらう。こういう部屋に入ると、個人差はあるが、一定の時間がたつと正常な意識を維持できなくなり、錯乱状態になるという。この実験によって、人間の意識は他との情報的なつながりを絶えずもっていないと正常に機能できなくなるということが科学的に実証されたと考えていいだろう。

私たちは自分の心は自分だけで成立していると思っているが、そもそもものを考えるということ自体、自分が工夫して作ったのではない言語（私たちの場合、日本語）を使っている。日本語の既存のボキャブラリーは何十万もあるが、私たちはその一つも作っていない。若干の造語をすることはできるにしても。つまり、ほとんどすべて人からの借り物でものを考えているのである。文法について言えば、文法を使って考えなければ思考が支離滅裂になるわけだが、日本語文法も自分で作ったものではない。私がものを考えることができるのは、日本文化とのつながりがあるからである。

ほとんど他とのつながりや関わりのおかげで、今私の心だと思っているものが、現象として存在している。そして、それは他との言語的あるいは心理・情報的な絶え間ない交流のなかで、一定期間、「私」としていちおう他と区別できるような心が働いているにすぎない。それ自体が縁起的存在で、全部つながっている。

それがほんとうにわかったら、身心脱落の「心」の方も脱落することになる。身心としての私は、私だけで実体として存在しているものではない、空であり、宇宙と一体なのだということが一瞬にしてわかることを道元は「身心脱落」と言っているのだと解釈してまちがいないだろう。その時に、「尽十方《じんじっぽう》世《せ》界《かい》真実《しんじつ》人体《にんたい》」、全世界・全宇宙こそ真実の人体・身体なのだ、という目覚めが起こるのである。

ここでは、それと同じことが特に身体に関して語られているわけである。

●ガンジス河の砂の無限大倍の功徳

「スブーティよ、ガンジス河のなかの砂の数ほど、それに等しいくらいのガンジス河があるとして、それらすべてのガンジス河の砂は、多いというべきだろうか、そうでないだろうか」。

スブーティが申し上げた。「はなはだ多いです。世尊よ。ただすべてのガンジス河だけでも多く、無数です。その砂となればもう言うまでもありません」。

「スブーティよ、私は本気でおまえに告げよう。もし、男女の修行者がいて、七種類の宝石でそれらガンジス河の砂の数ほどある宇宙を満たし、それで布施をしたとして、多くの功徳を得ることになるだろうか、そうでないだろうか」。

スブーティが申し上げた。「はなはだ多いです。世尊よ」。

ブッダがスブーティに告げられた。「もし、男女の修行者がいて、この経のなかのわずか四つの詩句でも保持して、他の人のために説くとすれば、その功徳は前の功徳よりも勝れている」。

(「須菩提《しゅぼだい》よ、恒河《ごうが》の中《なか》の所所《しょしょ》の沙《すな》の数《かず》の如《ごと》き、かくの如《ごと》き沙《すな》に等《ひと》しき恒河《ごうが》ありとせんに、意《い》においていかに。このもろもろの恒河《ごうが》の沙《すな》は、寧《むし》ろ多《おお》しとなすや、いなや」。須菩提《しゅぼだい》言《い》う、「甚《はなは》だ多《おお》し、世尊《せそん》よ。ただもろもろの恒河《ごうが》すらなお多《おお》く、無数《むしゅ》なり。いかに況《いわ》んやその沙《すな》をや」。「須菩提《しゅぼだい》よ、われ今実言《いまじつごん》もて汝《なんじ》に告《つ》げん。もし、善男子善女人《ぜんなんしぜんにょにん》有《あ》りて、七宝《しっぽう》を以《もっ》て、そこばくの恒河《ごうが》の沙《すな》の数《かず》ほどの三千大千世界《さんぜんだいせんせかい》を満《み》たし、もつて布施《ふせ》せんに、福《ふく》を得《う》ること多《おお》きやいなや。」須菩提《しゅぼだい》言《い》う、「甚《はなは》だ多《おお》し、世尊《せそん》よ」。仏《ほとけ》、須菩提《しゅぼだい》に告《つ》げたもう、「もし、善男子善女人《ぜんなんしぜんにょにん》ありて、この経《きょう》の中《なか》において、乃至四句《ないししく》の偈等《げとう》を受持《じゅじ》して、他人《たにん》のために説《と》かんに、しかもこの福徳《ふくとく》は、前《まえ》の福徳《ふくとく》に勝《すぐ》れたり」。）

次は、「大きい」という広さの話から「多い」という数の話に移っていく。どちらにしても、局面を変えて空の話をしようとしていると理解すればいいだろう。

広さに関してスメール山の例が出され、次に数が多い例としてガンジス河のなかの川砂の話が出されている。「その川砂と同じくらいガンジス河があるとしよう。そうすると、このガンジス河の砂ほどのガンジス河の砂というのは、多いだろうか、少ないだろうか。スブーティよ、どう思うか」と。このあたりは誇大妄想的に物事を大きく考える癖のある古代インド人の比喩の仕方だが、感覚としては、次に出てくる大千世界つまり全宇宙をイメージ的に語ろうとしているのである。

スブーティは、ブッダがこの話題から次にどういうことを語ろうとしているかはもちろん予想し、心得ていながらちゃんと応答して、「ガンジス河の砂の数ほどガンジス河があったら、それはほんとうに無数ですし、さらにその砂というなら、それはもう大変な数でしょう」と答える。

すると、「スブーティよ。では、私は今から、ほんとうによくわかるような真実の言葉をもって語ろうと思うのだが」、つまりよく聞きなさいという意味である。

「善男子・善女人」とは、男性と女性の菩薩ということである。日本の古い言葉に、あまり難しいことはわからない庶民だが道徳的・人間的にはちゃんとした人を表現する「善男《ぜんなん》・善女《ぜんにょ》」という言い方があるが、それはここから来ている。しかし、ここでは善良な庶民のことではなく、男女の修行者のことである。

「三千大千世界すなわち全宇宙がガンジス河の砂ほどあるとして、修行者が、それらすべてを七種類の宝でいっぱいにするという膨大な数の布施をしたとしよう。そうすると、そこから得られる報い、功徳は多いだろうか」と問われて、当然、スブーティは「甚だ多し、世尊よ」と答える。

ところが、男女の修行者が、この教えつまり『金剛般若経』のなかのたった四つの句からなる偈でもしっかり保ち、他の人に伝えたとすると、それは全宇宙にガンジス河の砂の数をかけたほどの宇宙を七種類の宝で満たす功徳よりも、はるかに優れている。つまり、空の真理を伝える・布施することは、他のどんな物質的な布施よりも意味が深いのだ、とブッダは言う。

富も実体ではない

繰り返し言うように、私たちは言葉を使うためにものを実体だと捉えており、さまざまな富についても実体だと思い込んでしまっている。

考えてみれば大変なことだが、富が実体だと思い込むことによって世界経済が成り立っているのだから、しばしば不都合が起こるほうが当たり前である。一定期間は順調にめぐることがあるのが不思議なくらいで、おかしくなるのが当たり前と言っていい。なにしろ、基本的には普遍的な理法に反した無明・妄想に基づいて行なわれているのだから、折にふれて不都合が起こるに決まっている。

人間が不都合の起こらない経済をやりたいのなら、そろそろ世界の経済界や政治界のリーダーたちが縁起の理法に基づいた経済システムを構想・構築し直さなければならない。そうでなければ、この地球での人間の繁栄の持続、それどころか生存の持続さえ不可能なのではないか、と筆者は考えている。

例えば大不況も、近代世界がいかに縁起の理法に反した経済をやってきたかという大反省のきっかけにすれば、大きな意味があると思うのだが、ほとんどの人は右往左往するか小手先の対策をするばかりで、そうした根本的反省に至るのは社会全体としては当面難しいだろうと思うが、私たちはせっかく学んでいるのだから、社会の現象的な大変さに右往左往せず、「縁起の理法に反したことをやっていれば大変なことになるのは当たり前だ」と平静に捉えることにしたい。「自業自得」と言うべき当たり前の困ったことが起こっているのだから、まず私から始めて、できれば人類全体がそろそろ目を覚まさなければならない。今、人類、特に先進国世界が、仏＝宇宙からそういうかなり厳しく痛い警策をいただいたと思って、ハッと気を取り直したほうがいいのではないかと思う。

さて、すべての価値の最終的な根拠になるのは、私たちが意識的な心を持っているということである。そして、その心がどうなるかということが、結局人生が豊かかどうかを最終的に決める。もちろん、人間には身体的・物質的な側面があり、必要最小限の物質的なものはなければ生理的身体が成り立たないから、それはもちろん必要だが、人生が豊かと感じるかどうかは、感じる心がどうなっているかによる。ものは必要最小限でも、心が豊かであれば、人生は豊かなのである。

さらに言えば、宇宙と自分が一体だという心を持っていれば、ある意味で宇宙は全部私の財産だから、貧しいということはありえない。精神的に言えば、全宇宙は私の財産である。そうなれば、これ以上の豊かさはありえない。そして、そういう心になるための気づきの言葉・真理の言葉として『金剛般若経』があるのだから、そのたった四句からなる偈・詩の言葉でも人に伝えることの本質的な功徳は、ガンジス河の砂の数ほどの宇宙を宝でいっぱいにしたよりもはるかに豊かなのだ、という。

●経典が存在する価値の大きさ

「また次に、スブーティよ、この経のわずか四つの詩句を説いただけでも、その場所はすべての世界の天人やアシュラみながブッダの祀られた塔のように供養するのだから、ある人が〔経の〕全体をよく保持し唱えたとするとましてそうである。スブーティよ、この人は最上で第一で希な真理の教えを成し遂げたことになるし、またこの経典があるところには、ブッダもしくはもっとも尊重される弟子があるのと同様だとされることを知るべきである」。

（「また次《つぎ》に須菩提《しゅぼだい》よ、随《したが》いてこの経《きょう》の乃至《ないし》四句《しく》の偈《げ》等《とう》を説《と》かば、まさに知《し》るべし、この処《ところ》は、一切世間《いっさいせけん》の天人《てんにん》阿修羅《あしゅら》の、皆《みな》まさに供養《くよう》すること、仏《ほとけ》の塔廟《とうびょう》の如《ごと》くなるべきを、いかに況《いわ》んや人《ひと》有《あ》りて尽《ことごと》くよく受持《じゅじ》し、読誦《どくじゅ》せんをや。須菩提《しゅぼだい》よ、まさに知《し》るべし、この人《ひと》は、最上第一希有《さいじょうだいいちけう》の法《ほう》を成就《じょうじゅ》したることを、もしは、この経典所在《きょうてんしょざい》の処《ところ》には、すなわち、仏《ほとけ》もしくは尊重《そんじゅう》の弟子《でし》有《あ》りとなすことを」。）

もし、このお経の四行詩のたったひとつでも説かれるとしたら、その場所は、仏の骨が安置された塔のある「廟」つまり墓所のように、天人や阿修羅が供え物をするのであり、何もないところで『金剛般若経』がたった四行でも語られているとするると、そこは仏さまの記念の塔が建っているところといってもいいぐらいで、まして、よく『金剛般若経』を保持しながらそれを唱えることには大変な意味がある、と。

ここで「唱える」というのは日本の読経とは違っていて、サンスクリット語でお経が唱えられると、教養階級であれば聞いたらそのままわかるのである。現代の日本人が現代日本語で「さらにまた、スブーティよ、どのような地方でも、この法門から四行詩ひとつでもとり出して、話したり、説いて聞かせたりされるとすれば」と朗読しているのを聞いたら、聞いたとおりにわかるように、サンスクリット語のわかる人たちには、読むとそのまま意味がわかったのである。庶民はサンスクリット語ではない言葉を話していたので、やや難しかっただろうが。

また、六祖慧能《えのう》は、もとは低い階級出身で教養人ではなかったのだが、その場合も、中国語訳の経典が唱えられているのを聞いて、ちゃんと意味がわかったのである。

日本でお経を唱える時には漢字の音をそのまま読んでいるから、聞いている一般の人にはわけがわからない。それに対してインドでも中国でも、そういう読経のされ方はしていなかったことは知っておく必要がある。ここで言う「唱える」とは、聞いている人に意味がわかるように唱えることで、わけのわからないまま例えば『般若心経』を唱えると功徳があるというのとは違う。わけ・意味がわかるように朗読するということであり、それは最上で第一で実にめったにない教え・真理の法を完成したことになるのだという。

さらに、この『金剛般若経』があるところは、仏・ブッダや、その優れた弟子がいるのと同じなのだ、と。それは、読まれ、理解された時、そこに真理の言葉が語られていることになり、真理の言葉を語るものはもちろん仏だ、という意味である。

●般若波羅蜜は般若波羅蜜ではない

その時、スブーティがブッダに申し上げた。「世尊よ、この経を何と名づけ、私たちはどのように尊重・保持していけばいいでしょうか」。

ブッダがスブーティに告げられた。「この経は金剛般若経と名づけられる。この名前で、おまえは尊重・保持していくがよい。なぜかというと、スブーティよ、ブッダが般若波羅蜜を説いたのは、すなわち般若波羅蜜ではないからである」。

（その時《とき》に、須菩提《しゅぼだい》、仏《ほとけ》に白《もう》して言《い》う、「世尊《せそん》よ、まさにいかんがこの経《きょう》を名《な》づけ、われら、いかんが奉持《ぶじ》すべき」。仏《ほとけ》、須菩提《しゅぼだい》に告《つ》げたもう、「この経《きょう》を名《な》づけて金剛般若波羅蜜《こんごうはんにゃはらみつ》となす。この名《みょう》字《じ》をもつて、汝《なんじ》、まさに奉持《ぶじ》すべし。所以《ゆえん》はいかに。須菩提《しゅぼだい》よ、仏《ほとけ》の般若波羅蜜《はんにゃはらみつ》を説《と》けるは、すなわち、般若波羅蜜《はんにゃはらみつ》に非《あら》ざればなり」。）

スブーティが、「ブッダよ、今まで説いてくださったこのお経をどういう名前で呼べばいいでしょうか。どういうふうに尊重して保持していけばよろしいでしょうか」と問う。

ここで少し文献学的な話をすると、お経の題は一般的に最初あるいは最後に、「このお経はなんと呼べばいいでしょうか」と聞かれたのに対し、「このお経は、こういうふうに呼んで、こういうふうに護持していきなさい」と答えるというかたちで示される。ところが、『金剛般若経』では真ん中に出てきているので、最初に触れたように、『金剛般若経』の原形はこの少し後で終わっていて、現在の半分の量だったのではないかと推測する研究家もいる。

後で見ていくとわかるように、確かに後半は前半と内容的にかなり重複しているが、若干違っている。その違いに省略すべきではない重要さがあると考えた人が後に付けて二倍の大きさの『金剛般若経』に編集したのではないか、と言われている。

繰り返すと、有名な唯識の論師のアサンガ（無著）も『金剛般若経』に対する短い注釈で、それを単なる重複とは考えず、全文に注釈している。筆者も、前半にない後半の言葉はより深めた解釈として重要だと考えている。

けれども確かに、いちおうここまでで話は終わっていると読める構造になっていて、「このお経は『金剛般若波羅蜜経』と呼ぶ」とある。

冒頭で説明したように、「金剛」とはダイヤモンドで石のなかで一番硬い。だから他の石を打ち砕く。つまり「煩悩を打ち砕くダイヤモンドのような」という比喩で、『金剛般若波羅蜜経』とは、「煩悩を完全に打ち砕いてしまう智慧のお経」という意味である。こういう名前で説かれたことを保持していきなさい、と。

それは「なぜかというと」、ここではふつうにいう「なぜか」ということへの答えとは違って、全然説明になっていないともいえるのだが、「仏の般若波羅蜜を説けるは、すなわち、般若波羅蜜に非ざればなり」と言われている。これは、「いちおう智慧の言葉・般若波羅蜜ということを説いたのだが、しかしこれも実体視してはいけない」という意味である。実体としての般若波羅蜜というものがあるわけではないのだ、と。

私たちは、言葉になり、ましてや文字に固定され、文書化されると、それが『金剛般若波羅蜜経』であると思う。確かにそれは般若波羅蜜を保持する器ではあるが、しかしそれ自体が〈般若波羅蜜〉ではない。般若波羅蜜は実は実体ではなく空なので、仮に「般若波羅蜜」とは呼んでも、何か般若波羅蜜という言葉とぴったり一致した対象であり実体であるような何かがあるということではない。そのことを忘れてはならないのだ。それを忘れて、経典の文字や巻物や折本になったものを有り難がることが主になってしまったら、それは、実は般若波羅蜜を受け止めたことにならない、と注意されている。

筆者の学び得た範囲では、自ら説いたことを否定し、「これにこだわったら、そもそも伝えたかったことが伝わっていないのだ」と警告するという点は、他宗教にも見られる「神秘主義」と共通しているが、これほどまで徹底しているのはやはり大乗仏教・般若経典やその流れを汲む禅だろう。

だから、私たちが、自分を実体視したまま、般若経典や唯識を学び、学んだことをも実体視して、「般若経典や唯識や空のことが分かっている私」と自己を実体視し、さらに実体としての他と比べて「だから、自分のほうが偉いのだ」という気持ちになるような学び方をしたなら、学びがまったくの逆効果になるということである。

学べば学ぶほど、私と他者とは、区別はくっきりできるけれども、結局はつながっているし、最終的にはひとつなのだ、と思うようになるはずで、そう考えると、上も下もありはしない。一体のものに上も下もないからである。「謙虚」には自分がわざわざ下がるというニュアンスがあるが、そういう深い意味で、もともと上がるも下がるもないことが仏教の「平等」である。それが心の奥までしっかりと覚られることを、唯識では「平等性智《びょうどうしょうち》」といい、私たちは、般若経典を学ぶことによって平等性智が少しずつでも開けてくるような学びをしなければならないと思う。

●真理の教えは説かれない

「スブーティよ、どう思うか。如来〈である私〉によって説かれた真理の教えというものはあるのだろうか、ないのだろうか」。スブーティがブッダに申し上げた。「世尊よ、如来には説くところはありません」。

（「須菩提《しゅぼだい》よ、意《い》においていかに。如来《にょらい》によりて説《と》かれたる所《ところ》の法《ほう》有《あ》りやいなや」。須菩提《しゅぼだい》、仏《ほとけ》に白《もう》して言《い》う、「世尊《せそん》よ、如来《にょらい》には、説《と》く所無《ところな》し」。）

そして、念を押すように言われているが、ここではまさに「空」という言葉を使わないで〈空〉を示そうとしている。ふつうの人間は「如来」「如来の語った真理」と言われると、実体としてそういうものがあると思う。それに対して、空をもっともよく理解している弟子であるスブーティは、「おまえはどう思うか。如来・私の説いた法・教え・真理というものが、（実体として）あると思うか」と問われて、もちろん「世尊よ、如来には、（実体として）説かれたことはありません」と答える。そもそも、実体として説くことが何もないということ、それこそあえて説くことによって伝えようとしたことなのだ、ということをスブーティ＝須菩提はしっかりと覚っているわけである。

だから、私たちも経典や論書の学びをしながら、「何も学んでいないのと同じだ」と実感を持って言えるようになった時、ほんとうに学んだと言えるのである。

● 世界は世界でないから世界と呼ばれる

「スブーティよ、どう思うか。全宇宙のあらゆる微粒子は、多いだろうか、そうでないだろうか」。スブーティがブッダに申し上げた。「はなはだ多いです。世尊よ」。「スブーティよ、もろもろの微粒子を、如来は〈実体としての〉微粒子ではないと説き、それを〈仮に〉微粒子と名づけているのである。世界は世界ではないと説き、それを世界と名づけているだけなのである」。

（「須菩提《しゅぼだい》よ、意《い》においていかに。三千大千世界《さんぜんだいせんせかい》のあらゆる微塵《みじん》、これを多《おお》しとなすやいなや」。須菩提言《しゅぼだいい》う、「甚《はなは》だ多《おお》し、世尊《せそん》よ」。「須菩提《しゅぼだい》よ、もろもろの微塵《みじん》を、如来《にょらい》は、微塵《みじん》に非《あら》ずと説《と》き、これを微塵《みじん》と名《な》づけたり。如来《にょらい》は、世界《せかい》は世界《せかい》に非《あら》ずと説《と》き、これを世界《せかい》と名《な》づけたり」。）

先ほどからの「多い」という言葉に関連して、さらに話題が続く。ここも今までと同じかたちになっていて、何かを否定する時にはその実体性を否定しているのだと読めば、全体が理解できる。

まず仮に実体的な思考を前提にしてブッダが、「おまえはどう思うか、三千大千世界つまり全宇宙のありとあらゆる小さな塵（現代風にいうと原子）をすべて集めると多いと思うか」と問う。「それは大変に多いです」とスブーティが答え、さらにブッダが「しかし、もろもろの微塵・原子について、如来は、実体としての微塵があるのではないと説く」と言う。

実体として独立分離して存在するのではないが、地・水・火・風という宇宙の四大要素、現代科学的に言えば水素原子、炭素原子……と区別のできるような微塵・ミクロな粒子は、現象としてはある。実体ではないが、現象としてはある。「もろもろの微塵を、微塵に非ずと説き、これを微塵と仮に名づけているだけなのだ」という。

「三千大千世界」とは、現代的に言えば全宇宙のことで、ここで「全宇宙は全宇宙ではない」と言われている。

全宇宙というと、私たちはまたそれが固定的な実体として存在するように思ってしまうが、ブッダは、世界は空であるということを覚られた。実体としての一つの世界などということは語りえない、「世界は世界にあらず」、宇宙は宇宙ではない、と。それを仮に宇宙という名前で呼んでいるだけなのだ。仮に「宇宙」と呼んだり、仮に「私」と呼んだりできるような現象を否定しているわけではないのであるが、それを固定的な実体と捉えることを否定している。私も宇宙も全部空なのである。

現代科学を援用すれば、一三八億年以前の宇宙は、物質でも時間でも空間でもなくたったひとつのエネルギーだったと言われており、さらに「エネルギーでさえない、ある意味での〈無〉というほかない時があったはずだ」と言うビレンキンのような宇宙論物理学者もいる。それが、ビッグバンという現象をつうじて膨大な大きさに広がってきている。この広がりはずっと続く（つまり無常である）ことが、最近の宇宙論で明らかになってきた。宇宙というと、特定の大きさのものが一個あるという感じで、全宇宙であると考えるのであるが、そのように数えることができないように、ずっと拡大し続けてきたし、拡大し続けていく。それを外から見て、数えられるかのように考えること自体、科学的にも不可能である。

「空」というとまた、空っぽで静止状態を想像しがちであるが、無常だから空はダイナミックに変化するのである。私もある時期まで、空というと、動きが一切なくなった真っ白か真っ黒の静寂状態のように想像していて、それでは少し淋しすぎると思っていたが、よく学んでみると、そう捉えたのでは決して空を捉えたことにならない、というか覚ったことにならないのだった。

概念的な理解からしても、「空」と「無常」は同義語だから、空自体、変化し続けるのである。静止状態で、何の動きもなくなったのが空と思うのは大きな誤解で、空は現象としては働き続ける。非常にダイナミックな理解の仕方、ダイナミックな覚り方なのである。だから、生まれかわり死に変わり、果てしなく働き続ける、空を体現した菩薩という人間像も出てくるわけである。空で、完全な静止状態に入ってしまって、それでいいではないかと誤解しがちであるが、ほんとうに空を覚ったら、空とともに働き続ける、あるいは空としての宇宙・世界の働きとして働き続ける、それが菩薩なのである。

●如来には特定の姿はない

「スブーティよ、どう思うか。如来〔であるかどうか〕を三十二の特徴で見るべきか、そうではないか」。「見るべきではありません。世尊よ、三十二の特徴で如来を見ることはできないのです。なぜかというと、如来〔自身〕が三十二の特徴はすなわち〔実体的な〕特徴ではないと説かれているからです。それを〔仮に〕三十二の特徴と名づけているだけなのです」。

（「須菩提《しゅぼだい》よ、意《い》においていかに。三十二相《さんじゅうにそう》を以《もっ》て如来《にょらい》を見《み》るべきや、いなや」。
「いなり、世尊《せそん》よ、三十二相《さんじゅうにそう》を以《もっ》て如来《にょらい》を見《み》ることを得《う》べからず。何《なに》を以《もっ》ての故《ゆえ》に。如来《にょらい》は、三十二相《さんじゅうにそう》は、すなわち、これ、相《そう》に非《あら》ずと説《と》かれたればなり。これを三十二相《さんじゅうにそう》と名《な》づくるなり」。）

大乗仏教以前、ゴータマ・ブッダは、他の人あるいは他の声聞や独覚などの仏でない修行者たちと比べて、仏にしかない三十二種類の特徴を持っていると、神話的に語られてきた。三十二相のなかには、例えばまるでカッパのように手の指の間に水かきがあるといった、日本人の感覚からすれば優れている・有り難いとは思いにくいものがあるが、ともかくそれらが仏の特徴だと言われていた。

そういう三十二の特徴でブッダ・如来であるかどうかを判断すべきかというと、もちろんそうではない。なぜなら、そもそも相・特徴も実体ではないからである。実体を超えた世界を覚ったのが如来だから、実体的な特徴に限定されるということはありえない。

つまり、大乗仏教以前の部派仏教が「仏は三十二相を持っていなければならない」とこだわっていることに対して、「それはあってもいいが、それがあるかないかが如来・仏の本質ではない。そもそも特徴や形を超えた世界を覚っているのでなければ、如来とは言えない」と語られているわけである。

命を捨てるよりも効果の高いこと

「スブーティよ、もし男女の修行者がいて、ガンジス河の砂に等しいほどの身体・生命を使って布施をしたとしよう。それに対して、もしある人がこの経のなかのわずか四つの詩句でも保

持し、他の人のために説いたとすると、その功徳はきわめて多いのである」。

（「須菩提《しゅぼだい》よ、もし、善男子善女人《ぜんなんしぜんにょにん》有《あ》りて、恒河《ごうが》の沙《すな》に等《ひと》しき身命《しんみょう》を以《もっ》て布施《ふせ》したりとせん。もしまた人《ひと》有《あ》りて、この経《きょう》の中《なか》において、乃至四句《ないししく》の偈等《げとう》を受持《じゅじ》し、他人《たにん》のために説《と》かんに、その福《ふく》甚《はなは》だ多《おお》し」。）

男や女の修行者が――輪廻が前提になっているから、そのたびに身体・命を持つわけであるが、そのたびごとに――ガンジス河の砂の数くらい何度も何度も自分の命を捨てて布施を行なったとする。それよりもさらに優れているのは、『金剛般若経』のなかの四つの詩句であっても、それを保ち、人のために説くことで、その効果・功徳はきわめて多いのだという。

前のほうは、整理された言い方でいうと「財施」で、身体も含めて物質的な布施をすること、後のほうは、真理の言葉を施すのだから「法施」である。こういう布施波羅蜜を徹底的にやるならば、その効果、その功徳は結局何になるかというと、自他の心の究極の安らぎ、すなわちニルヴァーナ、覚り、覚りという幸福をもたらすことになる。そうした六波羅蜜とりわけ布施波羅蜜が大乗では強調されたわけである。

●大変なチャンスとして感動をもって学ぶ

その時、スブーティは、この経を説いてくださるのを聞いてその深い意味を理解し、涙を流して感激し、ブッダに申し上げた。

（その時《とき》、須菩提《しゅぼだい》、この経《きょう》を説《と》きたもうを聞《き》きて深《ふか》く義趣《ぎしゅ》を解《げ》し、涕涙悲泣《ているいひきゅう》して仏《ほとけ》に白《もう》して言《い》う。）

先に進む前に、この短い個所についてコメントしておきたい。「このお経の中身を仏が説いてくださったのを聞いて、その深い意味をちゃんと理解できた。すると、涙があふれて大感激した。涙ながらに仏さまにこのようなことを申し上げた」というのである。

「悟りすました」という表現もあるように、筆者もかつて禅の修行を始めた頃、無とか空とか一見クールに聞こえることを覚えると、何の感動もなくなるのかと誤解の想像をしていたが、そうではない。空ということがわかればわかるほど、涙が出るほど大感激するものなのである。

それは、今まで自分が実体としての自分にこだわって苦しんでいたのに対して、あえて言葉で表現すれば「宇宙の大生命と自分の生命が一体だ」というようなことを、言葉を超えて心の底からわかってくると、「こんな幸せなことはない」と涙が出てくるのが自然だということである。

また、そういう思いで日々生きていると、自らが存在し宇宙が存在することに、日々感動せざるをえない。そのように心が開いてくるもので、覚れば覚るほど人間はクールになるのではなく、非常に感性が深くなる。唯識ではそのことを「五識が成所作智《じょうしょさち》に変換する」と表現している。覚ると、決して、血も涙もない、何があっても平気な人間になるのではないことが、『金剛般若経』のこの場面にもちゃんと語られているところにまず注目しておきたい。

これは儀礼的な話ではなく、実際に真理の言葉が身にしみてわかったら、それだけの感激があり涙があふれてくるということである。仏教を学ぶ場合も、涙が出てきた時にだいぶわかってきたことになる。「ふむふむ、そうか、わかったぞ」などと思っている間は、ほんとうにはまだわかっていないと思ったほうがいいようだ。

「きわめて希なことです。世尊よ、ブッダはこのようにはなはだ深い経典を説いてくださいました。私は、はるか昔からこのかた、得た智慧の眼をもってしても、いまだかつてこのように深い経を聞くことはできませんでした」。

（「希有《けう》なり、世尊《せそん》よ、仏《ほとけ》はかくの如《ごと》き甚深《じんじん》の経典《きょうてん》を説《と》きたもう。われ昔《むかし》よりこのかた、得《う》る所《ところ》の慧眼《えげん》もて、未《いま》だ曾《かつ》て、かくの如《ごと》きの経《きょう》を聞《き》くことを得《え》ざりき」。）

「ほんとうにすばらしい。めったにないことである。仏は甚だ深い経典を説きたもう」ということだが、「甚深」という漢訳の言葉の響きがとても深くて味わい深く、現代語で「すごく深い」というのでは表現の響きが足りないと感じる。

スブーティは、遠い輪廻の過去からずっと修行を積み重ねてきて智慧の目を得たわけだが、しかしその彼も、「未だ曾て、かくの如きの経を聞くことを得ざりき」、今生初めて聞かせていただきました、というのである。

私たちは、「日常」という言葉のように日々の生活を当たり前に思ってしまいがちであり、かつ現代人の多くはそうした長い輪廻の時など信じていないから、スブーティの言葉に共感しにくいかもしれない。

しかし、よく考えてみると自分の人生は、一三八億年といわれる宇宙の歴史のなかで今回限りであり、その今回にたまたま仏教を学ぶことができ、『金剛般若経』を聞くことができたということは、奇跡的に幸運なことではないだろうか。

今世界の人口が七十億人くらいだとして、そのうちの何人が『金剛般若経』を、名前だけでも知っているのだろう。あまり多くはないだろうと思う。名前さえ知られていない国が世界中にたくさんあると思われる。もともとのインドでは仏教はいったん途絶えているし、上座部仏教が伝わったところには大乗の経典はない。そうすると、大乗仏教が伝わった中国や蒙古やチベットや朝鮮半島、台湾、日本、あとは西洋世界でサンスクリットを研究する人が若干、アメリカには英訳があるけれども。そして今の中国本土は、仏教はほとんど廃れているから、世界のなかでも名前を知っている人は十億人いないのではないか。まして中身をちゃんと読める人はどのくらいいるだろうか。

しかも、こういうことが語られたり聞かれたりできるのは、宇宙の歴史、人類の歴史のなかできわめて希なことであり、できたとすれば、それは大変なチャンスに恵まれたのである。だから、たまたまネットで見つけたとか、本屋で見つけたとか、受講料を払って聴講しているのだから当然だ、といった考えではなく、これはきわめて希なきわめて運のいい体験なのだ、と自らの心で自覚的に捉えて大切にすると、それはほんとうに大切なものになるだろう。

スブーティはそのことがほんとうに深くわかっていて、「われ昔よりこのかた」、長い長い輪廻を繰り返して得た智慧の眼で見ても、「未だ曾て、かくの如きの経を聞くことを得ざりき」と。こういう思いをもって聞くと、涙が出るだろう。そして、涙が出るほど有り難いと思って学ぶのが、経典を学ぶ時のほんとうの学び方だと思う。

仏教については、教養として学ぶのはほんとうの学びではない。カルチャーの「カル」は「軽」と書くという冗談もあるように、カルチャー・教養ではどうしても軽くなる。「ふーん、ああなるほど、そういういいことが書いてあるのか」というのではなく、「私はなぜか人間に生まれて、なぜか日本に生まれて、しかも仏教がさほど流行っていない現代に生まれて、にもかかわらずこんなすばらしいことをちゃんと学べる。なんと有り難いことだろう」と捉えると、それは自分にとって深い感動になり、宝になる。だから、私たちは、ぜひスブーティのように感動をもって学ぶという学び方をしていきたいものである。

清浄な信心と真実を見ること

その時、スブーティは、この経を説いてくださるのを聞いてその深い意味を理解し、涙を流して感激し、ブッダに申し上げた。

「きわめて希なことです。世尊よ、ブッダはこのようにはなはだ深い経典を説いてくださいました。私は、はるか昔からこのかた、得た智慧の眼をもってしても、いまだかつてこのように深い経を聞くことはできませんでした。世尊よ、もしある人が、この経を聞くことができ、信心が清浄であったなら、すなわち〔すべてのものの〕真実の様相が現われるでしょう。まさに、その人はもっとも希な功徳を完成することができると知るべきです。

世尊よ、〔とは言っても〕真実の様相というのはつまり〔実体としての〕様相ではありません。それゆえに、如来は真実の様相と名づけられたのです。

世尊よ、今私がこうした経典を聞くことができ、信じ理解し、保持することは難しいというほどのことはありません。もし来るべき時代、五百年後に、この経を聞くことができ、信じ理解し、保持する人がいたならば、その人こそもっとも希な人と言われるでしょう。

なぜかというと、その人には、実体としての自我の様相、個体的な自我の様相、生物としての自我の様相、特定の生命体としてある霊魂のような自我の様相もないからです。自我の様相は〔実体的な〕様相ではなく、個体という様相も、生物という様相も、霊魂の様相も、〔実体的な〕様相ではないからです。なぜかというと、一切の様相を離れているものをすべてのブッダと名づけているからです」。

（その時《とき》、須菩提《しゅぼだい》、この経《きょう》を説《と》きたもうを聞《き》きて深《ふか》く義趣《ぎしゅ》を解《げ》し、涕涙悲泣《ているいひきゅう》して仏《ほとけ》に白《もう》して言《い》う、

「希有《けう》なり、世尊《せそん》よ、仏《ほとけ》はかくの如《ごと》き甚深《じんじん》の経典《きょうてん》を説《と》きたもう。われ昔《むかし》よりこのかた、得《う》る所《ところ》の慧眼《えげん》もて、未《いま》だ曾《かつ》て、かくの如《ごと》きの経《きょう》を聞《き》くことを得《え》ざりき。

世尊《せそん》よ、もしまた人有《ひとあ》り、この経《きょう》を聞《き》くことを得《え》て、信心清浄《しんじんしょうじょう》ならばすなわち実相《じっそう》を生《しょう》ぜん。

まさに知《し》るべし、この人《ひと》、第一希有《だいいちけう》の功徳《くどく》を成就《じょうじゅ》せんことを。

世尊《せそん》よ、これ、実相《じっそう》はすなわち、これ、非相《ひそう》なればなり。この故《ゆえ》に如来《にょらい》は説《と》いて実相《じっそう》と名《な》づけたもう。世尊《せそん》よ、われ今《いま》、かくのごとき経典《きょうてん》を聞《き》くことを得《え》て、信解《しんげ》し、受持《じゅじ》するに難《かた》しとなすに足《た》らず。もし、まさに来《きた》るべき世《よ》の、後《のち》の五百歳《ごひゃくさい》に、衆生《しゅじょう》ありて、この経《きょう》を聞《き》くことを得《え》て、信《しん》

解《げ》し、受持《じゅじ》することあらば、この人《ひと》をこそ、すなわち第一希有《だいいちけう》となすなり。何《なに》を以《もっ》ての故《ゆえ》に。この人《ひと》は、我相《がそう》も、人相《にんそう》も、衆生相《しゅじょうそう》も、寿者相《じゅしゃそう》も無《な》ければなり。ゆえはいかに。我相《がそう》はすなわち、これ、相《そう》に非《あら》ず、人相《にんそう》も、衆生相《しゅじょうそう》も、寿者相《じゅしゃそう》も、すなわち、これ、相《そう》に非《あら》ざればなり。何《なに》を以《もっ》ての故《ゆえ》に。一切《いっさい》の諸相《しょそう》を離《はな》れたるを、すなわち、諸仏《しょぶつ》と名《な》づくればなり」。)

先にコメントした短い個所も再掲載し、さらにその続きまで読んでいくが、スブーティは説いてくださったことの中身・「義趣《ぎしゅ》」がよくわかった、と。そして非常に感動し、「涕涙《ているい》」すなわち鼻水と涙がいっしょに溢れてくるほど泣いたというのである。

この個所は自らも理解して読むと感動する個所である。しばしば「あの人は悟った様な顔をしている」という表現が使われるように、常識的には、何があっても平然としていて、なんの感情も動揺もないような態度を「悟ったようだ」という。覚ると、悲しみやうれしさや、ましてや怒りといった感情はなくなるのではないかと常識的には考えられているが、実は違っている。喜びも悲しみも怒りもみな浄化されるだけで、決してなくならないどころか深くなる。特にこうした真理の言葉がほんとうにわかった時などは、非常に深く感動するのである。とてもクールに、「ふむふむ、そういうことか。わかったぞ」といったことではなく、聞いた時、もう涙があふれて鼻水まで垂れてしまうぐらいに感動するのが、真理の言葉を聞くということなのである。

「希有なり」とは、ほんとうに奇跡的な、めったにないことという意味である。「世尊」とは世から尊敬されるに足る人ということで、仏の尊称の一つである。「仏はかくの如き甚深の経典を説きたもう」、こんなに深い経典を説いてくださった、と。先にも言ったように、まさにこれでいちおう経典は完結したという雰囲気である。

「われ昔よりこのかた、得る所の慧眼もて、未だ曾て、かくの如きの経を聞くことを得ざりき」という個所は、『金剛般若経』の作者が須菩提に言わせているわけだから、「昔の仏教が伝えてきた経典も比較できないくらい深い経典なのだ。ブッダの直弟子である私、須菩提でさえ、未だかつてこのように深い経典を聞いたことがなかった。初めてなのだ」という意味である。

なぜそう言えるかというと、「信心清浄ならば、すなわち実相を生ぜん」、つまり、ある人がこの経典を聞くことができたとして、その人の心が非常に清らかであれば、世界の真実の姿を見ることができるからだ、というのである。

原語では「相」には二つの意味があるようだ。漢訳の「相」を見ると「形」とだけ読めるが、「相」の下に心をつけると「想い」になるように、原語は、漢字で言えば「想」と「相」の両方の意味を持っている。世界の真実の「姿・形」とそれを正しく捉える「想い」という両方の意味が含まれていて、信心清浄ならば、そういう世界の真実の姿を見ることができる、というのである。

先にも述べたように「信心」というと、教祖やその教えなどを心に固く信じ込むことだと考えられがちだが、それはインド大乗仏教の「信心」とは違うことが、ここではっきりわかる。真理の言葉を素直に誠実にまっすぐに受け止める心を「信心清浄《しんじんしょうじょう》」というのである。真理に向かって心が開いている、心が素直であるということを信心というのであって、何か無理やりに信じ込む、そして信じ込んだ結果、他のものを全部否定してしまうような心のあり方は大乗仏教の本来の信心ではない。

そういう真実を見ることができたら、この世界のなかで、最高でめったにない功徳を完成することができる。「功徳」という言葉は、現代的には「生きがい」とか「生きる意味」と読むと非常に意味深く取れる。最高の生きがい、あるいはめったにないような人生の意味を自分のなかで実現したと思うことができるのだ、と。

一対一の学びとしてスブーティは「世尊よ」と呼びかけながら、「それはなぜかというと、世界のほんとうの姿を自覚する想いというものは、これは実は、特定の形、特定の実体というものを見るような心ではないのです」と。

ここでは「非相」という言葉が使われているが、禅の用語でいうと、「無念無想」「想い無し」という「無想」でもある。ほんとうの世界は空相であり、あるいは如ということ、一如ということだから、特定の、他と分離した実体としての姿はない。他と分離した実体としての何かをあると思っているような想いは、ほんとうの想いではない。形のないのがほんとうの世界の姿であり世界の姿を捉えている心だから、「この故に如来は説いて実相と名づけたもう」。つまり非相こそ実相なのである。

そしてまた「世尊よ」と呼びかけて、「私は今このようにきわめて深い経典を信解する」と。この「信解」も非常に意味深い言葉で、「信じ理解すること」である。頭から鵜呑《うの》みにすることではない。「信解」には、まさに知的な理解がちゃんと具わっている。心を開いて、心の奥深くに受けとめること、それが「信解」である。

だから、大乗仏教の信心は、「信心清浄」であり、「信解」でなければならない。難しい理屈は言わないで、「イワシの頭も信心から」というふうに信じるのは、本来の大乗仏教の信心ではないことが、こうした個所からも明らかである。

真心を開いて素直になり、しかしちゃんと理性や知性も働かせて、しっかりと自分の心にそれが得られたならば、受けとめて維持していく、保持していくのは決して難しいことではない。これは時を超え、所を超えて世界に普遍的なことだから、例えば、これから五〇〇年後にある人がいて、このお経を聞くことができ、そして「信解《しんげ》し、受持《じゅじ》することあらば、この人をこそ、すなわち第一希有《けう》となすなり」と。その人こそ、生まれてきて最高で、めったにない奇跡的な素晴らしい人生を送ることができるのだ。それは今もそうだし、五〇〇年後もそうである。永遠に普遍的に時と場所を超えてあてはまる真理なのだ、ということである。

なぜそう言えるかというと、信解し、受持するその人は、最初の菩薩がこれを目指しこう受けとめて修行しなさいと言われたのと同じように、実体としての自我ということも、個体的な人間という想いも、特定の命、寿命を持ったものという想いもない——どれも、実体的・個体的な自我ということであるが——そういう想いがない。

それはなぜかというと、ほんとうの我は実は宇宙と一体だから、固定的な相があるものではない。我《が》も人《にん》も衆生《しゅじょう》も寿者《じゅしゃ》も、仮にコンセプトとして他と区別するためにそう呼ぶことはできるが、深いレベルでいうと特定の実体的な相ではない。「我相はすなわち、これ、相に非ず」と。「何を以ての故に」とさらに念を押して、「一切の諸相を離れたるを、すなわち、諸仏と名づければなり」と言う。つまり、一切の実体的な形、あるいはその実体的な形があると思う想いを離れている、そういう心の状態にある方のことを諸仏と呼ぶのだ、と。

ここで面白いのは「諸仏」なのである。単数ではない。私たちは実体としての宇宙というものを一個考えると、それはもう完全に実体的に一個でなければならないと思い、覚った人というのはそれと自分との区別がなくて、まったく溶けてしまっているといった状態を想像しがちだが、そうではない。諸仏は、明らかにこの仏、その仏、あの仏という違いや区別はきちっとあるから「諸仏」なのである。しかし違いや区別がちゃんとありながら、諸仏はお互いに実は一体だということをわかりあっている。だから、これは「諸仏」でなければならない。

もちろん、宇宙全体を一つの仏と捉える思想も大乗仏教のなかでは現われてくる。特に後期の密教では、大日如来は宇宙のすべてを包むただ一つの仏ということになってくるように、そういう捉え方ももちろん可能なのだが、ここでは複数の「諸仏」なのである。

●最高の完成行も実体ではない

ブッダがスブーティに告げられた。「そのとおりである。そのとおりである。もしまた、ある人がこの経を聞き得て、驚かず、恐れず、畏怖することもなければ、その人ははなはだ希である。なぜかというと、スブーティよ、如来は『最高の波羅蜜は〔実体としての〕最高の波羅蜜ではない』と説くからである。それを〔あえて〕最高の波羅蜜と名づけているのである」。

（仏《ほとけ》、須菩提《しゅぼだい》に告《つ》げたもう、「かくの如《ごと》し、かくの如《ごと》し。もしまた、人有《ひとあ》り、この経《きょう》を聞《き》くことを得《え》て、驚《おどろ》かず、恐《おそ》れず、畏《おそ》れざれば、まさに知《し》るべし、この人《ひと》は甚《はなは》だ希有《けう》となす。何《なに》を以《もっ》ての故《ゆえ》に。須菩提《しゅぼだい》よ、如来《にょらい》は、『第一波羅蜜《だいいちはらみつ》は第一波羅蜜《だいいちはらみつ》に非《あら》ず』と説《と》かれたればなり。これを第一波羅蜜《だいいちはらみつ》と名《な》づくるなり」。）

「ここまでお経を学んできました。私はちゃんとわかりました。信解しました。大変感動しました」ということを仏に申しあげると、ブッダは「如是如是」と、一回だけではなく「そのとおり、まさにそのとおり」と繰り返し深くうなずかれたという。

しかし、実体としての自分というものがある、あるいはあって欲しいと思いながら、しかし一方では実体と思いたい自分が無常の存在である、自分自身だけでは存在しえない縁起的な存在である、といったことを学ぶ。すると、実体としての自分があって欲しいという思いが強ければ強いほど、「自我が否定された」、「私が否定された」、「私などというものは所詮宇宙に溶けてしまって何もなくなるのだ」と思って、そういう話を聞くと驚いてしまう。驚くどころではなく、恐くなってしまう。恐怖の「恐」と畏怖の「畏」が並べてあるように、きわめて恐くなって大いなるものに自分が飲み込まれてゼロになると思う。これは、いわばマイナスの意味での畏怖の念である。

西洋では、有名なパスカルが『パンセ』で、「この星空の永遠の沈黙は私を震えあがらせる」と書いているが、ロマンチックに星が奇麗だなと言っているうちはいいが、生命とは思われない星が寂しく輝いている、あの闇黒の宇宙空間に自分が飲み込まれてゼロになるのかと思うと、それは当然マイナスの意味での畏怖の念を感じるだろう。

それに似て、「空」ということをこのように説かれると、実体としての自我にしがみつく思いがあればあるほど、この教えが恐ろしく感じられる。理解できないだけではなくて、浅く理解すると、これはニヒリズムではないかという気がするわけである。

しかし、そういうことではないのだということがよくわかっていて「驚かず、恐れず、畏れざれば、まさに知るべし、この人は甚だ希有となす」と。この人は滅多にいない奇跡的な存在になることができる。

なぜかというと、「第一波羅蜜」とは最高の波羅蜜ということだが、最高の覚りの完成行は実は第一などではない。一というのは、二や三があって一であるわけだが、般若波羅蜜とは宇宙と一体ということだから、実は一も二もないのである。一も二もないということがほんとうにわかるということが、最高の波羅蜜、最高の完成だ、と。

最高の完成になるとは、現代の心理学的な用語で言えば、最高の自己実現をすることだから、当然、人生最高のことだ、ということになる。

しかしふつう「自己実現」というと、実体としての自我が自分の思いどおりにできることだと思われている。一時期流行した「自分探し」とか「自己実現」といったコンセプトはみな、実体としての自分というものがあって、探しているとその実体としての自分がどこかで見つかるとか、そういう自己があって、それは隠れているが、さまざまな方法や技法を使うと現われてきて成長して最高に自分の思いどおりになる、というのが自己実現だと誤解されている。

しかし、自己というもの・自我というものは、本質的にそういうものではない。縁起の理法のなかで成り立っている。しかも無常の時のなかで、ある一定期間、特定の個体性と見える姿を現わして、やがて消えていく。だから、実体としての自我とか自己を想定しておいて、自分探しをやったり、自己実現をやったりすると、決してうまくいかないのだ。一所懸命自分探しをやって、「結局自分は見つからなかった」という結末に到っている人がほとんどだ、と筆者には見える。それどころか、どうも自己実現を目指せば目指すほどどうもうまくいかない、焦る、空しくなるという構造になっているように思える。

しかも、代表的には人間性心理学を創始したマズローが語った「自己実現」もまた、実はそういうことではない。そのあたりについては、拙著『トランスパーソナル心理学』(青土社)でマズローのことを論じているので、参照していただきたいが、ここでは、ほんとうの自己実現、奇跡的な最高の人生を送ることのできる智慧というのは、実は特定の何かを知るといった智慧ではないのだ、ということが語られている。

● 実体的な忍辱《にんにく》波羅蜜は忍辱波羅蜜ではない

「スブーティよ、忍辱波羅蜜について、如来は忍辱波羅蜜ではないと説く。なぜかというと、スブーティよ、私が、昔、ある悪王によって体を切り裂かれた時のようである。私には、その時、実体としての自我の様相、個体的な自我の様相、生物としての自我の様相、特定の生命体

としてある霊魂のような自我の様相もなかった。私が、昔、節々までばらばらにされた時、もし実体としての自我の様相、個体的な自我の様相、生物としての自我の様相、特定の生命体としてある霊魂のような自我の様相があったとすれば、もちろん怒りと恨みが生じたであろう。スブーティよ、また過去を思い返すと、五百の生涯に忍辱仙人となり、それぞれの生涯で、実体としての自我の様相、個体的な自我の様相、生物としての自我の様相、特定の生命体としてある霊魂のような自我の様相もなかった。それゆえに、スブーティよ、菩薩はまさに一切の様相を離れてこの上ない正しい覚りの心を起こすべきである。物質に執着して心を生じてはならない。音・香り・味・触覚・対象に執着して心を生じてはならない。執着することのない心を生ずべきである。もし心に執着があったとしても、〔実体的な〕執着はないからである」。

（「須菩提《しゅぼだい》よ、忍辱波羅蜜《にんにくはらみつ》を、如来《にょらい》は、忍辱波羅蜜《にんにくはらみつ》に非《あら》ずと説《と》きたもう。何《なに》を以《もっ》ての故《ゆえ》に。須菩提《しゅぼだい》よ、われ昔《むかし》、歌利王《かりおう》のために身体《しんたい》を割截《かっせつ》せられたるときのごとし。われ、その時《とき》において、我相《がそう》も無《な》く、人相《にんそう》も無《な》く、衆生相《しゅじょうそう》も無《な》く、寿者相《じゅしゃそう》も無《な》かりき。何《なに》を以《もっ》ての故《ゆえ》に。われ、むかし、節節《せっせつ》を支解《しげ》せられし時《とき》において、もし、我相《がそう》・人相《にんそう》・衆生相《しゅじょうそう》・寿者相《じゅしゃそう》あらんには、まさに瞋恨《しんごん》を生《しょう》ずべかりしならん。須菩提《しゅぼだい》よ、また過去《かこ》を念《おも》うに、五百世《ごひゃくせ》において、忍辱仙人《にんにくせんにん》となり、そこばくの世《よ》において、我相《がそう》も無《な》く、人相《にんそう》も無《な》く、衆生相《しゅじょうそう》も無《な》く、寿者相《じゅしゃそう》も無《な》かりき。この故《ゆえ》に、須菩提《しゅぼだい》よ、菩薩《ぼさつ》はまさに一切《いっさい》の相《そう》を離《はな》れて、阿耨多羅三藐三菩提《あのくたらさんみゃくさんぼだい》の心《こころ》を発《おこ》すべきなり。まさに色《しき》に住《じゅう》して心《こころ》を生《しょう》ずべからず。まさに声香《しょうこう》味《み》触法《そくほう》に住《じゅう》して心《こころ》を生《しょう》ずべからず。まさに住《じゅう》する所《ところ》無《な》き心《こころ》を生《しょう》ずべし。もし、心《こころ》に住《じゅう》あらばすなわち、住《じゅう》に非《あら》ずとなせばなり」。)

すでに述べたとおり、『金剛般若経』では、「六波羅蜜」のうち持戒、精進、禅定については直接語られていない。布施と般若の後、ここで「忍辱波羅蜜」について語られている。しかも、その忍辱波羅蜜も、実は私たちが思っているような実体としての忍辱があるわけではないのだ、と語られている。

私たちがふつうに耐え忍ぶということを考えると、耐え忍ぶ人と、耐え忍ぶ元を作った相手と、それから耐え忍ぶ特定の事柄という三つの要素がある。例えば、あいつが／私を／殴ったその痛みを耐え忍ぶ、というふうに、私がいて、相手がいて、殴られた痛み、それぞれが実体としてある。そして、相手のやった／悪いことを／私が耐え忍ぶというかたちになっている。

しかし、布施の時に「三輪空寂の施」について述べたのとおなじく、「忍辱も三輪空寂でなければならない」と後のより拡充された他の般若経典のなかでは説明されている。殴る相手も殴られる私も殴るという行為もすべておなじ一つの宇宙の働きだから、実は耐え忍ぶも耐え忍ばないもない・空だということなのである。

しかし私たちは、認識レベルのみならず、知覚レベル、感情レベルにおいてまで、完全に実体としての自分があるという思いで日常生活を営んでいるから、殴られたら、当然「あいつがオレを殴った」と思い、けっして宇宙が宇宙に働きかけたのだとは思わないだろう。

修行者であれば、「彼も仏の子だから、仏さまに免じて許してやるか。これも忍辱の修行だ」などと思うようにしても、本心は「だが、許せない」といった葛藤が起こりがちである。

ところがブッダは、かつて過去世において、ある非常に悪い王が過去生のブッダにあたる人間の体をバラバラにした、と。「割截《かっせつ》」とは割って切る、バラバラに切るということである。そういう目にあわされた時にも、実体としての自分や実体としての命があると思っていなかったために、「忍ぶも忍ばないもない。許すも許さないもない」と、受け止めることができたというのである。もし、体をバラバラにされた時、個体的な自分・実体的な生命というものがあると思っていたら、当然そこに怒りや恨みが起こったはずだ。「ところが、私にはそういう思いがなかったので、怒りや恨みはなかった」という。

「忍辱波羅蜜」は、そこまでいった時にほんとうの忍辱波羅蜜になる。だから、ふつうに私たちが思っている我慢や忍耐といった忍辱は実は忍辱波羅蜜ではない。「忍辱波羅蜜を、如来は、忍辱波羅蜜に非ずと説きたもう」というのはそういう意味である。

もう一回言うと、この「我相」というのは私の話だけではなくて他の人の話でもそうだから、実体としての個人性というものがないと思ってしまえば、やった・やられたのという話はそこではなくなるわけである。やった・やられたという捉え方がないのが、ほんとうの忍辱だということである。

だから、布施波羅蜜においても忍辱波羅蜜においても、「菩薩はまさに一切の相を離れて」、実体としての私や何かがあるという思いを離れることにおいて、この上ない、最高の比較することのできない、覚りの心を起こすということになる。一切の相を離れた心を起こすことが、阿耨多羅三藐三菩提の心を起こすということになるのだ、と。

「色」とは「色・形に現われたもの」という意味で、特に人間に即していうと、色・形に現われた身体・肉体のことである。それを実体視しておいて、実体視した自分の体が健康か若いか老いるか死なないでいられるかという、そういう執着を持った心を生じてはならない。つまり、自分の身体というものを実体視してはならない。

その身体の感覚としての声や香り、味わうこと、触覚、それらを通して知覚された外側のものが法であるが、そういう「色・声・香・味・触・法」のすべてが実体だと思って執着するような心を生じてはならない。すべてのものを実体視する思いを離れなさい、と。『金剛般若経』では直接述べられていないが、そのための練習が禅定波羅蜜であるわけである。

だから結局、禅定波羅蜜と般若波羅蜜に、話はすべて集約されていくのである。ほんとうの布施をするためにも、ほんとうの持戒をするためにも、ほんとうの忍辱をするためにも、ほんとうの精進をするためにもすべて、まずは言葉で、まだ分別知の段階だとしても、理解した智慧波羅蜜が必要である。

しかし、その智慧波羅蜜が本物になるためには、禅定波羅蜜を実行するしかない。禅定波羅蜜を実行すると、智慧波羅蜜が深まる。智慧波羅蜜が深まると、だんだんほんとうの布施、持戒、忍辱、精進ができるようになる。六波羅蜜にはそうした循環関係というか、相互促進関係がある。

ただ『金剛般若経』では、まだ六波羅蜜の相互促進関係といった秩序・論理立てた説明には到っていない。やがて『摩訶般若波羅蜜経』や、さらにアサンガ（無著《むじゃく》）の『摂大乗論《しょうだいじょうろん》』などのより体系的な理論書では、はっきり相互促進関係があることについて非常に論理立てた説明がなされるようになっていく。そうした秩序立てた説明からさかのぼって、この個所を解釈をすることも可能であり、妥当だと筆者は考えている。

ともかく、すべてのことに対して、実体だと思って執着するようなことのない心を生ずべきだ、「住する所無き心を生ずべし」と。前出の「まさに住する所無くして心を生ずべし」とほぼ同じことであるが、より積極的に「住する所の無い心を生じなさい」となっている。実体視しそれに執着することのない心を生じる。その練習が禅定波羅蜜であるわけである。

もし心に執着があるとしても、ほんとうは無常だから、永遠に握り続けることなどできない。つまり、実際には執着し続けることなどできないのである。縁起だから、実体ではないのである。

だから、執着などしきれない。もし心に執着があったら、実は執着などできないのだということをよくよくわかって、「まさに住する所無き心を生ずべし」と。

このように、般若経典――『金剛般若経』のエッセンスを一言で言ってしまえば、「まさに住する所無き心を生ずべし」ということになるわけである。こういう心で生きなさい、と。

こういう心で布施、持戒、忍辱、精進、禅定、智慧を深めながら生きていると、ふつう、つまり凡夫的には「それでは損するではないか」、「それでは自分がなくなってしまうではないか」、「それでは私の幸福はどうなるんだ」と思えるかもしれないが、そうした常識とはまったく違って、非常に心がすがすがしくなって最高の生き方ができる。生きていることにおける最高の功徳、最高の幸福、あるいは現代的に言うと、ほんとうに生きているという実感が得られる、というのである。

これは、「嘘だと思ったら、やってみるといい」という話になるわけだが、「嘘だと思うから聞かない、やらない」と言う人もいるだろうが、ここまでの話をしっかり聞いたら、後は、「まさに住する所無き心を生ず」るにはどうしたらいいのだろうということになり、結論は、結跏趺坐《けっかふざ》をして、呼吸をして、そういう心に近づくように、雑念から一念に、一念から無念にという心の深まりを自分で実習しなさい、ということになるわけである。

●空・一如・慈悲から生まれる布施

「それゆえにブッダは、『菩薩は心が物質に執着して布施をしてはならない』と説くのである。スブーティよ、菩薩はすべての生きとし生けるものに利益を与えるために、まさにそのように布施をすべきである。如来は、『一切の様相はすなわち様相ではない』と説く。また、『すべての生きとし生けるものは、すなわち生きとし生けるものではない』と説く。スブーティよ、如来は真を語る者であり、実を語る者であり、あるがままを語る者であり、偽らざることを語る者であり、まちがいないことを語る者である」。

（「この故《ゆえ》に仏《ほとけ》は、『菩薩《ぼさつ》は、心《こころ》、まさに色《しき》に住《じゅう》して布施《ふせ》すべからず』と説《と》けり。須菩提《しゅぼだい》よ、菩薩《ぼさつ》は一切衆生《いっさいしゅじょう》を利益《りやく》せんがために、まさにかくの如《ごと》く布施《ふせ》すべし。如来《にょらい》は『一切《いっさい》の諸相《しょそう》はすなわち、これ、相《そう》に非《あら》ず』と説《と》けり。また、『一切《いっさい》の衆生《しゅじょう》はすなわち、衆生《しゅじょう》に非《あら》ず』と説《と》けり。須菩提《しゅぼだい》よ、如来《にょらい》はこれ真《しん》を語《かた》る者《もの》なり。実《じつ》を語《かた》る者《もの》なり。如《にょ》を語《かた》る者《もの》なり。不誑《ふおう》を語《かた》る者《もの》なり。不異《ふい》を語《かた》る者《もの》なり」。）

菩薩は、自分と区別はできても分離できない、一体であるすべての生きとし生けるもの・一切衆生に利益を与える。実体としての自分の身体に執着しながら布施をするのではなくて、「すべての生き物は実は私と一体なのだ。自分と他者は実は一体なのだ」ということを心に深くとめて、すべての生き物を幸福にしよう、というふうに布施をするべきだ。一切の分離したさまざまな形があるように見えているものは、実は変化する一時の現象であって実体的な形ではないのだ。つまり「一切の諸相はすなわち、これ、相に非ず」と。

だから、生き物に関して言っても、一切の衆生は実は衆生ではない。ここに犬がいて、ここに猫がいて、ここに蟻がいて、ここに私がいて……と私たちが思っている場合、それぞれを分離した実体的な個体として見ているわけで、それは、言葉を使って例えば「犬」と呼ぶと、犬は私ではないし、人間ではないと見えるからである。

人間の使っている言葉、特に名詞には、あるものとそうでないものを区別する機能がある。そして、区別だけならいいが、問題は分離しているかのように見せるという副作用もあることである。例えば、猫は、猫ではないものではないわけである。猫と人間の場合なら、猫は猫であって人間ではない。人間は人間であって、猫ではない。そういうふうに名詞を使って見ると、猫と人間が完全に分離した別々の存在と見えてしまうのだ。

ところが、単なる物理的次元でいっても、同じ地球の空気を吸っている、同じ大地に立っている、哺乳類として大脳辺縁系までは同じ構造の脳を共有しているといったことはすべて忘れられて、「猫は要するに猫だろう」と思えてしまう。

しかし、猫好きな人が「猫ちゃん、かわいいね」と言ったら、向こうもこちらのことを愛しているかのような態度をしたりする。それは、脳レベルでいうと、大脳辺縁系の感情のレベルを共有しているので、哺乳類同士は共感できるということであろう。それが、私たちが猫や犬を可愛がると、猫や犬も私たちのことを愛してくれることの構造だが、それはそのレベルにおいても縁起の理法が働いているということである。

しかし私たちは、ふつうつまり凡夫的に見た時は、「あんな犬っころのことを、なぜオレが心配しなければいけないんだ」というふうに思ってしまいがちである。まして、犬や猫ならともかく、人に対しても、「あいつは他人でオレじゃない」と思うと、「あいつが不幸だろうが辛かろうがオレの知ったことか」となる。

しかし、一体であって分離した相などないというのがほんとうの世界の実相だから、それを元にして一切の衆生を見た時には、個々別々バラバラの衆生ではなくて、衆生すべてがある意味で一つのいのちである。そうなると当然、慈悲という心が自然に湧いてくる。そういう慈悲という心が自然に湧いてきて行なわれる布施がほんとうの布施だというのである。

そして、ここで念を押して語っているが、如来とは「如からやって来た」という意味である。つまり、あるがままの真実の世界を覚っているというのが如来という称号の意味なのである。だから、ありのままの真を語る者であり、実を語る者であり、ありのままを語る者だ。「不誑」というのは、決して、過《あやま》ったり騙したりすることのないことを語るということ、「不異」というのは、嘘偽りがないということである。念を押して、「これはまちがいのない真理なのだ」と言っておいて、もう一度それが実体視されないように、次にひっくり返している。

「スブーティよ、如来の得た真理の教えだが、その教えには真実もなければ、虚偽もないのだ」。
（「須菩提《しゅぼだい》よ、如来《にょらい》の得《う》る所《ところ》の法《ほう》、この法《ほう》には、実《じつ》も無《な》く、虚《こ》も無《な》し」。）

そう言ったけれども、如来の言うこの真理は、実は真実とか虚偽とかいうことも超えているので、そういうことは無いのだ。「真実」という言葉だけを使うと、真実と分離した「虚偽」があるということになる。しかし、すべてを包んでいるから、そのことをいちおう「実」という言葉で表現できる、あるいは「真」や「如」という言葉で表現できる、と言った後で、しかしそれが「実と虚」という分離や対立が生じるような実だと思ったら大まちがいであると念を押しているわけである。

「スブーティよ、もし菩薩が心を対象に執着させて布施を実行すれば、人が闇に入ると見え

ないようなものである。もし菩薩が、心を対象に執着させず布施を実行すれば、人に目があり、日光が明るく照らして、いろいろなものが見えるようなものである」。

（「須菩提《しゅぼだい》よ、もし菩薩《ぼさつ》、心《こころ》を法《ほう》に住《じゅう》せしめて布施《ふせ》を行《ぎょう》ぜば、人《ひと》の、闇《やみ》に入《い》れば、すなわち、見《み》る所《ところ》無《な》きが如《ごと》し。もし、菩薩《ぼさつ》にして、心《こころ》を法《ほう》に住《じゅう》せしめずして布施《ふせ》を行《ぎょう》ぜば、人《ひと》の、目《め》有《あ》りて、日光《にっこう》明《あき》らかに照《て》らして、種種《しゅじゅ》の色《しき》を見《み》るが如《ごと》し」。）

私たちが実体としての法——この場合は「もの」という意味——にこだわりながら布施をするならば、暗闇に人が入ると何も見えなくなるように、ほんとうのことがわからなくなってしまう。それに対して、実体としての私があり、あげるものがあり、もらう相手がいるといった執着をなくして、宇宙のものが、宇宙のものによって、宇宙のものへと、ただ無常の法に従って動いただけだ、といった布施をすると、目があって、太陽が燦々《さんさん》と照らして、さまざまな姿が見えるようなものだ、という。

ここで大切なことは、私とあなたとあげるものが一体と聞くと、それは真っ白か真っ黒かといった一体性だと想像してしまいがちだが、そうではなくて、明らかに太陽が照らすと、あちらに赤い花、こちらには白い花、ここに石ころがあり、そこには草が生えていて……というふうに、ちゃんとそれぞれの種々の相は現われるのである。一体ではあるけれども区別できるものとして「種種の色を見るが如し」というのである。

つまり、布施においても、あげる私ともらうあなたとあげるものという区別が何もなくなるわけではない。明らかにその区別はある。しかしその区別がありつつ一体だということが明らかになると、そこに実にすばらしい、現代的に言うとポジティブな、明るい人生のシーンが現われてくる。

私たちが実体的に自分と相手とあげるものを思っていると、しばしば「私がこんなにやってあげたのにあの人はお礼も言わない」、「私があげるばかりでは損してしまう」、「ずっと働いているばかりで疲れた」といった心が起こってきて、一所懸命ボランティアなどをやっている人ほど、だんだん「何だか私は何をやっているのか分からなくなった」とか言って落ち込んでしまうといったことが起こりがちだが、区別はあるけれども一つ、一つであるけれども区別はあるという自覚でしていると、「日光が明らかに照らして、さまざまな美しい形が見えてくる」ような世界が開けるという。

●『金剛般若経』の功徳

「スブーティよ、来るべき世に、もし男女の修行者がいて、この経をよく保持し、読誦する

ならば、如来がブッダの知恵をもってこの人をことごとく知り、ことごとく見守ってくださり、全員、計り知れない功徳を完成することができるだろう」。

（「須菩提《しゅぼだい》よ、まさに来《きた》るべきの世《よ》に、もし、善男子《ぜんなんし》善女人《ぜんにょにん》有《あ》りて、よくこの経《きょう》において、受持《じゅじ》し、読誦《どくじゅ》せんに、すなわち、ために、如来《にょらい》は、仏《ほとけ》の智慧《ちえ》を以《もっ》て、悉《ことごと》くこの人《ひと》を知《し》り、悉《ことごと》くこの人《ひと》を見《み》、皆《みな》、無量無辺《むりょうむへん》の功徳《くどく》を成就《じょうじゅ》することを得《え》ん」。）

これから後の世において、善き男性修行者や善き女性修行者がいて、この『金剛般若経』をしっかりと受けとめ、ちゃんと読誦するならば、仏さまが智慧をもってその人を知ってくださる。その人の全存在を見てくださる。つまり、仏に知っていただく、見守っていただくという状態で生き死にすることができる、と。まさに無限の生きがい、生きた意味というものを完成することができる。だから、ほんとうの生きがいを得たかったら『金剛般若経』をしっかり理解するといい、ということになる。

『金剛般若経』が書かれてからおそらく、五〇〇年の後どころではなくて、その四倍の二〇〇〇年くらいたっているわけだが、私たちにとって課題は、この善男子善女人になれるかということである。

そういう功徳があるのだから、まして病気が治るとか、家内安全とか、裕福になれるといったいろいろな功徳があることは当然だと昔の人は信じ、『金剛般若経』を読んだり、写経したりしたのである。そして、信じたら実際に不思議な功徳があったという、『般若心経』や『金剛般若経』のいわゆる霊験譚《れいげんたん》も数多くあるようだ。

かつて、戦後の行き過ぎた科学合理主義的教育に染まっていた頃、筆者はこうした功徳の話はきわめて呪術的・神話的で非合理な話だと思って信じようともしなかった。しかし、トランスパーソナル心理学やホリスティック医学を学んでから、近代的なかなり硬直した〈合理性〉を超えた〈超合理性〉の世界が事実あることを認識・体験するようになり、とりわけ信じること・信念のもつ大きな力もあると認めるようになった。

もちろん究極の功徳は生きて死ぬことの究極の意味がわかるということだが、『金剛般若経』をちゃんと信解、受持すると、それ以外のより実際的な「無量無辺の功徳」もある、と書かれているのは、決して単なる誇大広告ではないと思われる。

「スブーティよ、もし男女の修行者がいて、朝のあいだにガンジス河の砂にも等しいほどの身体を布施し、昼間にもガンジス河の砂にも等しいほどの身体を布施し、夜にもまたガンジス河の砂にも等しいほどの身体を布施し、さらに同じように数限りない百・千のコーティ・ニユタというカルパのあいだ身体を布施したとしよう。もしまた、ある人が、この経典を聞いて、

信心して逆らうことがなければ、その功徳は、それに勝るのである。まして、書き写し、保持し、読誦し、人のために解説したとすれば、いうまでもない。スブーティよ、要点を言えば、この経には、考えることも比較して量ることもできない無限の功徳がある。如来は、大乗に志す者のために説き、最上の乗り物に志す者のために説かれたのである。もし、ある人が、保持し、読誦して、広く人のために説くならば、如来は、その人をことごとく知り、ことごとく見守ってくださり、全員、量り知れず、語ることもできない、無限で考えることもできない功徳を完成することができるだろう」。

（「須菩提《しゅぼだい》よ、もし善男子善女人《ぜんなんしぜんにょにん》有《あ》りて、初《はじ》めの日分《にちぶん》に、恒河《ごうが》の沙《すな》に等《ひと》しき身《み》を以《もっ》て布施《ふせ》し、中《なか》の日分《にちぶん》にも、また、恒河《ごうが》の沙《すな》に等《ひと》しき身《み》を以《もっ》て布施《ふせ》し、後《のち》の日分《にちぶん》にも、また、恒河《ごうが》の沙《すな》に等《ひと》しき身《み》を以《もっ》て布施《ふせ》し、かくの如《ごと》く無量百千万億劫《むりょうひゃくせんまんおくこう》、身《み》を以《もっ》て布施《ふせ》したりとせん。もし、また、人有《ひとあ》りて、この経典《きょうてん》を聞《き》き、信心《しんじん》して逆《さか》らわずんば、その福《ふく》は、かれに勝《すぐ》れたり。いかに況《いわ》んや、書写《しょしゃ》し、受持《じゅじ》し、読誦《どくじゅ》し、人《ひと》のために解説《げせつ》せんをや。須菩提《しゅぼだい》よ、要《よう》を以《もっ》てこれを言《い》わば、この経《きょう》には、不可《ふか》思議《しぎ》、不可称量《ふかしょうりょう》の無辺《むへん》の功徳《くどく》有《あ》り。如来《にょらい》は大乗《だいじょう》を発《おこ》す者《もの》のために説《と》き、最上乗《さいじょうじょう》を発《おこ》す者《もの》のために説《と》けり。もし、人有《ひとあ》りて、よく受持《じゅじ》し、読誦《どくじゅ》して、広《ひろ》く人《ひと》のために説《と》かば、如来《にょらい》は悉《ことごと》くこの人《ひと》を知《し》り、悉《ことごと》くこの人《ひと》を見《み》、皆《みな》、不可量《ふかりょう》、不可称《ふかしょう》にして、辺《かぎり》あること無《な》き不可思議《ふかしぎ》の功徳《くどく》を成就《じょうじゅ》することを得《え》ん」。）

この個所はまさに経典の締めくくりという感じになっていて、いわば「このお経にはこんなに功徳がある」という最後の広告・宣伝をしている。それも非常にインド的に大きなスケールの語り方をしているが、一日を三つに分けて、「初めの日分」とは、今風に言うと午前中である。つまり輪廻のなかでは今生で一つずつ体を持つわけだから、午前中にガンジス河の砂くらいの数ほどの輪廻の間、毎回毎回全部体を使って布施をする。それを「中の日分」、つまり昼間もやる。さらに「後の日分」である夜にもやる。カルパ掛ける百千万億、それの無限大倍というくらい、徹底的に布施をしたとすれば、当然膨大な功徳があるはずである。それに対して、この経典を聞いて信心して逆らわないとすると、その功徳はそれよりもはるかに優れている、この『金剛般若経』の説く空ということの真理の言葉の功徳はそれくらいすごいものなのだ、という。

そう言われてもなかなか私たちは実感できないが、語られていることをよくよく理解すれば、般若経典で語られているのは、宇宙と私は一体なのだから、ある意味で言えば「宇宙全部が私のものだ」という話である。だから、こんなに大変な利益を得られる話はない。これ以上の功徳はない功徳があなたに当然あるのである。だから、その一部分が使えるようになるくらいのことは当たり前ということであり、だから、功徳はあるということである。

とは言っても、それぞれの信心、覚りの深さ、大きさにおいて、その功徳というものの違いはやはりあるようだが。

要するに、一言で言うと「この経には、不可思議、不可称量の無辺の功徳有り」と。こういう無限の幸福をもたらしうる、大きな乗り物、最高の乗り物を目指す人のために、この経は説かれている。ある人が受けとめ、保持し、読誦する。そして、人のために広く説く。すると、如来はこの人のことを完全に知っておられる。完全に見守っておられる。はかることのできない、数えあげることのできない、限りない、信じられない、考えることもできないような功徳を成就することを得るであろう、と。

●『金剛般若経』を受け唱え説くことは覚りの心を担《にな》うこと

「このような人々は、如来のこの上ない正しい覚りを担うものである。なぜかというと、もし小乗を喜ぶ人であれば、実体としての自我という観念、霊魂的な人格的な主体という観念、個体的な生命という観念、個体性を持って命を持続していくものという観念にこだわって、この経について、聴き、読誦し、人のために解説することはできないからである。スブーティよ、どこであろうともしこの経があるなら、その場所その場所はすべてのこの世の天人・人間・アシュラが供養すべき場所である。その場所は、塔を建てて、みなが尊重し、礼拝し、周りを囲

んで、もろもろの花や香りを撒き散らすべきであると知るべきである」。

（「かくの如《ごと》きの人《ひと》らは、すなわち、如来《にょらい》の阿耨多羅三藐三菩提《あのくたらさんみゃくさんぼだい》を荷担《かたん》すとなす。何《なに》を以《もっ》ての故《ゆえ》に。須菩提《しゅぼだい》よ、もし、小法《しょうぼう》を楽《ねが》う者《もの》は、我見《がけん》・人見《にんけん》・衆生見《しゅじょうけん》・寿者見《じゅしゃけん》に著《じゃく》し、すなわち、この経《きょう》において、聴受《ちょうじゅ》し、読誦《どくじゅ》し、人《ひと》のために解説《げせつ》すること能《あた》わざればなり。須菩提《しゅぼだい》よ、在在処処《ざいざいしょしょ》に、もしこの経《きょう》有《あ》らば、一切世間《いっさいせけん》の天《てん》・人《にん》・阿修羅《あしゅら》の、まさに供養《くよう》すべき所《ところ》なり。まさに知《し》るべし、この処《ところ》は、すなわち、これを塔《とう》となして、皆《みな》まさに恭敬《くぎょう》し、作礼《さらい》し、囲繞《いにょう》し、もろもろの華香《けこう》を以《もっ》て、その処《ところ》に散《さん》ずべきことを」。）

「このように『金剛般若経』を、受持し、読誦し、人のために解説している人々は、如来のこの上無く等しいものの無い覚り・無上正等覚・阿耨多羅三藐三菩提を担っているのだ」と。

「小法」とは「小乗」のことで、自分というものがいると思っており、その自分を何とか覚らせたい、救いたいと思って、自分に執着しながら修行している小乗の人々は、なによりも、自と他は区別できても分離できない一体だから徹底的に布施をするといったことが説かれたこのお経のことを聞いて受けとめるとか、それを自分自身がちゃんと読むとか、ましてや人のために解説するなどということはできない、と。

すでに述べたように、修行すべき事柄の第一に布施波羅蜜が来ているところが、大乗が小乗と決定的に違うところである。小乗の基本的な修行項目である八正道と大乗の六波羅蜜を比べると、八正道になくて六波羅蜜にあるのが布施である。しかもそれが第一に来ている。八正道はすべて自分自身の修行のための心構えや生き方である。ところが大乗の六波羅蜜は第一に布施が来る。つまり、他者のためにする、しかも他者を他者と思わずにする、ということが第一に来ている。これはやはり、自分一人だけが乗って向こう岸に渡ろうというのではなく、皆で渡っていこうという「大きな乗り物」だと言うほかないだろう。

もし、さまざまなところにそういうことが書き記された、この『金剛般若経』があったら、そこは世界中の天人や人々や阿修羅までも供養する所なのだ、と。

阿修羅までというのがすごい。阿修羅とは一種の神々なのだが、よこしまな心があって、いつも争いあってばかりいるという存在である。心のなかに葛藤を抱いており、また、人とも葛藤しているような存在も、この『金剛般若経』の語っている真理には心を惹かれる、尊敬をはらうということである。つまり、「どうやったら自分の心のなかの他者との葛藤を超えられるか。ここにヒントがありそうだ」という思いを持つということなのだろう。

その『金剛般若経』のある場所には、塔を立てて、皆で深く尊敬して礼をして、それを取り囲んで、さまざまな花やお香をそれにふりかけて礼拝をすべきだ。『金剛般若経』のあるところには、仏さまがいると思いなさい、と。仏さまについて言えば、仏像よりもやはり大事なのは真理の教えである。その真理の教えが書かれた紙としてのお経も仏像と同等、あるいはそれ以上に重んじられなければならないということである。

●『金剛般若経』による罪業《ざいごう》消滅

「また次に、スブーティよ、男女の修行者がいて、この経を保持し、読誦したとして、もしそのために人から蔑まれた時には、その人は前世の悪業のために悪しき生存形態へ堕ちるはずだったにもかかわらず、今生で他人から蔑まれることによって、前世の罪業が消滅され、この上なく正しい覚りを得ることができるだろう」。

（「また次《つぎ》に、須菩提《しゅぼだい》よ、善男子善女人《ぜんなんしぜんにょにん》、この経《きょう》を受持《じゅじ》し、読誦《どくじゅ》して、もし、人《ひと》のために軽賤《きょうせん》せらるるときは、この人《ひと》、先世《せんぜ》の罪業《ざいごう》にてまさに悪道《あくどう》に堕《だ》すべかりしを、今世《こんぜ》に人《ひと》に軽賤《きょうせん》せらるる故《ゆえ》を以《もっ》て、先世《せんぜ》の罪業《ざいごう》すなわち消滅《しょうめつ》せられ、まさに阿耨多羅三藐三菩提《あのくたらさんみゃくさんぼだい》を得《う》べし」。）

現世でいろいろ不幸な目にあったり、卑しい身分に陥ったり、人から軽蔑されたりした時、こう思うことができると、昔の人は非常に慰められたようである。それは輪廻という考え方があるからなのだが、「あなたが、人から軽んじられたりしているのは、前世の罪業で次の時には悪道

——悪道とは阿修羅以下なのだが、ましなところで畜生、もうちょっと悪いと餓鬼、もっと悪いと地獄、これが三悪道——に行く運命だったのが、今生において、そうやって、皆に軽蔑されることを忍辱することを通じて、前世の罪業が消滅するのだ、と。

つまり、人からひどい目にあわされている時、それを忍辱の心をもって受けとめることによって、それが自らのカルマの浄化になるのだ、と。私たちは自分が不幸な目にあっている時、この不幸な目にあっていることを忍辱の心をもって受けとめて、「これで私の心が浄化されて、来世で悪いところ・三悪道に陥らずにすむんだ」と思うと、耐えられるだろう。

それから、それを来世の話と思うのではなく、今生でそういった思いを持って自分の不幸や痛みを受けとめることができたら、私たちが生きているその状態は、もう地獄、餓鬼、畜生や阿修羅のような人生としてではなく、修行・心の浄化のプロセスとして過ごせる。

私たちが人と対立している場合、人と私というふうに分離していると思うと、よくても阿修羅の心になる。あるいは、食欲や性欲でなんとか気晴らしをして逃げてしまおうという畜生道に陥りがちである。それから何をやっても満たされないという餓鬼道、もっとひどいといじめられていじめ地獄で、「私は死にたい」というところに陥ってしまう。

しかし、私たちは、今生の不幸・不運を「忍辱の心をもって受けとめることによって、私の心が浄化できるのだ。私の心が浄化できるのだから、それは今生で修行させてもらえているのだ」

と捉え、そして平安な心になったら、もう不幸なままで、人間界のかなり上の方、天界に上ったり、仏の世界にまで入っていくことができる。

だから、人生のさまざまな苦難というのは、どういう心構えで受けとめるかによって、いっそう不幸にもなれるし、心の浄化の機会にもできる、ということがここで語られていて、それは輪廻があってもなくても言えることだと思う。

こういうことがちゃんと説かれているところに、『金剛般若経』が単なる哲理、単なる論理、哲学であるだけではなく、この生死をどう生きて死ぬかという実際的な深い智慧が語られていると思う。しかも、今まで述べたことがあって、経典のひとつの区切りの最後の頃にこれが書いてある。ここに有難味というか……空ということが空という言葉を使わずに深く語られた後に、人生のなかで不幸をどうやって受けとめるか。忍辱の心をもって受けとめて、修行として受けとめて心を浄化するのだ、ということが語られている。これはすばらしいと思う。

筆者は、人生で不幸な目にあうたびに、この個所を思い出したいし、また改めて何か嫌なことがあったら、「おかげさまで前世の罪業を浄化させてもらっている」「このままで行くと三悪道に落ちるところを救ってもらえるチャンスをもらったのだ」と思えば、全部ポジティブに受けとめなおせるだろうと思っている。そういう意味で、大乗仏教は究極のポジティブ・シンキングだと言ってもいいかもしれない。

● 仏に会うよりも大きな功徳

「スブーティよ、私は思い出すのだが、無限の劫《こう》の過去、ディーパンカラ仏の前で、百・千・コーティ・ニユタの八十四倍ものブッダにお会いすることができ、すべてに供養し、お仕えして、空しく過ごすことはなかったのである」。

（「須菩提《しゅぼだい》よ、われは念《おも》う、過去《かこ》無量《むりょう》阿僧祇劫《あそうぎこう》に、然燈仏《ねんとうぶつ》の前《まえ》において、八百《はっぴゃく》四《し》千万《せんまん》億《おく》那由他《なゆた》の諸仏《しょぶつ》に値《あ》うことを得《え》て、悉《ことごと》く皆《みな》、供養《くよう》し、承事《しょうじ》して、空《むな》しく過《す》ごす者無《ものな》かりしことを」。）

「無量」だからそれだけでもう無限大であるが、さらに「阿僧祇」はこれも無限大倍という意味で、それ掛けるカルパだから、大変な過去のことである。「然燈仏」はサンスクリット語でディーパンカラといい、この如来に前世のゴータマ・ブッダが仕えたことになっているが、その前に何と八百四千万×億の、那由他とはさらにそのすごい倍数なのだが、それだけの諸仏に会うことができた、と。日本は八百万《やおよろず》の神々であるが、インドはスケールがさらに大きい。その仏さま全部に、悉くみな供養し、承事する。教えをちゃんと承る。そして、空しく過ごすことがなかった、と。

しかし実は、宇宙のものすべては仏の現われと捉えると、すべてのものをそのように受けとめることが「八百四千万億那由他の諸仏に値う」ことである。だから、人生のあらゆる時に、あらゆる出会いに対して深い深い心をもって出会う。「供養し、承事して、空しく過ごす者なかりし」、そういう生き方のできるようになることが、阿耨多羅三藐三菩提ということである。

「もしまたある人が、後の末世において、この経を保持し、読誦して得る功徳に対して、私がもろもろのブッダに供養した功徳は百分の一にもおよびず、千万億分あるいは計算や比喩も及ばないのである」。

(「もしまた人有《ひとあ》りて、後《のち》の末世《まっせ》において、よくこの経《きょう》を受持《じゅじ》し、読誦《どくじゅ》して得《う》る所《ところ》の功徳《くどく》にたいし、われにおいて諸仏《しょぶつ》を供養《くよう》する所《ところ》の功徳《くどく》は、百分《ひゃくぶん》の一《いち》に及《およ》ばず、千万億分《せんまんおくぶん》、乃至《ないし》、算数譬喩《さんじゅひゆ》も及《およ》ぶ能《あた》わざる所《ところ》なり」。)

「私はそれだけの功徳を得てきたけれども、それよりも後の末世で、この経を受持し、読誦する功徳の方がはるかに大きい」というのである。百分の一どころか、「千万億分、乃至、算数譬喩も及ぶ能わざる所なり」。もうどのような数え方や比喩も及ばないほどの功徳があるのだ、と。これはインド的な誇張された表現と取ることもできるが、『金剛般若経』が私たちに告げていることとは、「あなたは宇宙だよ」ということだから。安っぽく取ると非常に安っぽくもなるのだが、「宇宙の全パワーは、あなたがちゃんとアクセスできたら、あなたのパワーになる」という話がここでなされているわけである。だから、それはいかなる数え方もいかなる比喩も及ぶことができない、全宇宙エネルギー的な功徳がこの般若経典の真理の言葉にこめられているということである。

「スブーティよ、男女の修行者がいて、後の末世においてこの経を保持し、読誦したとして、その得る功徳を、私がもし詳しく説いたとすると、聞いた人の心はあまりに驚き、疑って信じられないということになるだろう。スブーティよ、この経の内容は考えることもできないものであり、その果報も考えることができないのである」。

(「須菩提《しゅぼだい》よ、もし、善男子《ぜんなんし》善女人《ぜんにょにん》の、後《のち》の末世《まっせ》においてこの経《きょう》を受持《じゅじ》し、読誦《どくじゅ》するもの有《あ》らんに、得《う》る所《ところ》の功徳《くどく》を、われ、もし、具《つぶ》さに説《と》かば、あるいは人《ひと》の、聞《き》きて心《こころ》すなわち狂乱《きょうらん》し、狐疑《こぎ》して信《しん》ぜざること有《あ》らん。須菩提《しゅぼだい》よ、まさに知《し》るべし、この経《きょう》の義《ぎ》は思議《しぎ》すべからず。果報《かほう》もまた思《し》議《ぎ》すべからず」。)

後の世において、この『金剛般若経』の功徳を、もし具体的に全部細かく話をしていくと、聞いている人が「そんなことはありえない」と、気が変になって疑って「信じられない」と言うかもしれないが、そのくらいすごい功徳があるのだという。

前半の最後の区切りのところに、「しかし、そもそもこのことが説いていることの中身というものは、考えることができない、分別的な思考を超越しているものだから、またそれがもたらす結果、果報というものも分別的にはかることなどできるわけがない」と語られている。分別知を超えた世界なのである。

『金剛般若経』は、言葉を通じて言葉を超えた世界を説き示しながら、単に理念的な理論的な哲学的な話にとどまらず、生きている衆生の一人、しかも覚りを求める衆生＝菩薩――ともかく菩薩の入り口に立った人のことを善男子・善女人というのだから、こうした学びを始めた人はみな、いろいろ問題点はあってもとりあえず善男子・善女人、つまりきわめて初心だが菩薩は菩薩である――に向かって、「あなたたちの学んでいる真理のもたらすパワー・功徳は宇宙大無限大なのだ」と告げる。

そのことをしっかり踏まえたうえで、「住する所なき心を生ずべし」という。何かにこだわり滞ったり、ましてそこに立ち止まって落ち込んで沈み込んで停滞してしまうといった心ではなくて、「無常という世界のあり方にふさわしく働きなさい。どんどん生き生きと働きなさい。生きている間は働きっぱなしで、来る時が来たら、ちゃんと帰っていけばいい」と、そういう生き方・死に方ができる秘訣が、ここに語られていると言っていいと思う。

後半——深い安らぎの境地へ

空《くう》という言葉を使わず空を語る経典

すでに述べたように『金剛般若経』の後半は前半とかなり重なっているが、前半にはない重要な句がある。以下、後半の部分は、特にそこに注目しながら読んでいきたいと思う。

その時、スブーティがブッダに申し上げた、「世尊よ、男女の修行者がいて、この上なく正しい覚りを得たいという心を起こした時、どのように生活を保ち、どのようにその心をコントロールすればよろしいでしょうか」。

ブッダがスブーティに告げられた。「男女の修行者でこの上なく正しい覚りを得たいという心を起こした者は、次のような心を生ずべきである。『私は、すべての生きとし生けるものを覚りの向こう岸に渡らせよう。〔しかし〕すべての生きとし生けるものを覚りの向こう岸に渡らせ終えて、しかも、一人も実体として覚りの向こう岸に到り得た者などいない』と。

なぜかというと、スブーティよ、もし菩薩に、実体としての自我という想い（相）、霊魂的な人格的な主体という想い、個体的な生命という想い、個体性を持って命を持続していくものという想いがあるようなら、そもそも菩薩とはいえないからである。なぜかというと、スブー

ティよ、実体的な存在としてこの上ない正しい覚りを得たいという心を起こすといったことなどないからである」。

（「その時《とき》に須菩提《しゅぼだい》、仏《ほとけ》に白《もう》して言《い》う、「世尊《せそん》よ、善男子善女人《ぜんなんしぜんにょにん》ありて、阿耨多羅三藐三菩提《あのくたらさんみゃくさんぼだい》の心《こころ》を発《おこ》さんに、いかんが、まさに住《じゅう》すべきや。いかんが、その心《こころ》を降伏《ごうぶく》すべきや」。仏《ほとけ》、須菩提《しゅぼだい》に告《つ》げたもう、「善男子善女人《ぜんなんしぜんにょにん》にして阿耨多羅三藐三菩提《あのくたらさんみゃくさんぼだい》を発《おこ》さん者《もの》は、まさにかくの如《ごと》き心《こころ》を生《しょう》ずべし、『われ、まさに一切衆生《いっさいしゅじょう》を滅度《めつど》せしむべし。一切衆生《いっさいしゅじょう》を滅度《めつど》せしめ已《おわ》りて、しかも、一《いっ》の衆生《しゅじょう》も、実《じつ》には滅度《めつど》する者《もの》有《あ》ること無《な》し』と。何《なに》を以《もっ》ての故《ゆえ》に。須菩提《しゅぼだい》よ、もし菩薩《ぼさつ》に、我相《がそう》と、人相《にんそう》と、衆生相《しゅじょうそう》と、寿者相《じゅしゃそう》と有《あ》らば、すなわち菩薩《ぼさつ》に非《あら》ず。ゆえはいかに。須菩提《しゅぼだい》よ、実《じつ》に、法《ほう》として、阿耨多羅三藐三菩提《あのくたらさんみゃくさんぼだい》を発《おこ》すというごときもの、有《あ》ること無《な》ければなり」。）

この問いの部分は、前半の冒頭とほとんど重なっていて、「善男子善女人」は、男女の菩薩を意味しており、菩薩がこの上ない覚りを得たいという気持ちになった時、修行の態度をどう保持したらいいかというのが「住すべきや」、自分の煩悩の心、無明《むみょう》の心をどうコントロールし克服したらいいかというのが「心を降伏すべきや」というところである。

漢訳の「降伏《ごうぶく》」という言葉には迫力がある。とにかく無明で煩悩が出て、自分にも人にもろくでもないことをやってしまう、そしてなかなかコントロールできないこの心を徹底的にコントロールしきってしまうというニュアンスが「降伏」という言葉にはある。それはともかく、「私たちはこの煩悩の心をどうやったらコントロール・克服できるでしょうか」とスブーティが問う。

するとゴータマ・ブッダがスブーティに言う、「覚りたいと思った時には、まず、こういう心を自分のなかに起こすべきなのだ」と答える。これが、ふつう私たちが「私が覚りたい」と思う時の心がけとまるで違うことに、もう一度注意をしていただきたい。

私たちは、「私」というものがあると思っており、その私が悩んでいるので、私が覚りたいと思って、仏教の学びを始めたり修行をしたりする。スタートは、それでいいのだが、実は根本的にあるその「私が」という心こそ問題なので、「私が」覚りたいと思っているかぎりは覚れないのである。

しかしブッダは、いったん私というものを認めた上で、「われ、まさに一切衆生を滅度《めつど》せしむべし」と言う。「滅度」とは、「煩悩を完全に滅ぼして、覚りの向こう岸に渡る」という意味で、「すべての生きとし生けるものぜんぶを覚らせたい、救いたい、一緒に覚りたい」という気持ちがスタートでなければ、実は覚れないのだということである。「私が覚りたい」と思っているのは、大乗からいうと、それは小乗のあり方なのである。大乗はスタートのところからして「みんなを覚らせてあげたい。みんなで一緒に覚りたい」という気持ちでスタートしなければならないのだ、と。

一如の世界のなかでも特に心を持っている生き物の部分を「衆生《しゅじょう》」といい、心を持っている衆生はやはり悩むのである。そして、すべては一如だから、その悩んでいるすべての衆生は、私と実は一つのつながった命だということを、まず思想的にというか概念的にというか、頭にだけでも入れて修行のスタートをしなければならない。「われ、まさに一切衆生を滅度せしむべし」と。

しかし、その一切衆生もまた、生き物ではないものを含めて、すべてが縁起として一体の世界だから、一切衆生が煩悩がなくなって覚って完成したところで、それで生命・非生命すべてを含んだ宇宙全体が変わるということではないので、たった一人の衆生であっても、実体として、煩悩がなくなるとか、覚りの向こう岸に至るとか、そういうことはないのだ、と。何が起こっても、宇宙が宇宙するだけだから。

すべてが「宇宙が宇宙する」ということのなかで、いちおう迷っている今と覚る未来との相対的な変化はあるのだが、絶対的には迷いも覚りもひっくるめてぜんぶ宇宙が宇宙しているだけだ、と。

だから、ほんとうは誰一人として覚る者などいないのだが、現象的・相対的には、「私が覚る」とか「あの人が覚る」ということもある。現象界を見ていく場合も、私一人が覚るのではなく、一切衆生が覚ることを目指す。一切衆生が覚るということが起こった時には、実は一切衆生が個々の衆生でさえないと見ることが覚りだから、そこでは一人も・一匹も、生き物が覚るなどということは実はないのだ、と。そのことをあらかじめ頭に入れながら修行に取りかかりなさい、ということである。

いちおう「私が覚りを開きたい」という気持ちがあるのなら、まず「もともと私と一切衆生は一体なのだ」ということをせめて頭に入れておきなさい、と。その衆生すべても宇宙と一体で、実体として分離独立した個別の衆生などというものはないのだから、一切衆生が覚ってみても、それで誰か特定の実体としての衆生が覚ったなどということはないのだ。それがほんとうの覚りなのだということを、少なくともまずは頭に入れて、それから実際の修行に取りかかりなさい、と。

なぜそう言うかというと、そもそも、もし菩薩が、実体としての私があるとか、実体としての個人とか、実体としての生き物とか、特定の寿命を持って輪廻する主体といったものが実体としてある、という思いを持ってしまうと、もうその時点で菩薩ではないのだ、と。我とか人とか衆生とか寿者といったものはもともと空・非実体なのだ、とまず頭だけでもわかっていなければ、そもそも菩薩つまり覚りを求める人とは言えない。

続いて、前半にはない「ゆえはいかに。……実に、法として、阿耨多羅三藐三菩提を発すというごときもの、有ること無ければなり」という言葉が示されている。すなわち、究極の覚りを目指すということも実体的な存在ではない、つまり空だからだというのである。このようにして、前半のテーマが掘り下げて繰り返されていく。

●すべてはありのままで宇宙的真実

「スブーティよ、どう思うか。如来は、ディーパンカラ仏のところで、この上なく正しい覚りを得たというような事柄があるだろうか、ないだろうか」。「ありません。世尊よ、私がブッダの説かれたことを理解するところでは、ブッダがディーパンカラ仏のところでこの上ない正しい覚りを得たというような事柄はありません」。ブッダは言われた、「そのとおりである、そのとおりである。スブーティよ、実体的な事柄として如来がこの上なく正しい覚りを得たなどということはないのである。スブーティよ、もし実体的な事柄として如来がこの上なく正しい覚りを得たということがあるとすれば、ディーパンカラ仏が私にやがて覚るという保証を与えて、『おまえは、来世に必ずブッダになることができ、シャーキャムニと名乗るだろう』とはされなかったであろう。なぜかというと、実体的な事柄としてこの上なく正しい覚りを得るなどということがないからこそ、ディーパンカラ仏が私にやがて覚るという保証を与えて、『おまえは、来世に必ずブッダになることができ、シャーキャムニと名乗るだろう』と言われたのである。なぜかというと、如来とはすなわちすべての存在は如・あるがままであるという意味だからである。もし如来はこの上なく正しい覚りを得られたと言う人がいたとしても、スブーティ

よ、実体的な事柄として如来がこの上なく正しい覚りを得たなどということはないのである。スブーティよ、如来が得たというこの上なく正しい覚りは、そのなかには実体もないが、虚無なのでもない。それゆえに、如来は、『すべての存在はみなブッダとしての存在である』と説くのである」。

（「須菩提《しゅぼだい》よ、意《い》においていかに。如来《にょらい》の、然燈仏《ねんとうぶつ》の所《ところ》において、法《ほう》として、阿耨多羅三藐三菩《あのくたらさんみゃくさんぼ》提《だい》を得《え》たりというごときもの、有《あ》りやいなや」。「いなり、世尊《せそん》よ、われ、仏《ほとけ》の説《と》きたもう所《ところ》の義《ぎ》を解《げ》する如《ごと》くんば、仏《ほとけ》は、然燈仏《ねんとうぶつ》の所《ところ》において、法《ほう》として、阿耨多羅三藐三菩提《あのくたらさんみゃくさんぼだい》を得《え》たもうというごときもの、有《あ》ること無《な》し」。仏言《ほとけい》いたもう、「かくの如《ごと》し、かくの如《ごと》し。須菩提《しゅぼだい》よ、実《じつ》に、法《ほう》として、如来《にょらい》の、阿耨多羅三藐三菩提《あのくたらさんみゃくさんぼだい》を得《う》るというごときもの、有《あ》ること無《な》し。須菩提《しゅぼだい》よ、もし、法《ほう》として、如来《にょらい》の、阿耨多羅三藐三菩提《あのくたらさんみゃくさんぼだい》を得《う》るというごときもの有《あ》りとせば、然燈仏《ねんとうぶつ》は、すなわち、われに受記《じゅき》を与《あた》えて、『汝《なんじ》、来世《らいせ》において、まさに仏《ほとけ》となることを得《え》て、釈迦牟尼《しゃかむに》と号《ごう》せん』とは、せざりしならん。実《じつ》には、法《ほう》として、阿耨多羅三藐三菩提《あのくたらさんみゃくさんぼだい》を得《う》るというごときもの有《あ》ること無《な》きを以《もっ》て、この故《ゆえ》に、然燈仏《ねんとうぶつ》は、われに受記《じゅき》を与《あた》えて、この言《ごん》を作《な》し、『汝《なんじ》、来世《らいせ》において、まさに仏《ほとけ》となることを得《え》て、釈迦牟尼《しゃかむに》と号《ごう》すべし』と。何《なに》を以《もっ》ての故《ゆえ》に。如来《にょらい》とは、すなわち諸法《しょほう》は如《にょ》なりとの義《ぎ》なればなり。もし、人有《ひとあ》りて、如来《にょらい》は阿耨多羅三藐三菩提《あのくたらさんみゃくさんぼだい》を得《え》たもうと言《い》わんも、須菩提《しゅぼだい》よ、実《じつ》には、法《ほう》として、仏《ほとけ》の阿耨多羅三藐三菩提《あのくたらさんみゃくさんぼだい》を得《う》るというごときもの有《あ》ること無《な》し。

須菩提《しゅぼだい》よ、如来《にょらい》の得《う》る所《ところ》の阿耨多羅三藐三菩提《あのくたらさんみゃくさんぼだい》は、この中《なか》において、実《じつ》も無《な》く、虚《きょ》も無《な》し。この故《ゆえ》に、如来《にょらい》は、『一切《いっさい》の法《ほう》は、皆《みな》これ仏法《ぶっぽう》なり』と説《と》けるなり」。）

先取りして言うと、節の半ば過ぎの「諸法は如なり」と最後の「一切の法は、皆これ仏法なり」という一文は前半にはなかったものであり、全体のより深められたいわば要である。

前半では、究極の覚りを求める時に、心をどうコントロールするかに続くテーマは、まず布施であり、そのかなり後、教えは川を渡るための筏のように覚りの手段に過ぎないことが語られたさらに後で、阿耨多羅三藐三菩提・究極の覚りも実体ではないと語られていたのに対し、後半では心のコントロールのポイントとしてただちに、究極の覚りそのものが実体でないことが示されている。

戻ってその前の個所から解説していくと、ブッダがスブーティというよくわかった弟子に、まず「実体として真理を求めるということはない」と告げておいて、確認のために「どう思うか」と問いかける。釈迦牟尼（シャーキャムニ）は、前世の仏であるディーパンカラ・然燈仏のところで修行者として修行していて、「おまえは来世に覚りを開いて仏になるであろう」と予告をされた。それを「受記」という。「記」ははっきりしたことを記す、「受」はそれを保証するという意味である。つまり「おまえは来世にはまちがいなく仏となる」と言われたのだが、

「では、その然燈仏が語った真理・ダルマは、実体として得るようなものであると思うか。阿耨多羅三藐三菩提とは得るものだと思うか」と。

すると、スブーティは「いや、そうではありません」とちゃんと正解をする。「私が、ブッダの教えを聞いてきた今までの理解からすると、ブッダが然燈仏のところで、何か実体としての真理とか実体としての覚りというふうなものを得られたということはないと思います」と。そこで、ブッダは「如是如是」、「そのとおりだ。よくわかっている」と言う。

仏典の味わいとしては、「如是如是」、「そのとおり、そのとおり。さすがスブーティだ、よくわかっている。私の教えをほんとうによく理解しているな」といった感じであり、私たちもブッダからこう言ってもらえるようになりたいという言葉である。

「おまえの言うとおりだ。真実のところ、実体としての真理といったものはないし、だから、この上のない覚りを実体として獲得するなどということはありえないのだ。もしそういうことがあるとしたら、然燈仏が『おまえは将来、仏となる。すなわち空ということに目覚めた存在になる』とはおっしゃらなかっただろう」と。

すべては空で実体は何もないのだから、そもそも得るなどということはない、得なくてもいい。すべては一体なのだから、あえて言うとすべて・全宇宙は私のものであるわけである。全宇宙が私なのだとしたら、得るも得ないもない。そういうふうに「実体として得るなどということはない」ということを、修行中の前世のブッダがだんだんと覚りつつあったので、「その修行を続けたら、おまえは次の世には必ず完全な覚りに至るぞ」と、然燈仏に保証していただいたのだ、と。

　そしてここが深められた重要なポイントの一つだが、「諸法は如なり」つまりすべての存在はありのまま無我・空であり、「如来」とは、如から来たる、つまりすべての存在がありのままに空である世界から来ているということである。しかし、真実の世界・ありのままの世界は一如・一体の世界だから、実は行くも来るもない。

　だから、いちおう仮に「如来」とか「如去《にょこ》」という言葉はあるし、特に来るほうの「如来」という言葉を一般的に使うが、如来は、本来「行くこともなければ来ることもない」と言われている。ありのまま・このままということである。

　したがって、あえて「得る」という言葉を使うならば、如来というのは「すべての存在がありのまま、そして一つだという事実に目覚めた」だけであり、もともとのありのままに目覚めたことをあえて言えば「得た」というのである。

　だから、「如来の得る所の阿耨多羅三藐三菩提」は、そういう意味で「実もなく」、つまり実体的にはない。しかし、では虚無なのかというとそうではなく、すべて一体のありのままの現象、それが空ということである。

　空という世界においてすべては一体だから、「一切の法は、皆これ仏法なり」、つまり個々別々にあると思っている諸々の存在は、実はすべて一つの仏の真理の世界の存在なのだ。具体的に言えば、この本も読んでいる場所も、読者も著者も、すべて宇宙なのである。すべて宇宙である以上は、宇宙的真実なのである。

この個所に関して言うと、私たちはどうしても自分の価値観や自分の正義感にこだわるので、「あいつは悪人、私は善人」「これは悪いもの、これは良いもの」と分別したくなるが、しかし人間がいくら勝手に分別しても、悪人も宇宙の一部である。どんなに悪いように見えるものも宇宙の一部である。そこのところに心の底から思い至らず、自分の分別を絶対化して、こちらが正しい、あちらが間違っていると言っている間は、仏法の真理には到達していないことになる。

私の言い方で言えば、仏教は、価値判断を超えてあらゆる存在を肯定する、いわば「全肯定の思想」である。

しかし、では相対的な善悪はないのかというと、そうではない。

水の流れ方に譬えてみよう。水のもともとの性質は上から下へ流れていくものである。特別な条件がなければ、上から下へまっすぐ流れていくが、途中に遮るものがあると、横に流れることもある。それどころか、条件次第では一時的には下から上に流れることさえある。

筆者も、なんとなく水は上から下に流れるものだとばかり思っていたが、ある時、実際の流れをじっと見ていて、そうではないこともあると気づいた。ゆるやかな渓流を眺めていて、ふと、水面に浮かんだ落ち葉が上流に向かって動いているのが目に入った。「おや」という感じで、よく見なおすと、少し淀みになっているところに上流から水が流れてきて、そこだけ逆流して上流に向かって流れていたのである。なるほど、全体としての川は上から下へ流れるものだが、一部、一時的に上に流れる部分もあるのだなあ、とある種感心した。しかし、その上の方に動いていた落ち葉も水も、もっと長い時間、全体として見ていると、結局は下へと流れていくのだった。

宇宙における悪とは、一時的な条件で、本来は下に流れるべき水がしばらく少しだけ上に流れているとか、まっすぐ下流に行くべきところを水路が曲がっているせいでそこでは曲がって流れる、といったことなのだと思われる。

つまり、すべては根源的には宇宙なのだからすべては根源的にはオーケーということに目覚めることが、覚るということである。しかし、では、水の自然として上から下に流れるのに対して、下から上でもいいということになるのかと言うと、それは自然ではない、やはり自然は自然のままがいいという意味での、相対的でありながら宇宙の本性に即した善悪はくっきりと出てくる。

だから、仏教の基本的モットーともいうべきブッダの言葉は、「諸悪莫作《しょあくまくさ》」「諸《もろもろ》の悪は作《な》すことなかれ」ということである。「すべてオーケーなのなら、別に善でも悪でも何でもやればいいではないか。善をやらなくてもいいし、悪をやってもいいではないか」となりそうだが、そういうことではない。宇宙は一体といっても、それはダイナミックに変化する一体だから、宇宙の自然として、ダイナミックな変化の方向性というものがある。その方向性に沿っているのは善である。方向性に逆らっていても宇宙であるが、それは相対的には悪である。だから相対的には否定されるべきなのである。

だから、「すべて如・一体である。すべてはオーケー」と言いながら、ブッダはもう一方では「諸悪莫作、衆善奉行《しゅぜんぶぎょう》」「諸《もろもろ》の悪は作《な》すこと莫《な》かれ。衆《もろもろ》の善は奉《たてまつ》り行え」と言ったのだと考えられる。「すべてオーケーなら、どうでもいいではないか」とはならない。「すべてがオーケーだから、なるべくよりよくするのがいいことだ」と、非常に柔軟でありつつきわめて方向性の確固としたダイナミックな倫理がそこに生まれてくる。いったん倫理を超えて、そこに本質的な倫理が生まれる、というのが仏法の構造だと言っていいだろう。

そのことを示す非常に端的な言葉が、「一切の法は、皆これ仏法なり」である。だから、悪人でも存在することは肯定されている。どんな破壊も、どんな病も、どんな悲惨も、とにかく今ある以上は、宇宙から肯定されているとも言える。

しかし、今肯定されているからといって、すべては無常だから、固定したものではなく、変化するのである。どちらに変化するかというと、宇宙の法則に適った、なるべくより調和したほうに変化するのが宇宙の自然の姿だから、特にそれを自覚した人間・菩薩は、なるべく調和するようにと世の中に働きかけていくのである。

しかし働きかけていく時、敵に対しても悪に対しても、決して根源的に否定することはない。しかし、相対的には否定するのである。「そんなことはしないほうがいい。やめなさい」と。しかし、それは「おまえは存在してはならない」といった否定にはならない。

これまでのキリスト教、イスラム教、その他の宗教やさまざまなイデオロギーの自己絶対化の場合は、「我々の仲間は善で、敵は悪。敵は絶対に悪だから、絶対に滅ぼすべきである」ということになりがちだった。そういう発想が、宗教にもイデオロギーにもずっとあって、まだ世界の全体水準では克服できていない。

しかし、世界が一歩先に進むためには、すべては根源的にはオーケー、相対的には善悪がある、つまり根源的な肯定に基づきながら、よりよくしよう、もっと調和に満ちたものにしようという働きかけとして、世の中をよくする、自分をよくするということを、私たちが宇宙の働きの一部として自覚的に精一杯やることがぜひ必要なのである。それは、私の命、すべての命を生かすということでもある。

●ばらばらに分離独立した「すべての存在」などない

「スブーティよ、すべての存在と言われているものはすなわちすべての存在ではない。だか

らこそ、〔仮に〕すべての存在と名づけられるのである」。

（「須菩提《しゅぼだい》よ、言《い》う所《ところ》の一切《いっさい》の法《ほう》は、すなわち、一切《いっさい》の法《ほう》に非《あら》ず。この故《ゆえ》に、一切《いっさい》の法《ほう》と名《な》づくるなり」。）

ここまで学んできた読者はすでにおわかりだと思うが、説明なしにこの個所を読むと、「深遠そうだがわけのわからないことを言っている」、意地悪に言えば「意味のないことを言っている」と見てしまうだろう。しかし、「すべての存在」と言うとまた誤解しそうなところを、『金剛般若経』は、ここでもしっかり押さえている。

私たちが言葉を使って分別し分離的に認識して「すべての存在」というのは、実は一体なのだから、分離したばらばらのものの集まりという意味での「すべての存在」ではないのだ、と。分離した「一切の法」ではないのだけれども、繰り返すと真っ白とか真っ黒とか混沌というのではなく、そのなかにくっきりと分離ではなく区別はある。そのそれぞれの区別があるところに着目して言えば、「一切の法と名づける」こともできるのである。

例えば、読者がこの本を机で読んでいる場合、本は読者の手と机に支えられて存在しているが、そのことは見ないで、区切られた部分だけを見て「本」と呼ぶわけである。しかし、現にここにある本は、読者の手と机に支えられている。そして、読者と読者の坐っている椅子と机は床に支えられている。床は大地に支えられている。大地は地球全体に今つながっている。そのつながりは宇宙全体にまで及んでいる。だから、この本はここに区別できるかたちで現象してはいるが、それだけで分離・独立して存在しているわけではない。本もまた、宇宙の一部としていま現われているのである。にもかかわらず、言葉で「本」と呼ぶと、他とのつながりが全部捨象《しゃしょう》されて本だけが単独に存在しているように見えてくる。

しかし、事実としてのつながりを捨象することなしに見ると、実体としての個々別々の存在の集合体などというものはない、つまり「一切の法に非ず」となる。すべてはつながって一体であるが、あえて区別をして言葉で呼べば、「これは本」、「これは机」、「これは私」といった区別はできるというのが、「この故に、一切の法と名づく」ということである。すべての存在の構造がそういうふうになっている。私たちが実体だと思っている個々ばらばらなすべての存在は、実は個々ばらばらの存在ではなく、一体である。しかしながらそこに区別はあるので、言葉として「本」「机」「私」というふうに、それぞれに区別して名前をつけることはできる、と。

「スブーティよ、例えば、ある人の身体が大きいというようなものである」。スブーティが申し上げた、「世尊よ、如来が、ある人の身体が大きいと説かれるのは、すなわち〔実体として〕大きな身体でないが、〔仮に〕それを大きな身体と名づけるということです」。

（「須菩提《しゅぼだい》よ、譬《たと》えば、人身《にんしん》の長大《ちょうだい》なるが如《ごと》し」。須菩提《しゅぼだい》言《い》う、「世尊《せそん》よ、如来《にょらい》の、人身長大《にんしんちょうだい》なりと説《と》きたまえるは、すなわち、大身《だいしん》に非《あら》ずとなす。これを大身《だいしん》と名《な》づく」。）

「大きな人がいる」と思う場合も、その人の外界と区切られた身体性を実体として見ると、「背丈が大きい」と言えるのだが、その背丈の大きい人も、例えば皮膚呼吸をして、空気と全部つながっている。生きていると基礎代謝というものがあるから、呼吸をするたびに外界と思っているものとのエネルギー交換関係が絶えずあってつながっている。背の高い人が立っている時、足の裏は大地とちゃんとつながっている。だから実体として体が大きいとか小さいということは、ほんとうはない。しかし、相対的に区切って見れば、この人は背丈が大きいということは言える。しかしほんとうは、それは実体ではなく、宇宙全体につながっており一体（つまり空）なのである。……というふうに、『金剛般若経』は、空ということを空という言葉は使わないでいろいろな角度から述べている。

「スブーティよ、菩薩もまたそのとおりである。もし『私は数限りない生きとし生けるものを覚りの向こう岸に渡らせなければならない』と言うようであれば、菩薩とは呼ばれない。なぜかというと、スブーティよ、実体的な存在として菩薩と名づけられるようなものはないから

である。それゆえにブッダは、『一切の存在には、実体としての自我もなく、霊魂的な人格的な主体もなく、個体的な生命もなく、個体性を持って命を持続していくものもない』と説くのである。

(「須菩提《しゅぼだい》よ、菩薩《ぼさつ》もまたかくの如《ごと》し。もしこの言《ごん》を作《な》して『われ、まさに無量《むりょう》の衆生《しゅじょう》を滅度《めつど》せしむべし』とせば、すなわち、菩薩《ぼさつ》と名《な》づけざるなり。何《なに》を以《もっ》ての故《ゆえ》に。須菩提《しゅぼだい》よ、実《じつ》に、法《ほう》として、名《な》づけて菩薩《ぼさつ》となすもの有《あ》ること無《な》ければなり。この故《ゆえ》に仏《ほとけ》は、『一切《いっさい》の法《ほう》には、我《われ》も無《な》く、人《ひと》も無《な》く、寿者《じゅしゃ》も無《な》し』と説《と》けるなり」。)

このあたりは、前半の冒頭でも後半の始めの部分でも語られたことの繰り返しだが、次の内容につながっていくものなので、もう一度解説しておこう。

実体としての無量の衆生、数限りのない生きとし生けるものがいて、それを一人一人・一匹一匹覚らせなければならない、と考えるようでは、それはもう菩薩ではない。

そもそも菩薩も実体ではないから、「菩薩」と呼ぶのも仮のことにすぎない。存在として、「私・菩薩」と名づけられるようなものは、実体としてはない、と。

だからこそ、ブッダは、実体としての自我も、実体的な霊魂としての人格も、実体的な命を持った個体的な生命も、実体性・個体性を持ち続けて命を持続するものもない、と説くのだ、と。

まとめて言うと、実体としての生命、実体としての自我、他と分離してそれ自体で成り立っているような自分というものがいるという思い、自分についても他の衆生に対してもそういう思いを持っているようなら、それはもうその点で菩薩ではない。私も無我・空、衆生も無我・空と思っているのでなければ、菩薩ではない。すなわち、一切を空と捉える者こそ、あえて名づければ「菩薩」ということができるのである。

その点を改めて押さえて、次に前半でもふれられた「仏国土建設」というテーマに入っていく。

●実体視せずしかも理想国家の建設を目指す

菩薩は、他者に向かって非常に能動的に働きかける。そこがこれまでの仏教とは違うという主張があり、さらには個々の生き物に安らぎを与えるだけでなく、この世全体を仏の国にしようという、いわば「仏国土建設運動」をするのが大乗の菩薩の仕事だとされている。ところがその場合も、仏国土・理想の国が実体視されると、途端に問題が起こる。そこで注意書きがある。

「スブーティよ、もし菩薩が『私は仏国土を美しく創り上げよう』といった言葉を語るようであれば、彼を菩薩と呼ぶことはできない。なぜかというと、如来は『仏国土を美しく創り上

げるというのは、〔実体的に〕美しく創り上げることではない』と説くからである。それを〔仮に〕美しく創り上げると名づけているだけなのである」。

（「須菩提《しゅぼだい》よ、もし菩薩《ぼさつ》にして、この言《ごん》を作《な》して、『われ、まさに仏土《ぶつど》を荘厳《しょうごん》すべし』とせば、これを菩薩《ぼさつ》と名《な》づけず。何《なに》を以《もっ》ての故《ゆえ》に。如来《にょらい》は、『仏土《ぶつど》を荘厳《しょうごん》すというは、すなわち、荘厳《しょうごん》に非《あら》ず』と説《と》けばなり。これを荘厳《しょうごん》と名《な》づくるなり」。）

ここは、一つの重要なポイントなので、説明の言葉を補った意訳をしておこう。

「スブーティよ、もし菩薩〔と自称する者〕が『〔実体としての〕私が〔実体としての〕仏の国を美しく創り上げていくのだ』などという発言をするようなら、それは菩薩（空・一如の覚りを求める者）とは呼ばれない。なぜかというと、如来（私）は『仏の国を美しく創り上げるとは、すなわち〔実体として〕美しく創り上げることではない』と説くからである。〔空・宇宙と共に自然に働くこと〕それこそが、美しく創り上げることと呼ばれる。」

今までの歴史的なユートピア運動や理想の国を作ろうという政治運動は、すべてここが見えていないから歪んでしまったのではないか、と筆者は考えている。

「荘厳する」とは、飾る、美しく創り上げていく、という意味である。だから「仏土を荘厳す」とは、現代的に言えば理想国家・理想世界を建設するということである。慈悲の心をもってすべての生きとし生けるものが幸せに生きることのできる理想国家・理想世界を建設することが、菩薩の最大の使命なのだと言っていいだろう。

すべては一体の宇宙なのである。したがって宇宙レベルで言うと、すべてのことは宇宙の働きだから、究極的にはいいも悪いも美しいも美しくないもない。しかし、仮に現象としては善悪も美醜もある。菩薩は、世界の有り様は究極は空であって善悪・美醜を超えていることに目覚めていながら、現象として、具体的行動としては、世界をより善でより美しい世界に変えていこうと渾身の努力をするのだ、というのである。

より増広された『摩訶般若波羅蜜経』や般若経典の大叢書《そうしょ》である『大般若経』などまで学んで、筆者自身驚きの発見だったのは、大乗仏教は基本的には、「俗世間はあまりにも醜いから、抜け出して山に行き、庵にでも籠り、瞑想して静かな生活をしよう。それから、安らかに死んでいこう」などといった隠遁思想ではないことである。もちろんそういうあり方も、仏教者の一つのあり方としてはあっていいが、より重要なのは『金剛般若経』のこの個所からもきわめて明らかなように、「仏国土を荘厳しよう」という志を持つ者こそ菩薩だとされていることである。

しかしそこでまちがえてはいけないのは、私も衆生も国土もみな実体ではないにもかかわらず、それを実体視し、特に「私が理想だと思ったこの国のあり方が最高・絶対であって、これを一緒にやろうという人は味方、これに反対するやつは敵だ」となることである。実体視に基づく理想運動からは必然的に、敵は「真理の敵」であったり「人民の敵」であったり「神の敵」だったり「仏の敵」ということになり、「そんなやつらは悪魔みたいなものだからぜんぶ殺してしまえ」という発想が出てくる。発想が出てくるだけではなく、実際、歴史的にも繰り返し起こっている。個人であれ集団であれ、実体視は必然的に自己絶対視につながる。だから、理想を追求することは望ましいことなのだが、追求される理想が実体視されると途端に大きな問題が起こることを、しっかりと自覚しておかなければならない。

非常な危機に到りつつある環境問題、世界的な貧富の格差、いまだに廃絶できない戦争などを考えると、人類全体がここで目覚めて、実体ではなく空としての、しかし理想を追求するという方向に向かう必要がある、と筆者は思う。

すべては宇宙だからぜんぶありのままでいいのだが、といっても、宇宙は無常な、つまりダイナミックに変化していく存在であって、静止的なものではない。現在のありのままでいい状態からさらによりよい状態へと変化していくのが宇宙進化の方向性である。過去と現在はそれでよしと認めた上で、未来に向かって空・宇宙の働きの方向に従ってよりよい人類社会を創り上げていくというかたちの社会変革あるいは社会改良は、菩薩的目覚めに到った存在がやるべきことであり、菩薩でないとできないことである。

だから、これからの政治的リーダーは菩薩的リーダーでなければならない、と筆者は思う。でなければ、人類の文明史約一万年、特にここのところの近代二百年くらい、繰り返しやってきた失敗をまた繰り返すことになるだろう。そういう失敗を繰り返さないためには、ぜひ「仏土を荘厳す」、理想の国家を形成しようという理想は持つ必要があるのだが、すべては空であり一如だという目覚めに基づいて理想国家さらには理想的人類社会を目指す「菩薩的リーダー」がぜひとも必要な時代になっていると私は考えている。

● 無我を覚った菩薩的リーダー

「スブーティよ、もし菩薩であって無我（非実体性）**という真理に通達した者がいる時、如来は真に彼をこそ菩薩と名づける」。**

（「須菩提《しゅぼだい》よ、もし菩薩《ぼさつ》にして、無我《むが》の法《ほう》に通達《つうだつ》せる者《もの》あるときは、如来《にょらい》は説《と》いて真《しん》にこれ菩薩《ぼさつ》と名《な》づけたり」。）

ここで、非常に大切なポイントが語られている。「最高の覚りに向かって菩薩として修行するうえで心をどうコントロールしたらいいのか」というのが、冒頭から『金剛般若経』全体を通じるスブーティのブッダに対する問いだった。それに対して、ここでブッダは、「真に菩薩と言えるのは、無我の法に通達した時だ」と答えている。言い換えると、「すべてを実体視することをやめ、非実体・無我であるという気づきに向けて心をコントロールするように」ということである。

ここでの「法」は、すべては実体ではない・無我・空という「真理」という意味で、「もしここで菩薩と名乗っている人のなかに、無我という真理に到達している人があるならば、如来は、その人をこそほんとうの菩薩と呼ぶ」という。といってももちろん菩薩が実体としてあるわけではないのだが、真に菩薩と呼べるのは、無我ということ・空ということを覚っている者なのだ、と。

逆に言えば、たとえ一切の存在という意味の法でも、真理という意味での法でも、阿耨多羅三藐三菩提であっても、仏国土というすばらしい理想であっても、それを実体視してしまったら、それはもう菩薩ではないということである。

「無我」についてやや詳しく述べておくと、通常日本では、「無我」というと、「自我が無いこと」、あるいは、もっと日常的には「我を張らないこと」「自己主張をしないこと」という意味に使われ、かつては「無私」や「滅私奉公」とも混同されたが、それらは仏教における「無我」の本来の意味とは異なっている。

そもそも、この「我」は、「自我」の我ではない。原語のサンスクリット語では「アートマン」（パーリ語では「アッタン」）で、実体のことである。「実体」という言葉にもはっきり定義があると述べた。①それ自体で存在できる。ほかのものの助けを借りる必要がない。②それ自体の変わることのない本性を持っている。③永遠に存在できる。そういうものを「アートマン・実体」という。これを漢訳で「我」と訳したわけである。

ゴータマ・ブッダは、この世には実体と呼べるものは何もないということを「アナートマン」という言葉で表現をされた。「ア」は否定の接頭辞で、「〜ではない」という意味である。故中村元先生は、「アナートマンは、無我よりはむしろ〈非我〉と訳したほうがよかったのではないか」とおっしゃっているが、つまり、「実体ではない」という意味である。

実体ではないということは、実体ではなくても現象はあるということで、何もないと言っているように誤解されがちだったが、そうではない。

したがって、正確に言えば、自我に関しては「自我が無い」ではなく「自我は実体では無い」ということであり、自我もそうであるが、自我だけではなくて「すべてのものは実体では無い」ということが、「無我」という言葉で表現されている。

そこで、後にはもっと明確にするために、自我が無我・非実体であることを言う時には「人無《にんむ》我《が》」、人間以外のものの非実体性を言う時には「法無我《ほうむが》」という術語で表現されるようになった。こういう二つの術語で表わされているように、無我には両方の側面があって、自我も実体ではないのだが、その他のものも実体ではない。あわせて「人法二無我《にんぽうにむが》」と言う。般若経典よりもう少し後に、仏教の教学が整備されてきた時、こういう術語による区別がしっかりなされていった。

しかし、すべてのものが実体ではないという真理に通達するということは、単に頭で理解することではなくて、心の奥底までほんとうに自分のものになる、通常の仏教用語でいうと「覚る」ということである。

そうした無我という真理を覚っている人、それを菩薩とほんとうに呼ぶことができるのであり、まず頭でしっかり理解し、それから修行して、自分の心の奥底まで覚っていく。そのように修行することが、ほんとうの菩薩としての修行だということである。そして、そうした菩薩であって初めて、実体視・絶対視することなく、しかも美しい仏の国土を創り出すことができるのだ、という。このように、ここでは『金剛般若経』のなかでももっとも重要と言っていいポイントが語られている。

これから日本や世界のリーダーが菩薩的なリーダーになるためには、そうとうな修行をして意識の進化を遂げてもらう必要があるので、なかなか簡単にはいかないだろう。しかし今、人類はさまざまな意味での大きな危機に直面していて、これまでと同じ失敗をやると、失敗もまちがいなくグローバル化してしまう。これまでの失敗・文明の崩壊は、典型的にはいわゆる四大文明やローマ帝国の滅亡などのように、一文明単位や一国単位での失敗だった。しかし、これからはグローバルつまり全地球的な壊滅状態になりかねないので、ここで今までと同じ失敗をやってもらっては困るので、これからのリーダーたちには、ぜひ縁起の理法・空・慈悲ということを覚って、今までよりもよい、しかし宇宙の理法に適った、美しい国を、世界を作ってもらいたいと願う。

その場合、今相対的には少し意見が違う人がいても、根源的には敵など一人もいないのだという思いを持ちながら、しかし当面意見が違うのなら真剣に直面して、「こういう理由・根拠からしてあなたの考えていることは違っていると思われます。わかっていただけますか」といったアプローチをする。しかし相手の命や存在そのものはけっして否定しない。そういうアプローチの仕方が必要だろう。

そうしたアプローチができるリーダーがたくさん生まれてきたら、日本も世界も何とかなるのではないだろうか。私はたぶん何とかなると思っている。予言者ではないが、宇宙は一三八億年をかけて人類をここまでもってきて、今から二千五百年くらい前にはゴータマ・ブッダという究極の縁起の理法を覚られた方を生み出し、そして例えば『金剛般若経』を書くような大乗の仏たちを生み出してきた。そして、それらの人々もみな人間であり宇宙の一部なのだから、ここまで進化してきた宇宙がその次の段階として「はい、人類滅亡」というふうにするとは考えにくい。だから非常に困難はあるだろうが、宇宙の一部としての人類が一段階飛躍的進化を遂げる確率のほうが、宇宙の歴史から見るとありうることだと思う。

けれども、確かに困難はかなり困難だろう。日本の多くのリーダーの現状を見ていると、率直に言えば発想の基礎が無明そのものだと思えてしまうからである。「よくもあそこまで無明の心でリーダーをやっているな」と思ってしまうが、筆者も似たようなものだから言い過ぎないようにしよう。それでも、私のほうがいくらか縁起の理法をわかっていると思うので、一言言いたくなる。

どう考えても、すべてはつながって一つであるというのが宇宙の真理で、経済も政治もあらゆることについて、縁起の理法に沿ったものを構築しなければ、中長期にはけっしてうまくいくはずがない。そのことを、人類は歴史を通して繰り返し経験してきたはずなのだから、いい加減に賢くなったほうがいい、と私は思うのだけれども。

縁起の理法に基づかない経済には、必ず景気と不景気の循環が起こる。損した得したとやっている間に、バランスが崩れると景気が悪化し、バランスがある程度うまくいって景気が良くなったように見えても、格差が大きくなり、不幸で不満を抱えた人が多数生まれ、社会は不穏になり、経済もうまく回らなくなる。

そういうことにならないように、いい意味で平らに、しかし自然は進化するものだから、自然の進化に基づいて人間生活もゆるやかに進化するという意味で、ゆるやかに豊かになっていくというのは自然なことである。だから、そういうふうな景気の上がり下がりではなくて、それから誰かの・どこかの会社の・どこかの国家の利益のための経済成長ではなくて、生きとし生けるもののための、人類のためのゆるやかな経済成長というのは、縁起の理法に基づいた経済システムを組み上げれば必ずできる。というか、理論上はできるのである。

あとは気がついて、それを経済人や政治家がやるかどうかだと私は思っていて、何とかその線で「ちょっと悪いけれど、目覚めてもらって、ちゃんとそこのところを考えましょう」ということを一所懸命提言している。その原理編はこういう大乗仏典などを勉強しながら、しかしその応用編も、みなさんに問い掛けることのできる範囲ではやっている（拙著『聖徳太子「十七条憲法」を読む―日本の理想』大法輪閣、『「日本再生」の指針―聖徳太子「十七条憲法と緑の福祉国家』太陽出版、参照）。

如来の眼

「スブーティよ、おまえはどう思うか。如来には肉の眼があるだろうかないだろうか」。「それは言うまでもなく、世尊よ、如来には肉の眼があります」。「スブーティよ、おまえはどう思うか。如来には神通力の眼があるだろうかないだろうか」「それは言うまでもなく、世尊よ、如来には神通力の眼があります」。「スブーティよ、おまえはどう思うか。如来には智慧の眼があるだろうかないだろうか」。「言うまでもなく、世尊よ、如来には智慧の眼があります」。「スブーティよ、おまえはどう思うか。如来には真理を見る眼があるだろうかないだろうか」「言うまでもなく、世尊よ、如来には真理を見る眼があります」。「スブーティよ、おまえはどう思

うか。如来には、仏の眼があるだろうかないだろうか」。「言うまでもなく、世尊よ、如来には仏の眼があります」。

（「須菩提《しゅぼだい》よ、意《い》においていかに。如来《にょらい》に肉眼《にくげん》有《あ》りや、いなや」。「かくの如《ごと》し、世尊《せそん》よ、如来《にょらい》に肉眼《にくげん》有《あ》り」。「須菩提《しゅぼだい》よ、意《い》においていかに。如来《にょらい》に天眼《てんげん》有《あ》りや、いなや」。「かくの如《ごと》し、世尊《せそん》よ、如来《にょらい》に天眼《てんげん》有《あ》り」。「須菩提《しゅぼだい》よ、意《い》においていかに。如来《にょらい》に慧眼《えげん》有《あ》りや、いなや」。「かくの如《ごと》し、世尊《せそん》よ、如来《にょらい》に慧眼《えげん》有《あ》り」。「須菩提《しゅぼだい》よ、意《い》においていかに。如来《にょらい》に法眼《ほうげん》有《あ》りや、いなや」。「かくの如《ごと》し、世尊《せそん》よ、如来《にょらい》に法眼《ほうげん》有《あ》り」。「須菩提《しゅぼだい》よ、意《い》においていかに。如来《にょらい》に仏眼《ぶつげん》有《あ》りや、いなや」。「かくの如《ごと》し、世尊《せそん》よ、如来《にょらい》に仏眼《ぶつげん》有《あ》り」。）

ここは真理を学ぶ時のインド的な対話のあり方がよく感じられる個所で、簡略を好む日本人にはややくどく感じられる。日本人は、心の内を、短歌の五七五七七、それでも長いというので俳句の五七五、となるべく簡略に表現しようとする。どうもそれが日本人の全般的な国民性のようだが、インド人は、ちょうどその対極にあって、よく言えばきわめて丁寧に、綿密に、悪く言えば長たらしく、くどくどと語るのが特徴である。

ここでは、日本人なら一回聞いて答えればいいことを、角度を変えつつ問答しているのだが、ほんとうにすばらしい師と師の教えの中身をぎりぎりのところまでわかっている弟子との綿密な対話のあり方がうかがわれて、そう読むとなかなか味わいのあるところである。

ブッダはいちいち「須菩提よ」と呼びかける。それに対してその度に「世尊よ」と答える。「須菩提よ」「世尊よ」と繰り返しながら、如来の眼のあり方、認識のあり方をどのように把握しているのか、と問答し確認していくのである。

実はスブーティもそうした眼をほぼ獲得していることを前提に、ブッダが「おまえ自身はどうなのだ」と聞いていると言ってもいい。「如来にふつうの人間のような肉の眼はあるだろうか」と。もちろんゴータマ・ブッダは人間であって、当然人間の身体器官としての眼がある。さらにそれだけではなく、「如来には天人の、人間には見えない世界を見ることのできる神通力の眼があるだろうか」、「ある」と。さらに掘り下げて、「では如来には智慧の眼があるのだろうか」と。もちろんそうであって、如来に智慧の眼がなければ如来とは言えないわけである。

肉体の眼、超能力的な認識能力、そして「一切の法は、皆これ仏法なり」、すべての存在がそのままありのまま如来の真理の世界だということを見ることができる眼を「慧眼《えげん》」といい、そういう慧眼が如来にはある。そして、如来の教えを受けているスブーティもそういう慧眼を獲得している、獲得しつつある。その智慧の眼というのは、まさに真理の眼だから、「法眼《ほうげん》」ということである。「真理を見る眼があるだろうか」、「もちろんです」。そして、「その眼は仏・覚った人の眼ということだな」、「そのとおりです。如来とは仏・覚った人の眼を持っている方です」と。

表面上は、かなり繰り返しのような、若干訳のわからない問答がなされているようだが、そこで問い・答えられているのは、相互にこのような眼を持っているかということで、そのような眼を持っているものが菩薩であり、それが徹底しているのが如来である、ということである。

それを確認したうえで、次の問いが出てくる。先にも出たように、「おまえはどう思うか」「おまえの考えではどうか」という問いである。

● 如来はあらゆる生き物の心を知っている

「スブーティよ、おまえはどう思うか。ガンジス河の砂すべてだが、ブッダはこの砂について説いているだろうか」。「言うまでもありません。世尊よ、如来はその砂について説いておられます」。「スブーティよ、おまえはどう思うか。一つのガンジス河のすべての砂だが、その砂と等しい数のガンジス河があるとしよう。このガンジス河すべてのあらゆる砂の数に等しい仏の世界があるとして、そうしたものは、はなはだ多いとするだろうか、しないだろうか」。「はなはだ多いです。世尊よ」。

（「須菩提《しゅぼだい》よ、意《い》においていかに。恒河《ごうが》の中《なか》のあらゆる沙《すな》、仏《ほとけ》はこの沙《すな》を説《と》けるやいなや」。「かくの如《ごと》し、世尊《せそん》よ、如来《にょらい》はこの沙《すな》を説《と》きたまえり」。「須菩提《しゅぼだい》よ、意《い》においていかに。一恒河《いちごうが》の中《なか》のあらゆる沙《すな》の如《ごと》き、かくの如《ごと》き（沙《すな》）に等《ひと》しき恒河《ごうが》有《あ》り。このもろもろの恒河《ごうが》のあらゆる沙《すな》の数《かず》（に等《ひと》しき）仏《ほとけ》の世界《せかい》あらんに、かくの如《ごと》きを寧《むし》ろ多《おお》しとなすやいなや」。「甚《はなは》だ多《おお》し、世尊《せそん》よ」。）

まずガンジス河の砂が非常にたくさんあることを比喩として挙げ、「そのガンジス河の砂と同じ数くらいのガンジス河があると想定しなさい」と。つまり膨大な数ということである。「ガンジス河の砂の数ほどのガンジス河のその砂の数ほどに、仏の世界があるとすると、これは多いということになるかどうか」。もちろん「はなはだ多いです」とスブーティは答える。

古代インド仏教の世界の構造については前半で述べたとおりで、私たちの世界が世界のすべてだとは考えていない。四つの州からなり中央にスメール山があるのが一つの世界であり、そういう世界が千集まって「小千世界」、小千世界が千集まって「中千世界」、中千世界がさらに千集まって「三千世界」あるいは「三千大千世界」であり、それが全宇宙と考えられている。

つまり、この世界のほかに膨大な数の世界があることを確認したうえで、ブッダは説法を続ける。

ブッダがスブーティに告げられた。「それだけの国土の中のあらゆる生きとし生けるものそれぞれの種の心を、如来はことごとく知っている。なぜかというと、如来は、すべての心は実

体としての心ではないと説くからである。それを心と呼んでいるだけなのである。それはなぜかというと、スブーティよ、過去の心も〔実体として〕把握することはできないし、現在の心も把握することはできないし、未来の心も把握することはできないからである」。

（仏《ほとけ》、須菩提《しゅぼだい》に告《つ》げたもう、「そこばくの国土《こくど》の中《なか》のあらゆる衆生《しゅじょう》の若干種《にゃっかんしゅ》の心《こころ》を、如来《にょらい》は悉《ことごと》く知《し》る。何《なに》を以《もっ》ての故《ゆえ》に。如来《にょらい》は、もろもろの心《こころ》を説《と》きて、皆非心《みなひしん》となせばなり。これを名《な》づけて心《こころ》となす。ゆえはいかに。須菩提《しゅぼだい》よ、過去心《かこしん》も不可得《ふかとく》、現在心《げんざいしん》も不可得《ふかとく》、未来心《みらいしん》も不可得《ふかとく》なればなり」。）

「それだけたくさんある世界のなかにいるあらゆる生き物、それらの心について、如来はすべて知っている。なぜそんなことが言えるのかというと、如来はさまざまな心について、それは本質的にすべて心ではないと説くからである」と。ここでは、「心」もまた無我・空であることが語られている。

この個所では、一人ひとりの心で、ああでもないこうでもないとそれぞれがそれぞれに思っている個別のこと、例えば本書を読んでいる読者全員が心で思っていることを、覚りを開いたらぜんぶ見通せるとか、ましてや何百人何千人の聴衆がいようが、宇宙全体にどれほどの数の人がいようが、それぞれが今何を考えているかわかる、などということが語られているわけではない。

では、なぜそういうことが言えるか、ここまで読んできた読者は、こういうふうに「心は心ではない。だから心だ」という論の運びになっている時は、「私たちが実体的にあると思っている心は、それは実体ではない。しかし実体ではないが、現象としては現われている。それをいちおう仮に〈心〉という言葉で呼んでいるのだ」という意味だとわかるだろう。

非常に多様な心が、個別に、実体的に分離独立して存在する、とふつうは思っているけれども、実は心は本質的にはそういうものではない、実体ではない。実体ではないものが、現われては消えというふうに現象している、その現象のことをとりあえず「心」と名づけてはいるけれども、心は実体ではない。つまり心も空であるということである。

ではなぜ実体と言えないかというと、「過去心も不可得」、つまり、過去の心はどんどん過ぎ去って、今の心ではない。言葉とイメージによって、それらしいものを記憶していると、私たちは「過去のことをまちがいなく憶えている」「確かに知っている」と思うのだが、それは、実体としてその時の心そのものをそのまま握って離さないで保持できているということではない。

現代では、調べれば調べるほど、人間の記憶はいかにいい加減かということが科学的にも明らかになっている。私たちは、自分の記憶は紛れもなく過去の事実を確実に憶えているものだと思っているが、それは臨床心理学的にも、精神医学的にも、脳科学的にも、調べれば調べるほど非常に不確かなのである。

特にフロイドの精神分析の影響の強い臨床心理学には、幼児期の心の傷になっている記憶「トラウマ」という言葉がある。ところが、アドラー心理学や論理療法的な考え方で実際にカウンセリングをやっていくとしばしば起こることだが、「小さい時に確実にこういう事実があって、それで私は傷ついていて、こういう性格になっている」と言っていた人が、カウンセリングのプロセスを通じてプラスの人格変容を起こしてくると、過去の記憶が変わる。「過去こうだった」と言っていたのが「いや、実はこうだった」というふうに変わるのである。これはほんとうに信じられないくらいだが、絶対にこうだと思っていたことと、まるで逆のことを思い出したりするのだ。その時の本人にしてみれば、事実を思い出したつもりだったのだが。

しかし、アドラー心理学的には、どちらがほんとうかは大きな問題ではなく、その人の現在のパーソナリティの状態を過去に投影して、それを記憶だと思っているということになる。だから、どちらがほんとうということではなくて、パーソナリティ状態が健全になっていくと、過去の記憶が良い記憶に変わってしまって、「こんなトラウマがあったから」という話が、まるでなかったかのような話になっていくのである。「記憶は作られる」という言葉もあるくらいである。

そういう意味でも、私たちは過ぎ去った過去のこと、しかもその時の心のことを実体として紛れもなく獲得する、保持することなどできない。すなわち「過去心不可得」である。

また、未来の心はまだ起こっていないから、未来に私がどう思うかなど確実に予測することはできない。もちろんある程度の予想ならできるが、実際には予想どおりにはほぼならない。私たちは、一方では未来を悲観して、どうせダメだろうと思ったりする。もう一方では、過度に楽観視して絶対にうまくいくと思ったりする。だいたいどちらでもないというのが実際に起こることであるし、いずれにせよ、未来のことは起こってみるまではわからない。あらゆることがそうであるが、特に心が未来にどうなるかは、なってみなければわからない。そもそもこの身心としての私が未来にあるかどうかも確かではない。だからもちろん「未来心不可得」である。

「しかし、現在ならこんなにはっきりしているのでまちがいないだろう」と私たちは思うのだが、よく見ていくと、私たちの心自体も無常の時の流れのなかにあるから、一瞬一瞬が絶えず過去になっていく。その流れについて私たちは言葉とイメージを通じて一定の連続性を感じているから、実体としてつかめるような誤解をするが、正確に観察すれば現在の心は一瞬もとどまることなく過去の心になっている。だから、それも実体として捕まえることは決してできない。

私たちの誰もが体験することとして、いい気分の時にはずっといい気分でいたいと思うものだが、たいていしばらくするといろいろと嫌な気分が起こってくる。この嫌な気分はずっと終わらないのではないかと思っていても、ふと気が変わったり、状況が変わったりして、いつの間にか気が楽になっていることもある。「ずっと悩みがあって全然眠れない」とおっしゃっている方も、実際に計ってみると、三十分とか一時間とか、もっと寝ていたりして、悩んでいない時間があったりするように、喜びであれ悩みであれ、変わることなく永遠に喜び続ける、悩み続けるということはありえない。

そういうことがよくわかると、喜びも悲しみも苦しみも、その時の現象であり、未来に何が起こるかは決してあらかじめわからないのだから、起こってきたら起こってきた時にそれに直面すればいい、とわかってくる。そして、直面するといっても、それもすぐに去っていく。それは、心は時のなかにある、無常・空であるという、本質的な仕組みによるものである。

心はそういうふうに「過去心不可得《かこしんふかとく》、現在心不可得《げんざいしんふかとく》、未来心不可得《みらいしんふかとく》」という無常の流れのなかにあるというその点については、すべての生き物の心は基本的にすべて同じである。つまり、空だということである。心も空である。

空であるという面での心に関して、如来はその根本的な点についてすべての生き物の心がわかっているということである。それから、空であるにもかかわらず、実体としての自分の心があると思っているという、その点についてもすべての心ある生き物は同じである。

だから、個々の、今何を考えているか、今喜んでいるか苦しんでいるかといった、何千何万何億何兆何京《けい》という生き物の心の個別のことをいちいちぜんぶ如来が見通している、といった超能力の話をここでしているのではない。

如来は、すべての生き物について心が本質的にどういうものかということを知っている。心は、本質的に非心・非実体的なものであり、「過去心不可得、現在心不可得、未来心不可得」であり、それが心の本質なのだ、と言われているのである。

心の底では悩みから解放されている

自分の心は本来そういう現象であって、「過去心不可得、現在心不可得、未来心不可得」だから、そのことがよくわかると、私たちは今の心にこだわろうとしてもこだわることができない、こだわってもムダ、こだわらなくてもいい、だからこだわらない、というふうになれるわけである。

自分の心の状態をこうしておきたい、たとえば幸福でありたいとか、あるいは嫌な気持ちをなくしてしまいたいとこだわらなくても、私たち個人にとって都合がいい心も都合の悪い心もすべて変化していくのだ。そのダイナミックな変化は、「一切の法は、皆これ仏法なり」と言われるように、それはすべて宇宙の働きだ、ということである。そうだとすると、宇宙が働くように、私の心が宇宙と共に働くように、宇宙にお任せしておけばよい。

そうなると、私たちは悩みがあっても悩まない、現象としての悩みがあっても根源のところでその悩みから解放されている、という心になれるということである。覚ったら悩みがなくなると想像している人がいるが、非常に深い覚りを開いた人も、現象としていろいろなことに悩むことはなくならない。しかし、心の深いところで、それから解放されているということのようである。

例えば、西田幾多郎は、坐禅をしながら哲学をした有名な哲学者で、世間的には生前にすでに日本最高の哲学者と讃えられた人であるが、家庭的にはいろいろ不幸なことがあったという。そういう不幸の真っただ中に日記に書いた和歌が残っている。

わが心深き底あり喜びも憂の波もとどかじと思う

心の表面には確かに喜びや悲しみが波立っているのだが、その波は私の深い心の底には決してとどかない、という心境を歌っている。非常に深い心境を歌った、とてもいい歌で、そういう心になりたいと筆者も思うし、そして実際、坐禅が身についてくると、どんな日々の悩みがあっても、坐禅をしている最中は忘れているというふうになっている。

それは、人間は言葉を使わないで悩むことはできないからである。「あれがああなって、これがこうなってこうだから嫌だ」とか、「こうで困る」とか。例えば、資金繰りに困っている時でも、「借金がいくらあって、いつまでに返さなくてはいけなくて……」といった言葉を使わなければ決して悩めない。例えば家庭でもめている時、「うちのバカ息子が」とか「あの嫌なオヤジが」というふうに言葉を使わないと、腹を立てることもできない。

つまり、言葉を使わなければ考えることができない。考えることができなければ悩むことができない。ということは逆に言えば、言葉を使わず考えなければ悩まないで済むのだ。
数息観《すそくかん》という坐禅の一つの方法では、心をひたすら呼吸を数えることに集中する。その場合、「ひとーつ、ふたーつ……」といった数える言葉だけは残っているが、心のなかにそれだけしかなくなっていると、借金ももめごとも何も考えていないから、その間には悩めない・悩まないのである。

自分の心というものは、そもそも実体ではない。変わらないものではなく、無常のものである。「無常」という場合、つかんでおきたいと執着していると、流れていくことが嫌なことに思えるが、無常・流れていくこと・動いていることが宇宙であり、それがほんとうの自分なのだということがわかってしまえば、「過去心不可得、現在心不可得、未来心不可得」で、サッパリとした気持ちになってしまうことができる。『金剛般若経』における心の捉え方は、こういうことなのである。

前半で出てきた「応《おう》無《む》所《しょ》住《じゅう》而《に》生《しょう》其《ご》心《しん》」という言葉を思い出すと、「住する所無くして心を生じよ」というのは、こだわることなどできない、こだわる必要などない、そういうことがわかって深いところで執着することなく、相対的・現象的にはああしようとかこうしようとか、嬉しいとか悲しいといったいろいろな心を起こすように、ということだった。人間の心はそうなれるということについて、六祖慧能禅師がこの『金剛般若経』を読誦している声を聞いてはっと気づきに至ったというエピソードは前半に紹介したとおりである。
「過去心不可得、現在心不可得、未来心不可得」ということを忘れると、過去の事に後悔や惜しい思いや悲しい思いをし、現在にあれこれと腹が立ったり妬んだり恨んだりという、唯識でいえば「随煩悩《ずいぼんのう》」が山ほど起こってきて、未来に対してもああなるのではないか、こうなるのではないかとぬか喜びをしたり不安に思ったり、ということになるが、心はいやおうなしに流れるのだから、流れに任せればいいということである。

縁起の理法に基づく福祉社会

「スブーティよ、おまえはどう思うか。もしある人が宇宙全体を七種類の宝でいっぱいにし、それを使って布施をしたとしよう。この人は、この因縁によって多くの福徳を得るだろうか得ないだろうか」。「言うまでもなく、世尊よ、その人はその因縁によってはなはだ多くの福徳を得ることでしょう」。「スブーティよ、もし福徳というものが実体としてあるならば、如来は、多くの福徳を得るとは説かない。福徳は〔実体では〕ないからこそ、如来は、多くの福徳を得ると説くのである」。

（「須菩提《しゅぼだい》よ、意《い》においていかに。もし人有《ひとあ》りて、三千大千世界《さんぜんだいせんせかい》を満《み》たすに七宝《しっぽう》をもってし、もって布施《ふせ》せんに、この人《ひと》は、この因縁《いんねん》を以《も》って福《ふく》を得《う》ること多《おお》きや、いなや」。「かくのごとし、世尊《せそん》よ、この人《ひと》は、この因縁《いんねん》を以《も》って福《ふく》を得《う》ること甚《はなは》だ多《おお》し」。「須菩提《しゅぼだい》よ、もし、福徳《ふくとく》、実《じつ》に有《あ》らば、如来《にょらい》は、福徳《ふくとく》を得《う》ること多《おお》しとは説《と》かず。福徳無《ふくとくな》きを以《も》っての故《ゆえ》に、如来《にょらい》は、福徳《ふくとく》を得《う》ること多《おお》しと説《と》けり」。)

ここでも論法は同じである。まず、「ある人が、三千大千世界・全宇宙を七種類の宝物でいっぱいにして、それを使って布施をする」と。それにしても、インド的な比喩はほんとうにおおげさである。「全世界を宝で満たして、それを使って布施をするとしよう。その布施をした人は、その因縁で功徳をたくさん得られるだろうか。どう思うか」と。

そうするとスブーティは、「もちろんです、世尊よ。この人はその原因・結果として、ものすごく幸せになるでしょう。大変な利益を得るでしょう」と。

もちろんこれは、スブーティがわかっていないのではなくて、ブッダの誘いにのって、とりあえず分別知的な言葉を述べ、ブッダも次に、「スブーティよ、おまえもわかっているとおり、それは実体ではないのだ」と言うわけである。

もし幸せとか利益というものが実体としてあるのならば、如来は決して「こういうことによって幸せや利益を、非常に多く得られる」とは説かないのだ、と。ところが、幸せも利益もすべて実体ではない、実体ではないが現象としてはある。

この時代のインドの宇宙観は「三千大千世界」という、現代人の眼からすれば空想された世界である。実際にゴータマ・ブッダが肉眼で見ていたのは、古代インドのある一定の地域の社会の現状なのだが、そういうなかで見ていて、大変な幸せを得るということが現象としてあったりなかったりする。しかし、その時、貧しさも富も、幸せも不幸も、平穏無事なのも、さまざまな病気があったり飢えがあったり、さまざまな危機があったり天災があったり、そういうこともすべて宇宙の働きだと覚られると、そういう意味では貧・富、幸・不幸、平和・争い、安全・災害といったことにも絶対的な差別はなくなってしまう。起こることがすべて宇宙の働きだとなると、福徳も何もないわけである。

それがわかると、宇宙で起こること、宇宙にあるものはすべて如来のものということになる。そして、その如来と自分、宇宙と自分とが一体ならば、宇宙のあらゆるもの、あらゆることがぜんぶ自分のもの、世界の富ぜんぶが私のものと思うことができる。そのことこそほんとうの福徳なのだ。ここで、「宇宙はぜんぶ私のもの」と思ってしまえることが最高の豊かな心だ、と語られている。

そして、「宇宙のものがぜんぶ私のもの」と思えてしまうと、その一部分を他のところに移して、相対的には私ではないが本質的には私と一体である他者が困っているところに布施をすることができる。そういうふうにすると、現象としても非常に幸せな自利利他円満《じりりたえんまん》的な世界ができあがってくる。

　宇宙の富を「私の富」、あえて複数形で言えば、すべて「私たちの富」と思うことができるようになって、その富を今この人が持っていて、この人は持っていないとすると、宇宙が宇宙の働きとして、あちらからこちらに移すだけ、というかたちで布施が行なわれる。それを「三輪空《さんりんくう》寂《じゃく》の施《せ》」と呼ぶことは、これまで述べてきたとおりである。それが全面的に行なわれる世界になったら、それが仏国土である。

　つまり、縁起の理法が絶えず自覚されておりすべての行為が縁起の理法にしたがって行なわれているような社会が仏教の理想社会なのである。その理想社会に至るためにはまず〝菩薩が「利益とか幸福というものは実体ではないのだ。しかしながら、宇宙のなかで、現象として利益や幸福というものは、あるといえば確かにある。そういうものはぜんぶ全宇宙のものだから、私のものでもあなたのものでもある。それを使って、今現象的に困っている人のところへ移していく。それが宇宙の働きだ」というふうに、縁起の理法を布施において実現・実行していくと、その菩薩自身、宇宙に沿って宇宙と一体化して生きているから、非常に豊かな、非常に幸せな心になれる。それがほんとうの「福徳」ということである。

　それから、その菩薩の布施を受けた人も、偉くてたくさん持っているおれがおまえにしてやったと恩を着せられたような、自分が低い地位におかれたような思いをもたず、宇宙が宇宙である私にこれを都合をつけてくれたのだという受けとめ方をすることができる。そうなることで、布施をする人とされる人の間に、上下関係がなく、滞りなく、そういう時に、現代的に言うと「ほんとうの福祉」が成り立つ。

縁起の理法に基づいた福祉社会こそ大乗仏教が目指すべきところだ、と考えてまちがいない（残念ながら頁数の関係で詳述できないが、確実な典拠としては『大般若経』「初分願行品第五十一」に仏国土に関する菩薩の三十二の誓願などがある）。そして、それは仏教というよりも、あらゆる人間が目指すべきところである。

縁起の理法や空ということを、言葉で捉えて世界に発信してきたのはいちおう仏教という宗教だが、それは本質的には特定宗教としての仏教に限られることではない。縁起の理法は、形のうえで仏教かどうかという問題ではなく、人間の普遍的な真理、あるいは宇宙の真理だから、その宇宙の真理が実現される社会こそ、宇宙的に正しい社会だと言うことができるのではないだろうか。

そういう心を持って布施をするのが菩薩なのだ、あるいは「ほんとうに成熟した人間」とここで語られている。そういう意味で言うと、菩薩とは特殊な人ではなく「ほんとうの人間」ということだと言ってもいいだろう。

●仏の身体は身体ではないから身体である

「スブーティよ、おまえはどう思うか。ブッダは、物質的な身体が具わっているという点で見るべきであろうか、そうでないだろうか」。「見るべきではありません。世尊よ、如来は、物質的な身体が具わっているという点で見るべきではありません。なぜかというと、如来は、『物質的な身体が具わっているということは、すなわち〔実体としての〕物質的な身体が具わっていることではないからである。そのことを〔仮に〕物質的な身体が具わっていると名づけているだけなのである』と説かれるからです。

「スブーティよ、おまえはどう思うか。如来は、さまざまな相が具わっていることでみるべきであろうか、そうでないだろうか」。「そうではありません。世尊よ、如来はさまざまな相が具わっていることで見るべきではありません。なぜかというと、如来は『さまざまな相が具わっているということは、〔実体として〕具わっていることではない』と説いておられるからです。そのことを〔仮に〕さまざまな相が具わっていると名づけているだけなのです」。

（「須菩提《しゅぼだい》よ、意《い》においていかに。仏《ほとけ》は色身《しきしん》を具足《ぐそく》せることを以《もっ》て見《み》るべきやいなや」。「いななり、世尊《せそん》よ、如来《にょらい》は、まさに色身《しきしん》を具足《ぐそく》せることを以《もっ》て見《み》るべからず。何《なに》を以《もっ》ての故《ゆえ》に。如来《にょらい》は、『色《しき》身《しん》を具足《ぐそく》すというは、すなわち色身《しきしん》を具足《ぐそく》するに非《あら》ず』と説《と》かれたればなり。これを、色身《しきしん》を具足《ぐそく》すと名《な》づくるなり」。
「須菩提《しゅぼだい》よ、意《い》においていかに。如来《にょらい》は、諸相《しょそう》を具足《ぐそく》せることを以《もっ》て見《み》るべきやいなや」。「いななり、世尊《せそん》よ、如来《にょらい》は、まさに諸相《しょそう》を具足《ぐそく》せることを以《もっ》て見《み》るべからず。何《なに》を以《もっ》ての故《ゆえ》に。如来《にょらい》は、『諸相《しょそう》を具足《ぐそく》すというは、具足《ぐそく》するに非《あら》ず』と説《と》かれたればなり。これを諸相具足《しょそうぐそく》と名《な》づくるなり」。）

ここも論理のパターンは繰り返し出てきたものと同じで、「何々ということはすなわち何々ではないということである。だから何々なのである」となっている。それを論理学的な形でいうと、「Aは非Aなり、ゆえにAなり」となる。鈴木大拙師はそれを「般若即非の論理」と呼び、秋月龍珉先生もそれを引き継いで、非常に強調しておられた。

仏は「色身」つまり色形に現われた体を持っているということで、その存在を見るべきだと思うか、と問われ、もちろん、スブーティは「いやそうではありません」と答える。如来は空だから、色形をそなえていること、例えば顔がハンサムであるとか、全身が金色に輝いているといったところを見るべきではない、と。

如来というものは確かに、色や形に現われた身体を持っているが、それは実体としての身体ではない。実体としての身体ではないからこそ身体がある、と言われるのだと。

これは現代の科学的な考え方でも言えることである。私たちはふつうここに身体というものがあると思うが、実は私たちの体の七〇パーセント弱は水分であり、私の体の細胞は水という私でないものとの縁起・関わりにおいてある。そのためにここに私という身体を現わしてはいるが、これに高熱を加えたり徹底的に凍らせたりすることで液体状の水分がなくなると、必ず人間は死んで、「私」ではなくなる。

また、いま私たちは皮膚や鼻や口を通じて呼吸をしている。呼吸をしている空気は、私ではない。しかし、吸ったものの一部は肺を通じて血液中の酸素となっていく。私でなかったものが私になるわけである。そして、その酸素は末端の細胞で炭素と結びついて二酸化炭素になり、静脈から肺を通って外に出て行く。私だったものが私でなくなるのである。

息についても、水分についても、あるいは栄養についても、非常に多様な面で、「私ではなかったものによって私は私になっている」あるいは「私は私でないものによって私である」という構造がある。

つまりこれは、「AはAでないから、Aである」ということで、「私は私でないものによって私であることができる」というのが、そもそも私というものの基本的な姿である。私の身体は私の身体ではないもののおかげで私の身体としていま現象することができている。

ふだん私たちは、あたかも私がずっと得ることができる、つまり可得な存在として、自分の体や心、いのち全体を錯覚しているが、よく考えると、心も不可得、身体も不可得、具足しているといっても、それは決して実体ではないという形で、いま現われているだけなのである。「具《ぐ》足《そく》」具わっているということは、所有していることではなく、いわば貸し与えられて一時期使うことができているだけであり、それは私たちの体についても心についても言えることである。

●真理の教えも実体視してはならない

「スブーティよ、おまえは、如来は以下のように考えておられ、『私には説くところの〔実体としての〕真理の教えがある』とされる、と言ってはならない。そう考えてはならない。なぜかというと、もし、誰かが『如来には説かれるところの真理の教えがある』と言うとすれば、それはすなわちブッダを誹謗することになるだろう。私が説いていることを理解できていないからである。スブーティよ、真理の教えを説くといっても、真理の教えとして説くべきものは〔実体としては〕ないからである。そのことを、〔仮に〕真理の教えを説くと名づけているだけなのである」。

（「須菩提《しゅぼだい》よ、汝《なんじ》は、如来《にょらい》はこの念《おも》いを作《な》して、『われまさに法《ほう》を説《と》く所《ところ》有《あ》るべし』とす、と謂《おも》うことなかれ。この念《おも》いを作《な》すことなかれ。何《なに》を以《もっ》ての故《ゆえ》に。もし、人《ひと》、『如来《にょらい》には説《と》く所《ところ》の法《ほう》有《あ》り』

と言《い》わば、すなわち、仏《ほとけ》を謗《そし》ることとなればなり。わが説《と》く所《ところ》を解《げ》すること能《あた》わざる故《ゆえ》なり。須菩《しゅぼ》提《だい》よ、法《ほう》を説《と》くというも、法《ほう》として説《と》くべきもの無《な》ければなり。これを法《ほう》を説《と》くと名《な》づくるなり」。)

次は「おまえはどう思うか」ではなく、ブッダの側から深めて教えて、「スブーティよ、おまえは、決して『私は（特定の・実体的な）真理を説いている』と如来・私が考えていると、言ったり思ったりしてはならない。なぜならば、もし誰かが『如来は特定の真理・実体的な真理を説いている』と言ったら、実はそれは仏を謗ることになるからだ」と語っている。これはきわめて厳しい言葉である。しかし、ここを踏まえないと、仏教にならない。「仏教の教えはかくかくしかじかである」と絶対視し、まして押しつけ始めたら、それはまさに仏を謗ることになる。いわば「仏教原理主義は仏に対する冒涜《ぼうとく》だ」と大乗仏典にちゃんと書いてあるのである。仏教に関わる者は誰でも、このことを踏まえておく必要があると思う。

だから、原理主義的な仏教というものはほんとうはありえない。しかし、特定教団が非常に原理主義的な言動をしながら「仏教」と自称することは、本来はあってはならないことだが、現実にはきわめて残念ながらあるようだ。

しかし、仏教の本質からすると、仏教の真理はかくかくしかじかであると固定的に把握して、それを人に押しつけるのは、「如来には説く所の法有り」と言うことになる。つまり、「仏教の教えとはこういうものである」と実体視しておいて、「これは絶対の真理だ」としているとしたら、もうそのこと自体が仏を誹謗中傷・否定することなのである。

そして、そんなことを言うのは、「わが説く所を解すること能わざる故なり」、仏が説いていることをわかっていないのだ、わかっていないからそういうことをやるのだ、と。

つまり前半に出てきた「筏《いかだ》の譬え」と趣旨は同じだが、真理を説いていると言っても、教えを説いていると言っても、じつは実体ではなく空なのだから説けるはずはないのだけれど、そう言っては手がかりが一切なくなるので、究極のところは言葉では語りえない世界を指し示すために、あえて言葉を使っているのであって、言葉にとらわれたら、それはもう終わりだ、ということである。だから、実体ではない空ということを、法・教えとして説くべきではないのだけれど、あえて説いている。それを「教えを説く」と仮に呼んでいるのであって、仮に呼んでいるものを決して実体視してはならない。実体視したら、それは途端に仏に逆らうもの、仏を誹謗するものになるのだ、と。

これくらいきびしい言葉で、言葉や教えというものの実体視・絶対視を強く否定しているのが仏教の本質だということを、ここで私たちは確認しておきたいと思う。

補足して言うと、筆者の読みえた範囲では、原始仏典ではここまで厳しい言い方はしていないようだ。しかし、「筏の譬え」が歴史的なブッダの言葉であることは確かだから、やはりブッダ自身教えの絶対視を否定していたことも確実である。
しかし、ブッダの場合は、「渡った後は筏はいらない。その後まで担ぐ必要はない」程度の柔らかな言い方だが、『金剛般若経』では、教えが固定化された当時の仏教への批判が意識されているためか、「教えを固定化してしまったら、それは仏の真意を曲げてしまうものだ。仏を謗ることになるのだ」と、きわめて厳しい言葉で語られている。

● 衆生は衆生でないから衆生である

その時、スブーティ長老はブッダに申し上げた。「世尊よ、未来の世にこの真理の教えを説くのを聞いて信心を生じるたくさんの人間たち（衆生）がいるでしょうか、いないでしょうか」。ブッダが言われた。「スブーティよ、彼は人間でもなく人間でないものというのでもない。なぜかというと、スブーティよ、人間、人間というのは、如来は〔実体としての〕人間ではないと説くからである。それを〔仮に〕人間と名づけているだけなのである」。

（その時、慧命《えみょう》須菩提《しゅぼだい》は、仏《ほとけ》に白《もう》して言《い》う、「世尊《せそん》よ、頗《すこぶ》る衆生《しゅじょう》有《あ》りて、未来世《みらいせ》においてこの法《ほう》を説《と》くを聞《き》きて信心《しんじん》を生《しょう》ずるや、いなや」。仏《ほとけ》、言《い》いたもう、「須菩提《しゅぼだい》よ、かれは、衆生《しゅじょう》にも非《あら》ず、衆生《しゅじょう》ならざるものにも非《あら》ず。何《なに》を以《もっ》ての故《ゆえ》に。須菩提《しゅぼだい》よ、衆生《しゅじょう》、衆生《しゅじょう》とは、如来《にょらい》（これを）

衆生《しゅじょう》に非《あら》ずと説《と》きたればなり。これを衆生《しゅじょう》と名《な》づくるなり」。)

ここでも「衆生は衆生ではない。だから衆生と名づけるのだ」と、繰り返し出てきた「AはAにあらず、ゆえにAなり」と同じ形になっている。

まず、スブーティ長老は「世に尊ばれる、良き師よ」とブッダに質問をする。「このような深く難しい常識を超越した教えは、ブッダが在世中でいらっしゃるならば、まだブッダの人格的力というか存在感によって、意味はわからなくともとにかく耳を傾けようという人がいるかもしれませんが、肉身をとったブッダがいらっしゃらなくなった未来世において、いったいこのような微妙な、不思議な、論理を超越したような教えを、そもそも聞くような人がいるのでしょうか」と。

すでに述べたが、日本では「信の心・信心」というと、例えば阿弥陀さまを信じるとか『法華経』を信じるとか、あるいは特定の教祖・祖師を信じるというふうに、何かを絶対に正しいと思い込むことだと考えられがちだった。

一般的に信心や信仰という言葉にはそういう意味合いはもちろんあるが、仏教用語としての「信」とは、サンスクリット語では「シュラッダー」といい、「真っ白なけがれのない心」という意味である。もっと日常的に言い換えると非常に「素直な心」ということである。といっても、すぐ人に騙されるような幼い素直さではなく、事実を素直に認め、「あるものはある、ないものはない」とする心である。自分が認めたくないために、あっても「ない」と言うとか、ないのにあって欲しいから「あるはずだ」と言い張るといったことなく、「あるものはある、ないものはない」と素直に物事をありのままに認め、素直に受け入れることのできるような心である。だから誠実とか真心というふうに訳すこともできるだろう。ともかく、そのままぴったり当てはまる言葉が漢語にも日本語にも見当たらない。

ともかく、「信心」と訳された言葉の本来の意味は、常識的な何かを信じ込むという意味の「信心」とは違ったものである。

戻ると、スブーティは、肉身のブッダのいない未来に常識的な分別知の論理を超越したこのような教えが説かれるのを聞いた時、「ああ、これはほんとうのことだと思う」と素直に受けとめることができる衆生——この場合は特に人間——がいるでしょうか、という問いをしている。

もちろんスブーティ長老はわかっていて問うている。真理を明らかにするために、問うて答える、問うて答えるという形で、ブッダから言葉にならない世界をあえて言葉にしていただくために問答をしているので、わかっていないから質問するのとは違う。そういう問いに対してブッダは、まずそもそも、そういう人間や生き物がいるかどうかと問う前に、人間や生き物そのもののことを考えてみなさい、という。

真理の言葉を素直に受け入れることのできる存在は、迷いの生存を繰り返す、輪廻転生を繰り返すもの、凡夫という意味での「衆生」ではない。凡夫であり衆生であるかぎりは、そもそも真理の言葉は聞けない。真理の言葉が心に素直に入ってきたら、もうその時点ですでに凡夫ではなくなっている。かといって、もちろん物質でもなければ死者でもないので、「衆生でないもの」というわけでもない。

だからダルマ・真理に対して心を開くことができた時には、もはやすでに衆生を超えて菩薩になっているわけである。菩薩は生と死の対立を超えてしまっているから、そういう意味でいうと単純に生き物ではないが、では生きていないのかというと、やはり今生の肉体を持った菩薩であるならば、いわば「衆生性」はある。

だから、真理の言葉を聞くことができる者は、もはや凡夫としての衆生ではないし、かといって、そうではない・生き物ではないということでもないのだ、と。なぜかというと、そもそも衆生というもの・生き物というものも、本来実体ではない。もちろん、実体ではないにもかかわらず自分を実体だと思い込んでいるから衆生とか凡夫というのだが、しかしいくら思い込んでいても事実はそうではないので、「衆生にも非ず」というわけである。

ふつうには、私が自分自身を生きているというふうに思っている。それは常識的にはもちろん間違いではないが、よく考えてみると、生き物と生き物でないものの分離・差別をして認識することそのものがそもそも正しくない。

繰り返しだが、私たちは「今この瞬間を生きている」と言っているが、ふつうは「生きている」とは考えられていないここにある空気を吸って、そのなかの酸素が、私の肺から血管中の酸素になっていき、それから私の体のなかの炭素が酸素と結合して二酸化炭素になって出ていくというプロセスを通じて、そういう生き物でないものの働きによって、今、いわば仮に生き物として存在することができている。

何かを食べると「消化する」と言う。「消えて化ける」と書くが、それはやや不正確な表現で、消えてなくなったりはせず、「消化吸収」という言葉もあるとおり、吸収される。私たちは、もう生命ではなくなった豚肉や鳥肉や卵を食べ、やがて吸収するが、それらはその少し前には生命だったのである。それから、例えばエビの踊り食いといった乱暴な食べ方があって生きているのをそのまま食べたりするが、お米などはいわゆる生き物の段階ではなくなっている。

生命と非生命が絶えず交流していることによって、特定の生命体は一定期間生命という姿を維持するが、やがて生命ではなくなっていく。しかし、いったん非生命になった物質はまた生命体に取り込まれることによって、生命の一部として機能する。

だから、生命と非生命をまったく違うものと捉えること自体、生命というもののほんとうの姿を捉えていないのである。

ある個体は、非生命と生命の絶えざる交流のなかで生命体として何年か何十年かをその形で生きているのであり、その形もスタートした時点から終わりの時点までにはそうとうな変化がある。例えば、老人も何十年か前は可愛らしい赤ちゃんだった。それからある時は非常に力強い壮年だった。そして老人になったのだが、最初と現在ではそうとう姿が違っている。ただ、通しで見ると、さまざまなこと、特に本人とまわりの記憶している履歴に基づいて、同一人物だという認定は、一定期間はできるわけである。

しかし、変化をしつつ、絶えず生命・非生命が交流をしながら、一定期間だけ個体としての生命体としての姿を現わしているというのが生命の本質であって、生き物としての一定期間の現象は確かにあるのだが、そもそも分離独立して永遠に存在する実体としての生き物というものは存在しえない。

だから、常識的に考えられているような「衆生」は、実は実体としての衆生ではない、しかしそれは生き物として現象しているので、仮に名づければ「衆生」ということになる、とここで語られていると解釈していいだろう。

このことは単に抽象論・一般論でなく、きわめて具体的な私たち自身のことであって、私たちも生き物・衆生だから、私というものは、そもそも自分が妄想したりあるいは妄想に基づいて願ったりするような「独立不羈《ふき》・永遠不変の絶対の私」といった私ではない。さまざまなもののおかげで、ある一定期間私であることができる。そしてやがて個体としての私ではなくなっていく。

そのプロセスが私なのだとほんとうに心の底からわかれば、それが無我を覚れたことであり、覚れたということは、その人がほんとうの意味での菩薩になったことである。

スブーティの問いに対して、未来の世に、ブッダのような人が現実にいて懇切丁寧に教えるといったことがなくなっても、それは宇宙の真理であり、さらに宇宙の真理を語ったこうした経典が残っていれば、読んで「なるほどそうか。考えれば考えるほどそうだな」と頷く衆生は、これは現われてくるに決まっている、と答えているわけである。少なくともブッダ以来二千五百年、大乗仏教以来二千年くらい脈々と伝えられ、脈々と語る人・説き明かす人が絶えず出てきたのである。おそらくこれは人類が今後も持続可能で——もちろん人類が滅びてもダルマはダルマとして宇宙のなかに存在し続けることは間違いないけれども、人間の言葉で語られる教えとしてのダルマは、人間が滅びてしまったらとりあえずなくなるから——人間という言葉を使う動物が無事に生き延びたら、必ず聞いて信心を生ずる人が出てくるに決まっているわけである。

さて、「教え・真理・法が、いったい未来に聞かれることがあるでしょうか」という問いがなされ、「衆生というものの本質からして、当然それはあるのだ」ということが語られた後で、次に覚りそのもの・「阿耨多羅三藐三菩提」について、すでに前でも出てきているが、ここでさらに繰り返して問い、答えられている。

●得るものは何もない

スブーティがブッダに申し上げた。「世尊よ、ブッダがこの上なく正しい覚りを得たというのは、得たものは何もないということでしょうか」。「そのとおりである、そのとおりである。スブーティよ、私は、この上なく正しい覚りについて、またどんな真理の教えであれ、得るというものはない。それを〔仮に〕この上なく正しい覚りと名づけているだけなのである」。

（須菩提《しゅぼだい》、仏に白《もう》して言《い》う、「世尊《せそん》よ、仏《ほとけ》の、阿耨多羅三藐三菩提《あのくたらさんみゃくさんぼだい》を得《え》たもうは、得《う》る所無《ところな》しとせんや」。「かくの如《ごと》し、かくの如《ごと》し。須菩提《しゅぼだい》よ、われ、阿耨多羅三藐三菩提《あのくたらさんみゃくさんぼだい》において、乃至《ないし》、少《すこ》しの法《ほう》も、得《う》べきもの有《あ》ること無《な》し。これを阿耨多羅三藐三菩提《あのくたらさんみゃくさんぼだい》と名《な》づくるなり」。）

本文のまとまりはさらに続くが、長くなるので、いったんここで区切って解説しよう。

また須菩提が、「尊き師よ、ブッダがこの上ない正しい覚りを得られたということに関して、実は得られたとか覚られたということはない、ということですね」と確かめの質問をする。すると、「須菩提よ、よくわかっているな。そのとおりだ。そのとおりだ。私がこの上ない等しいもののない正しい覚りに関して、何か真理とか、覚りとか、教えとか、そういうふうなものを得たということはない。何も得てはいないのだ。実は何も得ないということを、覚りと名づけているだけなのだ」とブッダが答える。

ここでも「AはAでないからAである」というかたちになっていて、「阿耨多羅三藐三菩提は阿耨多羅三藐三菩提として得られるものではない。だから阿耨多羅三藐三菩提である」と言われている。

私たちは実体的な思考にあまりにも日々とらわれているので、「真理」とか「法」とか「アヌッタラサムヤクサムボーディ」という言葉を聞くと、どうしても「何か貴い実体が自分とは別のところにあって、今は持っていないが、いつかそれを掴む・獲得するといったことがあるのだ」と思ってしまう。もっとも肝腎なところで、そういう錯覚を抱いてしまうのだ。

これはほんとうに怖い錯覚で、先述したが、かつて筆者も唯識が語っていることがよくわかったという気がした時、「唯識がわかっている偉い私」という錯覚が起こってきたものである。しかし唯識はまさに覚りの論理であり、他者と自分とが一体・平等であることを語っているのだから、他者に比べて私が偉いなどと思っている間は、覚りの世界から遠ざかること甚だしい。だから、「唯識のことがわかっている偉い私」と思った時、それはもうまったく、覚りでも唯識でも何でもなくなる。けれども、理論的・知的・教養的にわかると、獲得されるものも獲得する私もみな実体として錯覚される。そうすると当然、「すばらしいものを得た偉い私」という錯覚が起こるのである。

しかし、ブッダにおける覚りは「自他不二《じたふに》」の覚りである。自分と他はもちろん相対的に区別ができるが分離はできない。それを「不二」という。その不二を覚るのがまさに阿耨多羅三藐三菩提だから、覚るものと覚られるものの分離感があるかぎり、それは覚りではない。ほんとうの覚りとは、「ああ、覚らなくても、そのまま覚りの世界に生きていたのだ」と気づくことである。

ただ、存在的には覚っても覚らなくても覚りの世界なのだが、心理的には気づくか気づかないかは天地雲泥《てんちうんでい》の差と言ってもいい。しかし、心理的には天地雲泥の差であっても、事実としては、覚ろうが覚るまいがすべてが一体である。すべてが一体であると気がついただけのことであって、べつに特定の何かすごいものを得たというわけではないのである。

だから原始仏典におけるブッダも、「私にはおまえたちに隠しているような握り拳はない」と言っている。つまり、握った手のひらに物を隠すように、「おまえにはまだ見せていない真理があある」のではなく、「私には隠すようなものは何もない」と。禅者もしばしば弟子たちに「わしにはおまえたちに何も隠すことはない。その隠していないものを見ないのは、おまえたちの眼の問題なのだ」と言っている。

ブッダはここで、「覚りとは何かほかの人にはわからないすごいことを得るということではない。得るといったことはそもそもない。そこに気がつくことを覚りという」と言っている。そこから必然的に次のことが出てくる。

真理の教えは平等である

「また次に、スブーティよ、この真理の教えは平等であって上下はない。それをこの上なく正しい覚りと名づけるのである。実体としての自我もなく、霊魂的な人格的な主体もなく、個体的な生命もなく、個体性を持って命を持続していくものもないことに基づいてすべての善なる事柄を実践するならば、すなわちこの上なく正しい覚りを得るのである。スブーティよ、いわゆる善なる事柄とは、如来は、〔実体としての〕善なる事柄ではないと説くからである。それを〔仮に〕善なる事柄と名づけているだけなのである」。

（「また次《つぎ》に、須菩提《しゅぼだい》よ、この法《ほう》は平等《びょうどう》にして高下《こうげ》有《あ》ることなし。これを阿耨多羅三藐三菩提《あのくたらさんみゃくさんぼだい》と名《な》づくるなり。我《が》も無《な》く、人《にん》も無《な》く、衆生《しゅじょう》も無《な》く、寿者《じゅしゃ》も無《な》きを以《もっ》て、一切《いっさい》の善法《ぜんぽう》を修《おさ》むれば、すなわち、阿耨多羅三藐三菩提《あのくたらさんみゃくさんぼだい》を得《う》るなり。須菩提《しゅぼだい》よ、言《い》う所《ところ》の善法《ぜんぽう》とは、如来《にょらい》、（これを）善法《ぜんぽう》に非《あら》ずと説《と》きたればなり。これを善法《ぜんぽう》と名《な》づくるなり」。）

気がついてみると、すべてが「不二」であり「一」である。だとすると、自分と他者とすべてのものについて、上とか下とか、偉い・偉くないといった話は、そこではまったく終わりになる。だから、この教え、そしてこの教えが指し示す真理は、まったく平等の世界だ、と。これは、自分と他の人間の尊厳や権利の平等という西洋的な平等よりも徹底した、万物・森羅万象すべてが平等ということである。そのことに気づくことを「阿耨多羅三藐三菩提」という。

まったく一体・平等であるという真理から見ると、自我も、実体としての人間も、生きとし生けるもの・衆生も、ある寿命を持った特定の個体的な生命も、そういうものは実体としては一切ない。

そういうものが一切ないといっても、全体としての宇宙のなかに、宇宙の法則に従った行為と外れた行為の違いがないわけではなく、そういう意味で相対的に善悪はあるのである。相対的に善悪はあっても、悪もやはり宇宙の出来事である以上、究極は善悪を超えている。とはいっても、相対的には宇宙の方向性があり、それに沿うか外れるかという存在や行為の差はある。そういう意味での善悪はあり、そのことに気がつくと、もちろん宇宙の法・ダルマの働きに従っていくことになるのである。

「ダルマ」というとまた固定的な何かを想像しがちだが、無常そのものがダルマだから、変化していくのである。現代風に言うと宇宙が進化していく、その一刻一刻が全部ダルマだから、止まっていない。ダルマは止まらないのである。「真理」というと、静止状態の、何か凍りついたような、よく言えば水晶の結晶のような動きのないものを想像しがちだが、それは仏教が語る真理ではない。

そもそも変化する宇宙全体の、その変化の方向性に沿って、個体・自分もそのように働いていく。それをあえて名づければ「善」という。すべてと一体であることを知りつつ、一体のなかの区別できる個体としての私が、全体の流れに沿うのが善である。だから、そういう善の法を修行し、宇宙の流れと一緒に流れていく、そのこと自体がまさに最高の覚りを開くということなのだ、と。

私たちは、「覚りを開く」というと、どうしても私がどこかにある真理を「おっ、掴んだ!」というふうになることだと誤解してしまうが、そうでなく、ありのまま「ああ、私は覚りの世界に生きているのだ」と気づくことである。そして、しかもその覚りの世界というものがダイナミックに変化し、動き、流れて、働いていくのと一緒に、流れ、働いていく。それを実際にやる。「修める」というのは実際にやるということで、そのことが覚るということなのだ、と。

鈴木大拙先生はしばしば、「実は覚りというものはない。覚るということがあるだけだ。覚りというと何か固定的なものがあるようだがそうではなくて、一瞬一瞬覚る、気づいている、働いているという、いわば行為があるだけだ。だからほんとうは覚りというものはなくて、覚るということ、しかも一瞬一瞬覚っていくということがあるだけなのだ」という意味のことを言っておられたそうである。そのことを秋月龍珉先生もしばしば弟子たちに紹介し、「諸君、覚りというものはほんとうはないのです。覚るということが、修行者において、日々起こる。そういうことなのです」とおっしゃっていた。そういうふうに、一切の宇宙の理に適ったことはすべて私のこととしてやっていくということ、それが、覚りを開いている・開くということである。

といってもそれは、迷っている人がいて迷っている世界があり、そしてその迷っている人たちや世界が悪いことをやっているのと、私がいいことをやっているのと、それもぜんぶ含めて一体の世界だから、善法といっても、実体として悪と完全に分離した善というものがあるわけではない。悪もあれば善もありという一つの世界のなかで、宇宙の方向からずれてもずれても、宇宙はやはり結局、宇宙の向かうべき方向に変化していくのである。

先にも述べたが、私は川は上から下へ流れるものだと思っていた。ところが、川の淀《よど》みのところでは葉っぱが川上に上っていく。つまり、そこだけ逆流しているのである。しかし、逆流もやがてくるーっと回り、そして結局は下流に向かって流れていく。それが水の法則である。

それに似て、宇宙における悪は川の一時期の逆流のようなもので、確かに一時期は下に流れるはずのものが上に流れたりするが、しばらく見ていると、結局は下にちゃんと流れていく。宇宙の流れというのも、一時期、悪のように見えることがいろいろあるのだが、長い目で見ると、善悪合わせて、結局は宇宙が宇宙自身の法則あるいは意思にしたがってやりたいようにやるのだ。

その場合、個体・私としては、流れの方向に素直に従って流れるか、逆らって淀むか、さらには逆流するかという個体差はある。ただ、川の場合は淀みや逆流はそれほど多くないが、人間の場合は逆流したり、停滞したり、淀んで腐ったりという個体が非常に多く、そういう意味ではほんとうにやっかいな生き物である。けれども、結局は宇宙の流れの方向に、いやでも好きでも流されて行く。

そういう意味での善に素直に従う善法《ぜんぽう》は、先ほど出てきた信心ということと結局は同じである。宇宙の働きを働きとして素直に認めて、それに素直に従って生きていく。素直に従って生きていき、素直に従って死んでいく。それが「善法」ということである。その善なる宇宙のダルマに沿った生き死にをすること、それを覚っていると言うのだ、と。

だから、覚りというのはわかればわかるほどごく当たり前のことなのだが、当たり前ではないことのほうが私たち人間の当たり前になってしまっているので、なかなか当たり前に素直になれないということである。

そして「善」という言葉が出てきたのに合わせて、次に今までも出てきた「布施」というテーマがまた出てくる。

●『金剛般若経』の詩句の無限の福徳

「スブーティよ、もし宇宙の中のあらゆるすべてのスメール山の数に等しい七種類の宝の集まりを、ある人がそれを使って布施をしたとしよう。また、もし、ある人が、この般若波羅蜜経のたとえば四句の詩句を、受け保ち、読誦し、他の人のために説いたとしよう。前者の福徳は（後者の）百分の一にも及ばず、百千万億分の一にも及ばず、あるいは数えることも譬えることもできないほど及ばないのである」。

（「須菩提《しゅぼだい》よ、もし、三千大千《さんぜんだいせん》世界《せかい》の中《なか》の、あらゆる、もろもろの須弥山王《しゅみせんおう》の、かくの如《ごと》きに等《ひと》しき（数《かず》の）七宝《しっぽう》の聚《あつ》まりを、人《ひと》ありて、もって布施《ふせ》したりとせん、（一方、また）もし、人《ひと》、この般若波羅蜜経《はんにゃはらみつきょう》の、乃至四句《ないししく》の偈等《げとう》を以《もっ》て、受持《じゅじ》し、読誦《どくじゅ》し、他人《たにん》のために説《と》きたりとせん、前《まえ》における福徳《ふくとく》は、（後《のち》の福徳《ふくとく》の）百分《ひゃくぶん》の一《いち》にも及《およ》ばず、百千万億分《ひゃくせんまんおくぶん》、乃至《ないし》、算数譬喩《さんじゅひゆ》の及《およ》ぶ能《あた》わざる所《ところ》なり」。）

この「人」とは、善法を修める人つまり修行者・菩薩ということで、他の所では善男子善女人と言われている。

三千大千世界とは、現代的に言うと全宇宙である。この全宇宙のなかに、実に無数の国土がある。その無数の国土の世界にはみな、中央には非常に高いスメール山・須弥山がある。千×千×千ある世界の一つ一つにきわめて高い須弥山という山があって、その須弥山に七つの宝石がある、と。つまり非常に多くあるということだが、「この宝石全部でもって布施をしたとしよう」と。これは、常識的に考えると、大変な布施である。全財産を投げ出すどころではなくて、全宇宙財を投げ出すわけだから、これ以上の布施はありえない。

それに対して、他の人が、「この般若波羅蜜経」・『金剛般若経』のなかの短い、たった四句ほどでも、保持し、唱え、人のためにそれを教える・説くということをしたとする。その功徳は、宇宙の須弥山の七つの宝を全部布施したのに対して、百倍、百千万億倍、それどころか数え上げても比喩が及ばないほど、はるかに多いのだという。

つまり、真理の言葉・真理の教えの価値は、全世界・全宇宙の物質的な財宝をもっても代えがたい、それだけの価値があるものなのだということである。しばしば言うように、古代インドの比喩はいわば誇大妄想的に大袈裟である。しかし、宇宙を貫く真理は宇宙の物質的なあらゆる財産よりも尊いということは、ほんとうはわかれば当たり前のことである。

そのことを、私たち人間は言葉を使って生きている動物だから、言葉をもって教えてもらわないと気がつくことができない。だから、その気がつかせてくれるための言葉をたった四句でも、ちゃんと人に伝えることがまたきわめて尊いのだ、というのである。

その具体的な四句が何かについては、注釈書ではいろいろに言われている。しかし、経典の本文そのものでは名指しはないので、どの四句だと決める必要はないという気が筆者はしている。

しかしあえて言えば、とにかく仏教の教えの基本的なことは、何よりもあなたが思っているように自分が自分で生きているのではなく、すべてつながりのなかで生きているという「縁起」、それから決して変わらない本性などというものはどこを見てもないという「無自性」、すべては変わっていくという「無常」、そういうことでいうとすべては「無我」である。例えば、これは四句になる。その四句を、「自分というもの・世界というものをよく考えると、この四つに全部当てはまりますよね」と他人に語ることは、実は宇宙を貫くダルマを伝えることになる。

そのことによって伝えられた人がはっと気がついたら、宇宙中の物質的財産をもらうよりも、その人が宇宙の真理に即して生きることができるようになるという意味で、最高のプレゼントではないだろうか。

より具体的には、この『金剛般若経』、もっと広げて言えば般若経典群を、それだけの意味のあるものとして、大切に受持しなさい、読誦しなさい、そして特に他人のために説きなさいということが、ここで語られ、勧められているわけである。

救うべき実体としての衆生などいない

「スブーティよ、おまえはどう思うか。おまえたちは、如来は『私は生きとし生けるものを救わなければならない』と思っておられる、と言ってはならない。スブーティよ、そう思ってはならない。なぜかというと、実体的な生きとし生けるものとして如来が救わなければならない者などいないからである。もし、生きとし生けるものとして如来が救う者があるとすれば、つまり如来には、実体としての自我、霊魂的な人格的な主体、個体的な生命、個体性を持って命を持続していくものがあるということになる。スブーティよ、如来は、『自我があるというのは、すなわち実体として自我があるということではない』と説いている。しかも、凡夫の人は、自我があると思っている。スブーティよ、凡夫というものも、如来は、それは〈実体としての〉凡夫ではないと説くのである」。

〔須菩提《しゅぼだい》よ、意《い》においていかに。汝等《なんじら》は、如来《にょらい》はこの念《おも》いを作《な》して、『われまさに衆生《しゅじょう》を度《ど》すべし』とす、と謂《おも》うことなかれ。須菩提《しゅぼだい》よ、この念《ねん》を作《な》すことなかれ。何《なに》を以《もっ》ての故《ゆえ》に。実《じつ》に、衆《しゅ》生《じょう》として、如来《にょらい》の度《ど》すべき者《もの》有《あ》ること無《な》ければなり。もし、衆生《しゅじょう》として、如来《にょらい》の度《ど》せる者《もの》有《あ》りとせば、如来《にょらい》には、すなわち、我《が》・人《にん》・衆生《しゅじょう》・寿者《じゅしゃ》有《あ》らん。須菩提《しゅぼだい》よ、如来《にょらい》は、『我《が》有《あ》りというは、すなわち、我有《があ》るに非《あら》ず』と説《と》けり。しかも、凡夫《ぼんぷ》の人《ひと》は、我有《があ》りと以為《おも》えり。須菩提《しゅぼだい》よ、凡夫《ぼんぷ》というは、如来《にょらい》は、すなわち、(これを)凡夫《ぼんぷ》に非《あら》ずと説《と》けり」。)

「スブーティよ、どう思うか。おまえたちは、如来は『私は衆生を救おう』と思っておられる、と言ってはならない。スブーティよ、そう考えてはならない」と。如来にとっては、自分と分離した「私が救ってやらなければならない衆生」などという観念はない。だから、「如来の度すべき者有ること無ければなり」「如来が救ってやらなければならない者などいないのだ」と言うのである。

大乗仏教全体の流れとしては、こうした一見矛盾した論理を言われてもわからない民衆の救いのためには、私とは別にある種実体視・絶対視された阿弥陀如来がいて、その阿弥陀如来が私を救いとってくださるといった神話的な表現も必要だった。

しかし、大乗仏教の本筋からいうと、そもそも如来は救うとか救わないということを超えているから如来なのであり、「私はすでに救われているのだ」と気がついた人のことを如来というのである。

また、如来と宇宙とは分離していないから、全宇宙という意味での如来について言えば、もう私たちは全部一人残らず宇宙に包まれて、宇宙に救われてしまっている。だから救うも救わないもない。そういう意味で、「如来が救ってやらなければならない者などいない」のである。

もし、生き物のなかに如来が救うべきものがあると考えるとすると、それは我《が》、人《にん》、衆生《しゅじょう》、寿者《じゅしゃ》が実体としてあると思っていることになり、まさにそれは如来ではない、覚ってはいないということになる。

「我《われ》有りというは、すなわち、我《われ》有るに非ず」、すなわち「私があるということは、すなわち実体としての私はないということなのだ」と。

本文の解説から少しそれるが、これが西洋的思惟と東洋的思惟の決定的な差である。近代西洋哲学の代表的な存在であるデカルトが、「我思う、ゆえに我あり」と言ったことはよく知られている。それに対して、『金剛般若経』のブッダは「我有りというは、すなわち、我有るに非ず」「私があるということは、すなわち実体としての私はないということなのだ」と言う。私たちは「自分が存在している」と思っているけれども、そもそもそう思っているような自分はどこにもいないということなのだ、と。

よく考えてみよう。私は一瞬でも、自分ではない大地に支えられないで、自分であることができるだろうか？　自分ではない空気を吸ったり吐いたりしないで、自分でいられるか？　自分ではない太陽エネルギーを自分ではない植物や動物が吸収し、その自分ではない植物や動物を食べてそのエネルギーをもらっている。もとをただせば太陽エネルギーによって、私の生きているあらゆるエネルギーは成り立っているではないか。そもそも私の体の体重の九十六%は水素・酸素・炭素・窒素という四元素からなっていて、あとの四%ぐらいが十数種類の微量元素だという。この元素を、自分で作ったのか？　自分で買ったのか？……と考えていくと、そもそも私が存在しているということは、私ではないものが私を私にしてくれているということであり、それは体の隅から隅まですべてそうなのである。

今書いているこの日本語もすべて、私が作ったものではない。今、お伝えしている目覚めもすべて、私ではない先覚者から教わったことである。

私が今、現象として私として生きているということは、すなわち私ではないもののおかげであって、独立した実体としての私があるのではない。それが私の本質なのに、おおよそ、あまねく、ほとんどすべてのふつうの人つまり「凡夫」は、「私がいる。実体としての私がある」と思い込んでいる。しかし、たとえ思い込んでいても、「スブーティよ、凡夫というは、如来は、すなわち、これを凡夫に非ずと説けり」と言われている。すなわち、宇宙でない凡夫などいない。ただ「自分は宇宙ではない」と思い込んでいる宇宙の一部があるということなのだ。たとえ本人は宇宙の一部ではないと思っていても、事実としては宇宙の一部なのである。

現代の日本人の大半は「自分は宇宙ではなく、宇宙は向こう側にある」と思っているようで、自ら自身が宇宙の一部なのだということがよくわかっている日本人は非常に少ない。それは大変困ったことだと思う。

筆者はかつていくつかの大学で教えていた頃、どこの授業に行っても、「君たちは宇宙の一部だよ。まちがいなく宇宙のなかにいるんだよ」という話ばかりしていた。すると、年間で八百人とか千人、「自分は宇宙……なのかな?」くらいの気持ちになった、凡夫を一歩抜け出しかかった日本人が生まれてくれる。なかなか覚りというところまでは行かないにしても、言われるとそこまでは気がついてくれるのである。それは、集合無意識・民族的無意識のなかに仏教の心がしっかりと残っているからなのかもしれないと感じたものである。

戻ると、あらゆる悩んでいる凡夫は、本人は主観的には悩んでいても、悩みがすべて解決済みの宇宙の一部である、というのが事実なのである。

●如来を特徴で見てはならない

「スブーティよ、おまえはどう思うか。三十二の特徴があることで如来を見るべきだろうか、そうでないだろうか」。スブーティが言う。「そのとおりです。そのとおりです。三十二の特徴があることで如来を見たてまつりましょう」。ブッダが言われた。「スブーティよ、もし三十二の特徴があることで如来を見るというならば、転輪聖王も如来だということになってしまうだ

ろう」。スブーティがブッダに申し上げた。「世尊よ、私がブッダの説かれたことの意味を理解するところでは、三十二の特徴で如来を見たてまつるべきではありません」。

（「須菩提《しゅぼだい》よ、意《い》においていかに。三十二相《さんじゅうにそう》を以《もっ》て如来《にょらい》を観《み》るべきやいなや。須菩提《しゅぼだい》言う、「かくの如《ごと》し、かくの如《ごと》し。三十二相《さんじゅうにそう》を以《もっ》て如来《にょらい》を観《み》たてまつらん」。仏《ほとけ》、言《い》いたもう、「須菩提《しゅぼだい》よ、もし、三十二相《さんじゅうにそう》を以《もっ》て如来《にょらい》を観《み》るというならば、転輪聖王《てんりんじょうおう》も、すなわち、これ、如来《にょらい》ならん」。須《しゅ》菩提《ぼだい》、仏《ほとけ》に白《もう》して言《い》う、「世尊《せそん》よ、われ、仏《ほとけ》の説《と》きたもう所《ところ》の義《ぎ》を解《げ》する如《ごと》くんば、まさに三十《さんじゅう》二相《にそう》を以《もっ》て如来《にょらい》を観《み》たてまつるべからず」。）

先述したが、覚りを開いた人・如来には、ふつうの人とは違う、まず主に三十二の、加えて八十の特徴があると言われており、「三十二相《さんじゅうにそう》・八十種好《はちじゅっしゅごう》」という。「そういう特徴があるということで『この方は如来だ』というふうに見るべきかどうか」。すると、もちろん須菩提はわかっているのであるが、「もちろん、おっしゃるとおりです」と、まずは不正解のほうを言う。如来は三十二の特殊な特徴があって、額に白毫《びゃくごう》があったり、頭頂に肉髻《にっけい》が出ていたり、髪が巻いている螺髪《らほつ》だったり、手指に水かきが付いていたり、それから長広舌《ちょうこうぜつ》といって舌が長いことになっているなどの三十二の特徴、あるいはさらに八十種類の特徴があるから、「あれは覚った仏さまだ」と見ましょう、と。もちろんわかって言っているのである。

そうするとブッダが、「スブーティよ、もし三十二の特徴を持っているのが如来だというのなら、転輪聖王《てんりんじょうおう》も如来ということになるだろう」と言う。転輪聖王とは、インドの神話的な王で、全世界を統《す》べ治める「王のなかの王」ともいうべき王で、ゴータマ・ブッダは生まれる前に「この人は転輪聖王にならなかったらブッダになるだろう」と予言をされたという伝説がある。実際の政治的な世界に出ていって、世界をみなが幸せになるように統べ治めるのが転輪聖王なのだが、ブッダはそれよりも大事なことがあるのでブッダになったのだ、と伝説的には言われている。その転輪聖王も三十二種類の特徴を持っている。その点でいうと、如来も転輪聖王も同じではないか、と。

そこで、スブーティは改めて正解を言う。「ブッダが今まで教えてくださった意味内容を私が解釈するところによれば、如来は三十二の相があるから如来であると見てはならないと思います」と。これが正解で、まさに如来とは空ということだから、特定の特徴でもってはかられるようなことではないのである。だから、さまざまな実体としての姿形をもって見られるもの、それは究極の如来ではない。

しかし後の仏教は、究極の如来・仏は姿形で見ることはできないといっても、姿形がなければわからない人のために形を現わす仏がいるという考え方をしたのである。まず、空であって見ることのできない、ダルマ・法の身と書く「法身仏《ほっしんぶつ》」が究極の仏である。それに対して、修行に応じて姿を一定程度他の修行者に姿を現わす仏を「報身仏《ほうじんぶつ》」という。それから、それでもわからない人のために実体的に見えるような姿形をもって現われる仏を「化身仏《けしんぶつ》」といい、ゴータマ・ブッダも化身仏である。後に「仏の三身説《さんじんせつ》」として整理された考え方である。三身説の話は長くなるのでこれだけにしておくが、仏教において「仏」とは基本的に三つのレベルがある。後にもっと詳しくなって四つになったりするが、基本的にはその三つである。そして、究極の如来・仏は空なのだから、姿形で見るものではない。三十二相で見るものではない、と。

●「如来は形を超えている」のでもない

その時、世尊は詩句を説いてこう言われた、
「もし物質的現象で私を見、
声で私を求めるならば、
その人はまちがった道を行くものであり、
如来を見ることはできない。
スブーティよ、おまえはこのように考えるかもしれない。『如来は形を具《そな》えているために、この上なく正しい覚りを得られたのではない』と。〔しかし〕スブーティよ、そのように考え

てはならない。『如来は形を具えているために、この上なく正しい覚りを得られたのではない』と。スブーティよ、あるいはこのように考えるかもしれない。『この上なく正しい覚りを得たいという心を起こした者には、すべての存在が断ち切られ滅するという相がある、と〔如来は〕説いておられる』と。そのように考えてはならない。なぜかというと、〔私・如来は〕この上なく正しい覚りを得たいという心を起こした者には、すべての存在が断ち切られ滅するという相がある、とは説かないからである」。

（その時《とき》に世尊《せそん》は偈《げ》を説《と》いて言《い》いたもう、

「もし色《しき》を以《もっ》てわれを見《み》、
音声《おんじょう》を以《もっ》てわれを求《もと》むるときは、
この人《ひと》は邪道《じゃどう》を行《ぎょう》ずるもの、
如来《にょらい》を見《み》ること能《あた》わざるなり。

須菩提《しゅぼだい》よ、汝《なんじ》、もしは、この念《おも》いを作《な》さん、『如来《にょらい》は相《そう》を具足《ぐそく》するを以《もっ》ての故《ゆえ》に、阿耨多羅三《あのくたらさん》藐三菩提《みゃくさんぼだい》を得《う》るにあらず』と。須菩提《しゅぼだい》よ、この念《おも》いを作《な》すことなかれ、『如来《にょらい》は相《そう》を具足《ぐそく》せるを以《もっ》ての故《ゆえ》に阿耨多羅三藐三菩提《あのくたらさんみゃくさんぼだい》を得《う》るにあらず』と。須菩提《しゅぼだい》よ、もしは、この念《おも》いを作《な》さん、『阿《あ》耨多羅三藐三菩提《のくたらさんみゃくさんぼだい》を発《おこ》せる者《もの》には、諸法断滅《しょほうだんめつ》の相《そう》あり、と説《と》かれたり』と。この念《おも》いを作《な》すことなかれ。何《なに》を以《もっ》ての故《ゆえ》に。阿耨多羅三藐三菩提《あのくたらさんみゃくさんぼだい》の心《こころ》を発《おこ》せる者《もの》には、法《ほう》において断滅《だんめつ》の相《そう》あり、と説《と》かざればなり」。）

このあたりはまさに前半よりもいっそう深められたところである。

まずブッダが、短い詩の形でもって説かれた。色《しき》とは色形に現われたものという意味だから、三十二相ということでもある。そういう外に現われた形で私を見よう、あるいは私の教えを音によって耳で聞こうと思う人は「邪道を行ずる」、つまり道から外れているのであって、ほんとうの如来を見ることはできないのだ、と。見ることも聞くこともできない世界を覚るのだから、見たり聞いたりしたことにこだわっている間は、それは決して阿耨多羅三藐三菩提にならない、と。

では、「如来は三十二相を具えているから覚りを開いたのではない」と言えば正解なのかというと、そう思ってもいけないという。「ほんとうの覚りを開いた人には、さまざまな実体としての存在がもうすべて消えてしまったという姿があるのだ」と説かれている、といったことさえ思ってはいけない。なぜかというと、そもそも覚るとか覚らないとか起こるとか消えるとかいうこと自体が迷いなのだから、ということである。「阿耨多羅三藐三菩提の心を発せる者には、法において断滅の相あり、と説かざればなり」。宇宙の真理の相においては、生まれるとか消えるとか、そもそもそういうこと自体がない。それに気づくのが覚りということだから、「三十二相があるから覚りを開いたのではない」といった「覚りを得る」という発想そのものが、覚りの世界から離れているわけである。

この辺は言葉で説くのがきわめて難しいので、筆者もどう言えばいいかと困惑するところである。が、一言で言ってしまうと、もうとにかく生まれるとか滅びるといったことをまったく超えた世界であり、その「超えた」という言葉自体に「超える」と「超えない」の分別があるから、実はそれさえも使えない。「超える」という言葉を使えないと、最後は黙るしかない。

だから、例えばブッダと対等の覚りを開いたとされる『維摩経《ゆいまぎょう》』の主人公維摩居士《ゆいまこじ》は、最後は黙るのである。彼の病の見舞いに来たブッダの弟子や他の菩薩に、「あなたなら覚りや空をどう語るか」と語らせ、その後で維摩居士もいちおう語るのだが、最後は黙る。その沈黙が実に深い。『維摩経』の最後のほうに、黙ることが真理を示すことになるというエピソードがあるが、まさにそれと同じところがここで語られている。

教えや真理においては、終わるとか始まるとか、迷いが立ち切られるとか、そういう話はもともとない。『般若心経』の言葉でいうと「不生不滅」、生ぜず滅せずということである。その生ぜず滅せずという世界に気づくこと、世界がもともとそういうものなのだと気づくことを「覚る」という。だからあえて語れば、「不生不滅」とか「阿耨多羅三藐三菩提の心を発せる者には、法において断滅の相あり、と説かざればなり」といった言葉で語るほかない。

言葉にすればぎりぎりここまでと言われたら、私たちがそれに対して起こすべき信心は、「ああ、そうなのだ」「つまりそれは『最後は黙って自分で坐りなさい』ということだ」と受けとめるということである。言葉を超えた世界を、言葉を超えて、自分で体得する。最後はそこに戻っていく。

そういう意味で大乗仏教は、浄土教のような庶民向けの救いの道もちゃんと準備はされてはいるけれども、本道のほうは厳しい。最後は必ず自分に返ってくる。「阿弥陀さまが救ってくださる」のではなく、「あなたが覚りなさい。自分を救うのは自分である。阿弥陀さまがあなたを救ってくださるのではなくて、自分を救うのは自分である」というのが最後に返ってくる。ほんとうはよく気がつくと「あなたは救うも救われるもない。もともと救われているのだ」というメッセージがあった上で、しかし、「ああ救われているのだ」とそのことに気がつくのは自分の仕事である。誰か他の人が代わりにやってくれるというわけにはいかない。そこが大乗仏教の、いわゆる「浄土門」に対する「聖道門《しょうどうもん》」の厳しさである。

その人その人でいいと筆者は最近ますます思うのだが、浄土門がふさわしい人は浄土門で、聖道門がふさわしい人は聖道門で歩めばいい。ただ忘れてはならないのは、ゴータマ・ブッダの仏教、そして大乗仏教の本流は聖道門であるということである。方便として浄土門もあっていいし、下手な聖道門をやった人よりもっと深い境地に行かれる浄土門の人がいることも確かなようだから、その価値は十分に認めた上で、しかし本道はこの道である、と押さえておきたい。

「難行道《なんぎょうどう》」と「易行道《いぎょうどう》」という言い方もある。法然上人や親鸞聖人は「私たちには聖道門のような難行道はとても無理だから、浄土門・易行道で行かせてもらう」と、それで徹されたわけである。しかし、法然上人の学問や修行は大変なものだから、難行道を極めたその最後に易行道に行かれたのだと思う。それから親鸞聖人も、ずいぶん苦しまれて一時期は比叡山で修行されたのであるが、もともと浄土門の法然上人という師がいらっしゃったので、結局は浄土門をとっている。しかし、特に晩年の親鸞聖人の『自然法爾章《じねんほうにしょう》』などを読むと非常に深い覚りの世界が語られているから、どちらの道でも行けることは行ける、ということである。ただ、自分に向いた道のほうに徹することでいいのではないだろうか。

筆者は若い頃からどうも自力を頼む傲慢なところがあり、自分の力で行こうとしてここまでやって来て初めて、「ああ、自分の力ではないのだ。自分だと思っていたこの力は全部宇宙の力だった」ということが最近だんだんわかってきた。そうすると、もう自力門も他力門もないという感じがしている。

布施と智慧の功徳の違い

「スブーティよ、もし菩薩がガンジス河の砂に等しい数の世界を七種類の宝で満たして、布

施をしたとしよう。またもし、ある人が、すべての存在は非実体であると知って、〔覚りの〕認識を実現することができたとすると、この菩薩の得る功徳は前の菩薩に勝っている」。

（「須菩提《しゅぼだい》よ、もし、菩薩《ぼさつ》にして、恒河《ごうが》の沙《すな》に等《ひと》しき世界《せかい》を満《み》たすに七宝《しっぽう》を以《もっ》てして、布施《ふせ》したりとせん。もしまた、人《ひと》有《あ》りて、一切《いっさい》の法《ほう》は無我《むが》なりと知《し》りて、忍《にん》を成《じょう》ずることを得《え》たりとせんに、この菩薩《ぼさつ》は、前《まえ》の菩薩《ぼさつ》の得《う》る所《ところ》の功徳《くどく》に勝《すぐ》れたり」。）

ここでは、六波羅蜜のなかの布施波羅蜜と般若波羅蜜（智慧波羅蜜）の重さの違いを喩えで表現している。

ガンジス河の砂ぐらいの数の世界があるとして、それを七種類の宝で一杯にするぐらいの布施をしたとしよう、と。非常に雄大というか誇大妄想的というか、インド的な大きなスケールの比喩であるが、そのくらいの布施をしたとする。

それに対して、一切の法は無我ということを知っている人がいるとする。この「忍」は言偏のついた「認」と意味上は同じと言われている。つまり、これは忍ぶ・忍耐するということではなく、知的な認識も含むが、それだけでなく唯識でいう平等性智《びょうどうしょうち》や大円鏡智《だいえんきょうち》というレベルまでの智慧を得るということである。

そういう菩薩がもう一人いるとする。その場合、山ほどというか宇宙ほど布施をした菩薩よりも、一切の法は無我と覚った菩薩の功徳のほうが優れている、ということを非常に明快に語っている。

だから、一般的な仏教として言っても、やはり布施波羅蜜をするよりも智慧波羅蜜を得ることのほうが、圧倒的に大切だということである。しかし実は、その智慧波羅蜜からほんとうの布施波羅蜜が出てくるということではあるのだ。

それからすでに述べたことの再確認だが、「一切の法は無我なり」とあるとおり、無我という言葉は人間だけではなくてすべての存在に関わっている。つまり、「無我」とは「実体ではない」という意味であって、決して「私心がない」とか「自己主張が強くない」という話ではない。であるから、ここで無我という言葉の大乗仏教本来の意味として、「一切の法は無我」とは「空」とほとんど同じことを表現していることが確認できる。その空・無我ということを覚ったとすると、それはどんな布施をした菩薩よりも功徳が優れているのだ、ということがまずここで明快に語られているわけである。

●菩薩は富や幸せにこだわらない

「スブーティよ、すべての菩薩は福徳を受けないからである」。スブーティがブッダに申し上

げた。「世尊よ、どういうわけで菩薩は福徳を受けないのですか」。「スブーティよ、菩薩はなすところの福徳に執着してはならない。それゆえに、福徳を受けないと説くのである」。

(「須菩提《しゅぼだい》よ、もろもろの菩薩《ぼさつ》は福徳《ふくとく》を受《う》けざるを以《もっ》ての故《ゆえ》なり。須菩提《しゅぼだい》、仏《ほとけ》に白《もう》して言《い》う、「世《せ》尊《そん》よ、いかなれば菩薩《ぼさつ》は福徳《ふくとく》を受《う》けざるや」。「須菩提《しゅぼだい》よ、菩薩《ぼさつ》は、作《な》す所《ところ》の福徳《ふくとく》に、まさに貪著《とんじゃく》すべからず。この故《ゆえ》に、福徳《ふくとく》を受《う》けずと説《と》けるなり」。)

福徳とは富と言い換えても幸せと言い換えてもいいが、菩薩は一切の存在が空・無我と覚っているから、そもそも幸・不幸とか損・得とかという分離的、分別的な認識をしない。であるからそういう意味で、不幸を捨てた幸せ、損を捨てた得だけを得ようとは思わないのが菩薩だということである。

スブーティはわかっていて、「菩薩が福徳を受けないということの意味はどういうことでしょうか」と問う。相対的に言えば区別できるという意味での、幸・不幸とか損・得はもちろんあるが、すべて空かつ一如であるから、それに対して「私のもの」というかたちで貪ったり執着するということは、そもそも成り立たない。心理的には成り立つし、それから一時的にそれができるかのように見える。しかし、どんなに貪りどんなに所有したつもりでも、その所有者自体が死んでいなくなるのだから、絶対的・永続的な意味での「所有」などというものは世界のなかでは成り立たないのである。

しかし私たち一般の人間は、自分の人生が有限であり無常であることを計算外にしているし、そして時々刻々と過去になり未来はまだ来ない今・今・今という瞬間を、ある一定期間宇宙から預けられるだけ、とは思っていないから、人生の大部分をあくせくと儲けることや幸福になることに費やして、その費やしている時間は実は心は全然幸せではないというか、爽やかではない。そうして、幸せを追求するために費やす時間は幸せでなく、よくよく計算してみると大損をしているという生き方を多くの人がしがちである。

それに対して菩薩は、そういう愚かさを克服していて、貪るとか執着することは本質的にできないということを知っているから、したがってしない。であるから、何か実体としての功徳、幸せ、利益というふうなものを「私が受け取ってそれを所有する」とは思わない・しない。それがそもそも菩薩というものだ、ということである。

●如来は来たり去ったりしない

「スブーティよ、もしある人が、『如来は、あるいは来、あるいは去り、あるいは坐り、あるいは寝るものである』と言うようであれば、その人は、私が説いていることの意味を理解して

いないのである。なぜかというと、如来には、来る所もなく、去る所もないからこそ、如来と名づけられるからである」。

（「須菩提《しゅぼだい》よ、もし、人有《ひとあ》りて、『如来《にょらい》は、もしは来《きた》り、もしは去《さ》り、もしは坐《ざ》し、もしは臥《ふ》す』と言《い》わば、この人《ひと》は、わが説《と》く所《ところ》の義《ぎ》を解《げ》せざるなり。何《なに》を以《もっ》ての故《ゆえ》に。如来《にょらい》は、従来《じゅうらい》する所《ところ》も無《な》く、また、去る所《ところ》も無《な》きが故《ゆえ》に、如来《にょらい》と名《な》づくればなり」。）

「如来」とは、「如・真如から来たる」という意味で、私たちは「真如から来たる」というと「どこかから来るのだ」と思ってしまうのだが、一切が無我、一切が空、そして一切が一体だとすると、もうすべてが真如、すべてが一如であるから、実は来るとか去るとかいうことはない。

ふつう「如来」とは人格性を持った超能力の金色に輝く仏といったふうに想像される。実際に、坐っている仏像とか立っている仏像、あるいは日本ではあまり多くはないが、東南アジアには涅槃像といって横になっている仏像もある。

そういうふうに、「如来」と言うと、どこからかやってきてやがて去っていくもの、ある場合には坐禅の姿あるいは横たわった涅槃の姿であるといった、形を持った如来を想像しがちだが、「そう言うようでは、それはもう私の言っていることの意味をわかっていないということなのだ」と。

真如から来たるとは、実は来ることも去ることもないということである。来るとか去るというのは、完全に分離した個体があり、しかも場所も分離しているという前提で、あちらから・こちらに・誰かが・来る、という話になるのだが、すべてが一体だとすれば、それは去るも来るもない。その去るも来るもないという根源的な事実そのもの（法身仏）、あるいはそのことを心の奥底から自覚している人（報身仏や化身仏）をあえて「如来」と呼んでいるので、如来ということのほんとう意味を間違えてはいけない、ときわめて明確に語られている。

●原子も実体ではない

「スブーティよ、もし男女の修行者がいて、宇宙を砕いて微細な塵にしたとして、どう思うか。この塵の集合は多いだろうか、そうでないだろうか」。「はなはだ多いです。世尊よ。なぜかというと、もしこの微細な塵の集まりが実体としてあるならば、ブッダはすなわちそれを微細な塵の集まりと説かれないからです。なぜかというと、ブッダは『微細な塵の集まりはすなわち〔実体としての〕微細な塵の集まりではない』と説いておられるからです。それを〔仮に〕微細な塵の集まりと名づけているだけなのです」。

（「須菩提《しゅぼだい》よ、もし、善男子《ぜんなんし》善女人《ぜんにょにん》ありて、三千大千世界《さんぜんだいせんせかい》を以《もっ》て、砕《くだ》いて微塵《みじん》となさんに、意《い》においていかに。この微塵衆《みじんしゅ》は多《おお》しとするやいなや」。「甚《はなは》だ多《おお》し、世尊《せそん》よ、何《なに》を以《もっ》ての故《ゆえ》に。もし、この微塵衆《みじんしゅ》、実《じつ》に有《あ》るならば、仏《ほとけ》は、すなわち、これを微塵衆《みじんしゅ》とは説《と》きたまわず。ゆえはいかに。仏《ほとけ》は、『微塵衆《みじんしゅ》は、すなわち、微塵衆《みじんしゅ》に非《あら》ず』と説《と》かれたればなり。これを微塵衆《みじんしゅ》と名《な》づくるなり」。）

この後でマクロの「世界」の話も出てくるが、まずミクロの話で、「大宇宙ぜんぶを砕いて塵にしたとしよう」、現代的に科学的な言い方をすると「原子に還元したとしよう」ということだが、その場合、「その塵は多いと思うかどうか」とブッダが問うと、「それはもう大変多いです」とスブーティが答える。

大乗仏教以前、宇宙の構成体をできるだけ小さくして、もうこれ以上小さくできないものを想定し、それを「有《う》」として、その集合体として世界を理解しようという部派仏教の考え方もあった。大乗仏教はそれをいったん受け入れた上で、しかし、その「微塵《みじん》」あるいは科学的に言うと「原子」は、実体ではない、と主張している。「原子として相対的に現われているものはあるが、しかしそれは実体的な原子ではないのだ」というのが、「微塵衆は、すなわち、微塵衆に非ず」という言葉の意味だと理解していいと思う。

こういう言い方は、「現象としてはあるが実体としてはない」と説明をつけて理解すると論理的にすっきり理解できるにもかかわらず、ひとつには、修行して体験することこそが大事であるにもかかわらず、なまじ理屈でわからせると、わかったらそれで済んだような気になってしまって、修行を怠ってしまいがちでよくないという理由があって、わざとわかりにくい語り方をしているのかもしれない。

戻ると、「微塵衆は、すなわち、微塵衆に非ず」というのは、「現象として現われている微塵衆は相対的にはあるけれども、しかし決して他と分離独立した実体として微塵衆であるわけではない」と補足すると、ちゃんと論理的なことが語られているのである。「これを微塵衆と名づくるなり」、つまり分別知でとりあえずわかるようにするために、これを仮に「微塵衆」と呼んでいるだけなのだ、ということである。

如の世界、一体であり空である世界は、なるべく小さな原子に分析してそれを実体だと捉えるようなアプローチでは決して把握できないということが、ここで語られている。

近代科学は、分析して分析していちばん小さいものを見つけ、それらの組み合わせで理解すると世界のほんとうの姿がわかると思って、がんばってやってみたらいちおうかなり見えたような気がして、いまだにその方法でやっている科学関係者も多いようだが、実は世界のほんとうの姿からは遠ざかること甚だしいということになってしまった面がある。つまり、つながって一つの一体の世界がかえって見えなくなってしまったのだ。

しかし、現代科学的に言えば原子はすべて元をただすと宇宙エネルギーだから、実体ではない。

もし原子の膨大な集合体が実体としてあるのならば、仏は決して「原子の集合体」という言い方はされなかっただろう、と。それはあくまでも区別できる現象としてあるのであって、しかし実体ではないということである。

私たちはどうしても、原子というと中心に原子核があってその周りを電子が回っている小さな球体のようなイメージを持ってしまうのだが、実は原子自体、重力を持っているから、他の原子と絶えず重力的に関わり合いつながり合っている。分離した単体としての原子は、科学的な思考のモデルとしては存在しうるし、研究のうえで一定の有効性があったわけだが、実際に宇宙に存在している原子は絶えず他の原子と関わり合っている。もちろん他の原子との区別できる姿は持っているが、完全に独立分離した状態では存在していない。

●一体性も実体ではない

しかしさらに、一体と見える世界についても誤解が生じがちなので、次のことが述べられている。

「世尊よ、如来の説いておられる全宇宙というのは、すなわち〔実体としての〕宇宙ではあ

りません。それを〔仮に〕宇宙と呼んでいるだけなのです。なぜかというと、もし、宇宙というものが実体としてあるのならば、それは全一体性という様相であるはずですが、如来は、『全一体性というのは、すなわち〔実体としての〕全一体性ではない』と説いておられるからです。それを、〔仮に〕全一体性と名づけているだけなのです」。

「スブーティよ、全一体性という様相については、それは説いてはならない。凡夫である一般の人々が執着するからである」。

（「世尊《せそん》よ、如来《にょらい》の説《と》きたもう所《ところ》の三千大千世界《さんぜんだいせんせかい》は、すなわち、世界《せかい》に非《あら》ず。これを世界《せかい》と名《な》づくるなり。何《なに》を以《もっ》ての故《ゆえ》に、もし、世界《せかい》、実《じつ》に有《あ》るならば、すなわち、これ、一合相《いちごうそう》にして、如来《にょらい》は、『一合相《いちごうそう》は、すなわち、一合相《いちごうそう》に非《あら》ず』と説《と》かれたればなり。これを一合相《いちごうそう》と名《な》づくるなり」。

「須菩提《しゅぼだい》よ、一合相《いちごうそう》は、すなわち、これ、説《と》くべからず。ただし、凡夫《ぼんぷ》の人《ひと》は、その事《こと》に貪著《とんじゃく》するなり」。）

全宇宙というのは、実は私たちが実体として想像するような宇宙ではない。そうではなくて空なのだけれども、その空なる・一なる宇宙を指し示すために「世界」「宇宙」という名前を付けているだけなのだ。なぜかというと、もし宇宙というものが実体として存在するとすれば、宇宙は――「全一体」と現代語では訳しているが――全体性・一体性という姿を持っているだろう、と。

ところが「全一体性」と言うとまた、静止した、固定的な、実体的な一体性を想像しがちだが、それは縁起、無自性、無常という姿であり、特に無常ということで言えば、ダイナミックに変化し続けるのである。「一体」という言葉を使うと、特定の範囲を考えて「これで一体」と思いがちだが、宇宙はどんどん拡大しているし、しかも一と言えば一だけれども、現象としては実に様々にどんどん変化をしていて、変わることのない性質を持った部分は宇宙のどこにもない。そして、それらが全部つながり合いながら、さまざまな現象が起こっている。したがって、変わることのない本性があるという意味での実体としての一体性ということではないのだ、と。だから、「一如」という言い方もできないことはないが、最後はやはり「如」あるいはむしろ「空」という表現になる。

そして般若経典のなかには、空ということさえも、言葉で想像するような空ではないのだという注意書きとして「空《くう》亦《やく》不《ぶ》空《くう》」、「空もまた空にあらず」という言葉がある。私たちは「空」と言われると、また〈空〉という何かものあるいは固定的な性質があるような想像をしてしまう。だから、般若経典は誤解を避けようとして、「空もまた空である」とそこまで否定的な言葉をあえて使っているのである。

ともかく、『金剛般若経』ではここまでのところで、「世界」というと一体としての世界、「宇宙」というと一つの宇宙が想像され、するとそれはもう実体として錯覚されてしまうが、「空」という言葉でさえも表現できない、それが実は宇宙のほんとうの姿であり空ということである、と語っている。

ところが、ふつうの人は分別知・無明の心で考えてしまうので、「世界は一体である」というすばらしい言葉を聞くと、今度はそれに対して執着するようになる。それは非常に危険だというのである。

「宇宙は一体である」「あなたは宇宙と一体である」ということを勉強し、感動して、それが自分のコスモロジーになった場合に起こりうる危険がある。「このコスモロジーを理解していないあなたはバカで、理解している私は偉い」「このコスモロジーを否定するあなたとは、私はもう仲良くできない」というふうに、やはりある種のイデオロギーや原理主義的宗教とおなじようになってしまう危険が、宇宙との一体性を語るコスモロジーにもある。

そういう危険を避けるために、最後に「須菩提よ、一合相は、すなわち、これ、説くべからず。ただし、凡夫の人はその事に貪著するなり」と語られているのである。

すでに如の世界にいるという〈信〉

これはほんとうに深いと思う。「もうわかった」と思ったら、それはまだわかっていないので、まだまだ先があると私たちは思ったほうがいい。その「まだまだ先がある」ということを、なかなか到達できないことだと取ると、何か淋しいような、焦るような、とても私には無理だと思うような、そういう気持ちに陥りがちである。

しかし覚れなくても、覚りに至る入り口であり、非常に重要なポイントであることについて、龍樹がすばらしい言葉を言っている。「仏法の大海は信をもって能入《のうにゅう》となす」と。『摩訶般若波羅蜜経』(大品般若経、二万五千頌般若経)の注釈書である『大智度論』にある言葉である。

仏の真理という、喩えると大きな海の入り口は、空や無我あるいは如ということを聞いて、まだ覚っていないけれども、「うん、これはほんとうだ」と思う、その信の心にある。これは単に信じ込むということではなく、「ああ、これはほんとうだな」と素直に受けとめる心で、それがあって初めて仏法の大海に入れるのだ、と。

初心者からとりあえず覚ったかなと思う人に至るまで、「仏法の大海は信をもって能入となす」という言葉は、心に留めておくべきことだと思う。

その場合、特に如ということで、「もうあなたはありのままのそのままで、空そのものであり、空の世界に生きているのだ」という教えを聞いたら、それを信の心をもって受けとめるということである。もう入っているのだから、覚っても覚らなくてもいい。覚らなくてもいいということが前提にあるのだが、しかし覚ったほうが自分の気持ちが爽やかになる。覚らなくてももう救われているのだけれども、覚ったほうが身のためだから、覚りたい、と。

であるから、自分の努力で行きつかなくても、もうそこにいる。ただ、心理的・自覚的には行きつこうという努力ができるので、個体としての体と心が何とか使えている間は、そこに自分が行きつこうという努力はすればいいのである。しかし「もうそこにいるのだ」と思いながら努力をする。だから、信による大きな安心をもとに、そこにいるという気づきに向かって努力するのである。

その基礎がなくて、まるで「私は如の世界におらず、如の世界がはるか向こうに隔たってあって、こちらに私が凡夫としていて迷っている」と思うと、ひどく焦らざるをえなくなる。人生百年あっても到達には間に合わないかもしれない。筆者も、いつの間にか高齢者の部類に入れられる歳になり、人生が長くてあと何年かと計算すると、「今生で究極の覚りに入れるだろうか？いや、無理なのではないか」と思って絶望してしまいかねない。「自分はすでに仏の世界・如の世界にいる」という信がなかったら、まちがいなくそうなるだろう。だから、私たちはまず「すでに仏の世界・空の世界にいるのだ」という信をもった上で、それに安住せず、なるべくそれを自覚ができるようになりたい、生きている間にその自覚をできるだけ深めたい、というアプローチをすればいいのではないかと筆者は考えている。

● 自我を実体視しないこと

「スブーティよ、もしある人が、『ブッダは、実体としての自我という見方、霊魂的な人格的な主体という見方、個体的な生命という見方、個体性を持って命を持続していくものという見方を説いておられる』と言ったとすると、スブーティよ、どう思うか。その人は、私が説いていることの真意を理解しているのだろうか、そうでないのだろうか」。

(「須菩提《しゅぼだい》よ、もし、人《ひと》、『仏《ほとけ》は我見《がけん》、人見《にんけん》、衆生見《しゅじょうけん》、寿者見《じゅしゃけん》を説《と》きたもう』と言《い》わば、須菩提《しゅぼだい》よ、意《い》においていかに。この人《ひと》は、わが説《と》く所《ところ》の義《ぎ》を解《げ》せるやいなや」。)

終わり近く、すでに説かれたことを繰り返して、もう一度駄目押しするのがこの個所である。「仏が『実体としての自分というものがある』とか、『生きている人が実体としてある』、『生命体が実体としてある』、『特定の年齢・寿命・命を持って生きている個体が実体としてある』と説いていらっしゃる」と、「そんなことを言う人がいたら、スブーティよ、おまえはどう思うか、そういう人は私が言っていることの意味をちゃんとわかっていると言えるだろうか」と。もちろんわかっていないわけである。

であるから、相対的にはそれでいいのだが、しかし「私が／仏教を／理解する」「私は／『金剛般若経』が／わかった」と思っている間は、ほんとうにはわかっていないのだ。『金剛般若経』をわかるということは、「私」も「わかる」も『金剛般若経』もすべて空なのだと気づくことである。であるから、「私は、これだけ時間と金をかけて努力して、『金剛般若経』がとりあえずわかったぞ」と思っているようでは、『金剛経』理解から遠ざかること甚だし、ということである。「もう『金剛般若経』などどうでもいい。すべて空なのだ」とわかったら、もちろん方便としては使えばいいが、『金剛般若経』を有り難がっている必要はない。とはいえ、有り難がっている必要はないと教えてくれたから、やはり有り難いのだ、と。そういうふうに『金剛般若経』を扱えるようになると、『金剛般若経』がわかった、あるいは仏説がわかったことになる。

「世尊よ、その人は、如来の説いておられることの真意を理解していません。なぜかというと、世尊は、『自我があるという見方、霊魂的な人格的な主体があるという見方、個体的な生命があるという見方、個体性を持って命を持続していくものがあるという見方は、すなわち〔実体としての〕自我があるという見方、霊魂的な人格的な主体があるという見方、個体的な生命があるという見方、個体性を持って命を持続していくものがあるという見方ではない』と説いておられるからです。それを、〔仮に〕自我があるという見方、霊魂的な人格的な主体があると

いう見方、個体的な生命があるという見方、個体性を持って命を持続していくものがあるという見方と名づけているだけなのです」。

（「世尊《せそん》よ、この人《ひと》は、如来《にょらい》の説《と》きたもう所《ところ》の義《ぎ》を解《げ》せざるなり。何《なに》を以《もっ》ての故《ゆえ》に。世尊《せそん》は、『我《が》見《けん》、人見《にんけん》、衆生見《しゅじょうけん》、寿者見《じゅしゃけん》は、すなわち、我見《がけん》、人見《にんけん》、衆生見《しゅじょうけん》、寿者見《じゅしゃけん》に非《あら》ず』と説《と》かれたればなり。これを、我見《がけん》、人見《にんけん》、衆生見《しゅじょうけん》、寿者見《じゅしゃけん》と名《な》づくるなり」。）

ここでも、「AはAに非ず。故にAなり」という形になっている。我々が実体として考える我見、人見、衆生見、寿者見、つまり実体的な個体や生命体が存在するという考え方であるが、これらは実体ではないので、そういう考え方はほんとうは成り立たない。しかし現象的・相対的に言えば、例えば著者は読者ではないとか、この本は非生命で私は生命だといった、他のものとの区別はちゃんとできる。だから、あくまでも相対的な現象としては、我見、人見、衆生見、寿者見はいちおう成り立つことは成り立つのだ、ということである。

●存在も実体視しないこと

「スブーティよ、この上ない正しい覚りに志す者は、あらゆる存在に対して、まさにそのよ

うに知り、そのように見、そのように信じ理解して、〔実体としての〕存在という様相を生じてはならない。スブーティよ、言われている存在という様相とは、如来はすなわち〔実体としての〕存在という様相ではないと説いておられるからである。それを〔仮に〕存在という様相と名づけているだけなのである」。

（「須菩提《しゅぼだい》よ、阿耨多羅三藐三菩提《あのくたらさんみゃくさんぼだい》の心《こころ》を発《おこ》す者《もの》は、一切《いっさい》の法《ほう》において、まさに、かくの如《ごと》く知《し》り、かくの如《ごと》く見《み》、かくの如《ごと》く信解《しんげ》して、法相《ほっそう》を生《しょう》ぜざれ。須菩提《しゅぼだい》よ、言《い》う所《ところ》の法相《ほっそう》とは、如来《にょらい》、すなわち、法相《ほっそう》に非《あら》ずと説《と》けり。これを法相《ほっそう》と名《な》づくるなり」。）

究極の覚りの心を得たいという菩提心を起こした人が菩薩なのであるが、菩薩はまさにそのように、一切のものが実体ではないけれども現象としては存在するというふうに知って、見て、そしてまだ覚りきっていないけれども、受け入れて理解する。これを「信解《しんげ》」という。講義をする——聞くというかたちで私たちがやっている作業も信解である。まだ覚っていないけれども、「なるほどそうなのだな」と納得して理解していく。その先の「忍」ということ、あるいは「覚」ということ、すなわち信解からもう一歩進んで、やはり覚りというところにアプローチをしていかなければいけないのだが、まずこの段階では、説かれたとおりにちゃんと知って、考えて、そして、信じ理解する。

その場合、「法相《ほっそう》を生ぜされ」、実体としての存在にいろいろなものがあるという考え方をしてはいけない、と。この場合の「法相」は、「真理」や「真理の教え」ではなく、「妄想としての、実体としてものがあるという考え方」という意味だと取っていいだろう。つまり、菩薩は、自分も含めてものが実体としてあると思ってはならない、と。

一般的に言われている「ものがある」という考え方に対して、実はすべてが縁起、無自性、無常、無我で、空であるから、実体としての法相は実はありえない。かといって何も認識できない混沌状態ということではなく、相対的な区別ができる形はあるわけで、それを法相と言うのだ、と。であるから菩薩は、あくまでも区別のできるものとして個々のものを認識することはかまわないけれども、それが分離した実体だと錯覚するのは避けなさい、それを絶えず心がけなさい、ということである。

私たちは、まだ覚りを開くことのできていないかなり初心の菩薩である。しかし、たとえ凡夫の菩薩でも、菩薩は菩薩であり、まだ分別知を脱却できていないけれども、覚りの世界へと本気で踏み込んでいる菩薩である。そういう菩薩は、ものを見る時に注意して絶えず思い起こすということである。分離的に認識しがちなのを、そうではなくて縁起的に、そして無常的に、無自性的にものを見る努力をする。

例えばここに湯飲みがあると思ったら、「私がいて、湯飲みがあって」と単に捉えてしまわないで、「この湯飲みとお茶を持ってきてくれた人がいるから、ここにある。そしてこのお茶は、飲むと、やがて私になってくれる。しかし、飲むということも湯飲みがあるということも、すべて時の流れのなかで起こっている現象であって、決して変わることのないものではない……」と。

そのお湯飲みがそれほど高いものではなければともかく、もし国宝級のものだったとすると、欲しいと思ったりする。だが、欲しいと思うのは、所有できると思うから欲しいと思うのだ。ところが、やがて所有者そのものがいなくなるのだから、永遠に所有することなどできない。でも、今一時私が使っていいというのなら、使わせていただく。そういう気持ちで、「所有したい」ではなく、「使わせていただいて有り難い」「飲ませていただいて有り難い」という思いでものを見る。実体ではなく現象として、というものの見方を絶えずする努力が望まれるのである。

現象としてということは、何度も言うが、まず何よりも縁起という相を見なければいけない。それがそれだけで成り立っていると思ったら、もう大妄想であるから。

筆者自身講義をする時に気をつけているのは、私という実体がいて、講義の日時や内容をお知らせをして、聴講者という実体がやってきて、そしてここで実体として講義が成り立っていると思うと、これは大妄想だということである。

そうではなくて、聴講者のみなさんと私は区別できる姿を持っているけれども、縁起的な関係、つまりつながり・ご縁があって、一時期講義の場が成り立っているのである。

その時・その場所は会場だが、少し前は会場ではなかった。そして、講義が終了したら、また会場ではなくなるのである。つまり、無常であり無自性である。例えばどんなに「星条旗よ永遠なれ」とか「〇〇よ永遠なれ」と願っても、永遠ではない。時が許し宇宙が許す、その何日間か何ヵ月か何年かの間、何回か講義の場をもつことができるということであって、無常であるからそれもまた必ず過ぎ去って行く。

筆者や聴講者のみなさんが自分を個体だと思っていると、それは淋しいことだと感じられるが、とにかく前の人が去っていかないと後の人がやって来られない。人類史は現生人類で二十万年くらいかと言われているが、その二十万年の間、生まれた人たちがぜんぶ生きていたら、今頃地球は足の踏み場もないかもしれない。後から「おぎゃあ」とかわいい赤ちゃんが生まれて来られないのだ。だから、なるべくなら順序どおり、ロートル化した者から順を追って去っていって、新鮮な者が生まれてくれればいい。

その場合、自分を個体として捉えたらつらい。そうではなくて、大きな大きな命の流れのひとこまだと捉える。私の命を引き継いだ子ども、あるいはもし子どもがいなくて直接私の命が引き継がれなくても、どこかご先祖さまのところから枝分れしているから、そういう私の同類の命を引き継いだ人はいる。そもそも命はぜんぶもともと一体である。一体の命が仮に分かれている。その命の流れは当分なくならないだろう。

しかし命も無常だから、二、三十億年くらい後かもしれないが、太陽が生命を終え、それにつれて地球もたぶん生命を終えるだろう。その頃には人類の存続は困難だろう。その頃まで人類が賢く科学と技術を発達させていたら、太陽系ではなく銀河系の他のところに移住するという夢のような話もあるけれども。ともかく、太陽が終わる時には大膨張して太陽系全体を飲み込み溶かしてしまうようである。しかしそうであっても、宇宙は必要ならばふたたび命を生み出すだろう。必要ならば心を生み出すだろう。そして、その宇宙と私たちは一体なのだから、すべては滅びて無になって終わりだ、と考えるのは正しくないのだ。

しかし、私たちが自分を個体ではなくて、徹底的に宇宙と一体であり、その宇宙というのは実体ではなく運動し続ける空・無常としての宇宙だと思うと、「去ることも自然だな、去る時は去ればいい」という気持ちになるだろう。

しかしさらに、そういう気持ちになれず、「死にたくない」と言っても、最後はちゃんと死ねるから、大丈夫である。死に際にどんなに怖がっても、怖がるのは心があるから怖がるのであって、心がなくなったらもう怖くなくなるから大丈夫なのである。

『金剛般若経』を守り伝える功徳

さて、最後のところで、布施よりも、この『金剛般若波羅蜜多経』のたとえ四つの詩句でも守り伝えるほうが功徳がはるかに大きい、ともう一度念を押している。

「スブーティよ、もしある人が、無数の世界を七種類の宝で満たし、それを使って布施をしたとしよう。もし、男女の修行者で菩薩でありたいという心を起こした者が、この経のわずか四つの詩句でも持ち、保持し、読誦し、人のために説いたとすると、その功徳はそれよりも勝れているのである」。

（「須菩提《しゅぼだい》よ、もし、人有《ひとあ》りて、無量阿僧祇世界《むりょうあそうぎせかい》を満《み》たすに七宝《しっぽう》を以《もっ》てし、もって布施《ふせ》したりとせん。もし、善男子善女人《ぜんなんしぜんにょにん》にして菩薩《ぼさつ》（提《だい》）心《しん》を発《おこ》せる者《もの》、この経《きょう》において、乃至四句《ないししく》の偈等《げとう》を持《じ》して、受持《じゅじ》し、読誦《どくじゅ》し、人《ひと》のために演説《えんぜつ》したりとせんに、その福《ふく》は彼《かれ》に勝《すぐ》れたり」。）

「菩薩心」の個所、「菩提心」のほうがいいかもしれないという意味でテキストではカッコ書きになっている。

ともかく、どんなに人のために尽くすよりも、菩薩の心あるいは覚りたいという心を起こし、この『金剛般若経』を大切にして、そのなかのたった四行の詩句でも保持し受けとめて、「読誦」つまり声を出して読み、特に人のために説いてあげる。そういうことをしたとすると、その功徳はどんな布施よりも大きいのだ、という。

「どのようにして他人のために説くのか。姿かたちを取らないので、あるがままにあって動かないことである」。

（「いかにして人《ひと》のために演説《えんぜつ》するや。相《そう》を取《と》らざれば、如如《にょにょ》にして不動《ふどう》なり」）

「どうやって人のために説くのか。形というものを取らないのだから、如如・ありのまま動かないのだ」と。般若波羅蜜を説くとは、最後はありのまま、何もしない、説かない、それが説くということなのである。

「いちおう言葉でずっと説明をしてきたのでわかったような気になるだろうが、それは全然わかっていないのだよ、ほんとうは言葉にならないのだ」と。そして、「言葉にならない」と言って終わりにするのではなく、言葉にならないから、最後には黙って見せる。その黙ることにおいて、ありのままの世界を自覚させようというのである。

すでに紹介したが、『維摩経』では、維摩詰が病気になったというので——実はある種の仮病なのだが——ブッダに遣わされて弟子たちが来てお見舞いの言葉を述べる。その時、維摩詰は「法というもの、真理というもの、空というものを、あなたはどう理解するのか、説いてみてくれ」

といろいろに言わせ、結局言葉では言い尽くせないことを明らかにしたうえで、自分が語り、そしてそれでも語りきれないことを示すために、最後に黙る。ところが、禅に「維摩の一黙雷《いちもくらい》の如《ごと》し」「維摩の沈黙が雷のように鳴り響く」という評があるように、何も言わないのだけれども、そこに真理が轟くというのである。そのくらいの沈黙でなければダメなのだ。もちろん言えなくてへどもどして黙っているのでは全然ダメなので、相対的に説けるだけのことは雄弁に説いた後で、最後は黙る、ということである。

●無常観《むじょうかん》の偈《げ》

最後の個所は漢文では四つの句になっていて、「四つの偈を受持する」とは、『金剛般若経』中のどれか四つということではなく、具体的にこの四句のことではないかという解釈もある。ともかく以下の四つの句である。

「なぜかというと、
一切の作られた存在は
夢、幻、泡、影のようであり

露のようであり、また稲妻のようである
まさにこのような洞察をすべきである」。

（「何《なに》を以《もっ》ての故《ゆえ》に
一切《いっさい》の有為法《ういほう》は、　〈一切有為法《いっさいういほう》〉
夢《ゆめ》・幻《まぼろし》・泡《あわ》・影《かげ》の如《ごと》く　〈如夢幻泡影《にょむげんほうよう》〉
露《つゆ》の如《ごと》く、また、電《いなづま》の如《ごと》し。　〈如露亦如電《にょろやくにょでん》〉
まさにかくの如《ごと》き観《かん》を作《な》すべし」。　〈応作如是観《おうさにょぜかん》〉）

「有為法《ういほう》」は、有為法と無為法《むいほう》という対の概念で、「為《な》すところ有り」、作られたものという意味である。一切の作られたものは、夢や幻や泡や影のようなものだ、と。つまりこれは空の喩えである。また、露のごとく、稲妻のように一瞬光って終わりだ、と。それに対して、「無為法」は空・真如の世界なので、変化がない、というか永遠である。

しかし、私たちがふつうにあると思っているものはすべて縁によって作られたもの、つまり「有為法」である。例えば草や木は、自然に生えるという気がするが、それは太陽の力や水の力や、あるいはその先祖の種の力や、とにかくいろいろなものの縁によって作られたものである。そのように、私たちの知っているありとあらゆるものは、みな作られたもの（有為法）である。それは、特に無常という面からいうと、夢のごとく幻のごとく、泡のごとく影のごとく、露のごとく稲妻のごとし、といったものだと洞察せよ、というのである。

　こうした個所を、あくまでもやはり自分が実体である・ありたいという気持ちが残ったままで聞くと、中世日本文学的な「無常感」になる。日本中世の「無常感の美学」として、例えば『方丈記』で、「行く川のながれは絶えずして」という後に「よどみに浮ぶうたかた」とある、あの「うたかた」とは泡のことである。

　付け加えると、「夢幻」は能本・謡のなかに非常にしばしば出てくる比喩である。観阿弥、世阿弥の座が所属していた興福寺も、この『金剛般若経』を非常に重んじるお寺であり、そういうところから観阿弥や世阿弥は夢幻という比喩を半ば無意識的に吸収していったのではないかと筆者は推測している（拙著『能と唯識』青土社、参照。オンデマンド出版で入手可能）。

　実体であってほしいと執着しながらしかし人生は無常だと思うと、命というものは露のごとくはかなく悲しいと感じられる。しかし、はかなく悲しいからこそ美しい、美しいがやはりはかなく悲しい……という話になるのだが、それは「かくの如き観を作すべし」という時の、観察の「観」の無常観ではない。日本人は、きわめて情緒的な民族で、無常感を感じるほうの「感」にとどまって、長い間それが仏教だと誤解してきたし、いまだにしている人が多いのではないだろうか。

　しかし本来、大乗仏教の伝えようとしていることはそういうことではない。夢幻、泡、影、露、電の如しということは、現象としては非常に相対的で無常なのだけれども、それが、すべてが空というところまでいって、むしろきれいさっぱり不安も悲しみも心配も虚無感もなくなってしまって、心がまさに非常に能動的な意味でからっぽ・すがすがしいという境地に到達しようというのが、大乗仏教・般若経典の目指すところであるから、「悲しい」とか「悲しいけれど美しい」と言っている間は、分別知が残っていて修行が足りない、というかまったく足りないということになる。

京都や奈良のいいお寺に行って、「美しいけど悲しい、悲しいけど美しい、それが仏教なんだろうな」とか、例えば秋に紅葉が真っ赤で風が吹くとはらはらと散って、「ああ、これが日本の美だな」と思うのはいいし、私も嫌いではない。「無常感の美学」は筆者も日本人として共感するところが非常にあるし好きだけれども、それは仏教の究極の真理とはかなり違っているというほかないし、そこでとどまっていては、せっかく仏教を学んだ価値が十分でないと思う。

●経典の終わり

ブッダは、この経を説き終えられた。スブーティ長老およびもろもろの僧・尼僧・男性信徒・女性信徒、すべての世界の天人・人間・阿修羅は、ブッダの説かれたことを聞いて、大いに喜

び、金剛般若経を信じて受け取り奉った。

（仏《ほとけ》は、この経《きょう》を説《と》き已《お》りたまえり。長老須菩提《ちょうろうしゅぼだい》、およびもろもろの比丘《びく》・比丘尼《びくに》・優婆塞《うばそく》・優婆夷《うばい》、一切《いっさい》の世間《せけん》の天《てん》・人《にん》・阿修羅《あしゅら》は、仏《ほとけ》の説《と》きたもう所《ところ》を聞《き》きて、皆《みな》、大《おお》いに歓喜《かんぎ》し、金剛般《こんごうはん》若波羅蜜経《にゃはらみつきょう》を信受《しんじゅ》し、奉行《ぶぎょう》せり。）

最後に、サンスクリットの音を漢字で写して、意味は訳さないままの「呪《しゅ》＝真言《しんごん》」が付いている。『般若心経』だと「ギャーテーギャーテー　ハーラーギャーテー」にあたるところである。

ナモバギャバテイ　ハラジャ　ハラミタエイ　オンイリテ　イシリ　シュロタ　ビシャヤ　ビシャヤ　ソワカ

（那謨婆伽跋帝《なもばぎゃばてい》　鉢喇壌《はらじゃ》　波羅弭多曳《はらみたえい》　唵伊利底《おんいりて》　伊室利《いしり》　輸盧駄《しゅろた》　毘舎耶《びしゃや》　毘舎耶《びしゃや》　莎婆訶《そわか》）

意味は、「分別知・煩悩を徹底的に切断するものとしてのダイヤモンド、それは聖なる尊ぶべき般若波羅蜜・真理の完成である。それを終わる」ということである。漢字で写しているので、サンスクリット語とは異なっており、さらに中国音ではなく日本語の音で唱えるので、響きはやや異なっているようだが、それでも、わけがわからないが何か有り難いという気がするマントラ・

真言である。

ともかく、『金剛般若経』の空を比喩的に表現した最後の個所の「一切の有為法は、夢・幻・泡・影の如く、露の如く、また、電の如し」といった言葉を読んで悲しいと感じるのではなく、観察・洞察して「まさにそのとおり」と覚ってあらゆる煩悩が断ち切られた深い安らぎの境地に到る。それが『金剛般若経』が指し示しているところだと言ってまちがいないだろう。

●『大般若経』のことなど

以上、本文の解説・講義は終わりだが、少し付け加えると、般若経典は、日本の伝統のなかに伝えられて重んじられ、唱えられてはきたけれども、意外にちゃんと理解されてきたとは言えないようだ。とはいえ、これが千数百年日本の文化の伝統のなかに残されてきたということは、とても尊いこと、有り難いことだ、と筆者は最近ますます感じている。

かつて、空と一如と慈悲の関係を明快に語った個所を見つけるために、『摩訶般若波羅蜜経』（鳩摩羅什訳）を読み、あまりにも面白かったので、さらには『金剛般若経』を含む『大般若経』六百巻すべてまで読む気になり、他の仕事の合間を縫いながらだったので三年半ほどかかったけれども、ともかく読了したことがある。そのプロセスで感じたのは、般若経典には繰り返しが多く、日本人的感覚からすれば、ここまでくどく書かなくてもいいのではと思うような面もあるが、やはり驚くほど深いことが書いてあるということである。

その経典を、日本人は奈良時代から「護国の経典」つまり国を守る経典として、その他さまざまな功徳のある経典として呪術的に尊んできた。その始まりは聖武天皇が『大般若経』を非常に重んじ、全国の国分寺に備えるよう詔《みことのり》したことにある。聖武は、それが国を守ってくれると考えたのである。

今でも『大般若経』を蔵に置いてある寺は多く、年に一回、「大般若会《だいはんにゃえ》」という年中行事・儀式をやるお寺もかつては多かった。

もちろん置いておくだけでも価値がある。それはなぜならば、置いておけばいつの日か誰か読む人が出てくるからである。加えて、病気が治る、仕事がうまくいく、家庭内が穏やかに治まるなどなどの功徳も、確かに信じれば起こるようである。

それは、呪術的な意味で国を守るというだけではない。現代の先行きの見えにくい不安な社会状況のなかで思うのだが、この『大般若経』の精神を日本人がちゃんと理解できるようになったら、日本はこれからきっとすばらしい国・仏国土になるだろう。そういう意味で、般若経典は、まさに「護国の経典」、まだ読まれていない、これから国を守る経典であると思う。

まだ読まれておらず、ちゃんと理解されないけれども、千数百年、日本人が伝えてきたということは、これは民族的・集合的無意識の英知なのだと私は思っていて、「ご先祖さまたち、わけもわからず尊んで、一所懸命伝えてくれて有難うございます。そのおかげで、私はみなさんの子孫として、精進・努力して、今、理解できるようになりました。これからその智慧を自分にも社会にも活かしていきたいと願っています」という思いである。理解しないで伝えてくれた先祖たちがいたからこそ、理解できる私がいる、という構造になっているので、自分だけが偉いと思ったらおおまちがいだということがわかってきて、ほんとうに有り難いことだと感じている。

以上で『金剛般若経』の講義は終了・完結である。

あとがき

『金剛般若経』は、本文でもふれたが、いわば「空《くう》」という言葉を使わないで空を説いた大乗仏教の経典である。本書は、現在一般に入手可能な『金剛般若経』の全文講義としては、筆者の知るかぎり唯一のものである。

「空」という言葉を知らない日本人はいないだろう。だが、大乗仏教の中核的なコンセプトとしての「空」の意味がわかっている人は、どのくらいいるのだろうか。かつての筆者がそうだったように、わかりたいと思いながら、なかなかちゃんとわからせてくれる本や人に出会えていない方が多いのではないだろうか。

しかしわからないからこそ、そこにとても深いものがあると感じさせられるからだろうか、「空」という言葉が使われている『般若心経』は非常にポピュラーで、そのため数え切れないほどの解説書がある。

しかし、さらに進んで、「空」についてより詳しく、より深く知りたいと思い、『般若心経』よりは大きくしかし手ごろな分量の『金剛般若経』を読んでわかりたいと思っても、幸い現代語訳はあるが、適当な解説書もないし、まして全文を講義したものはない。

少し前のものとしては、鈴木大拙先生の『金剛経の禅』(一九四四年、後に春秋社版鈴木大拙禅選集第四巻所収、岩波書店版鈴木大拙全集第五巻所収）があって、ある意味でまちがいなく名著ではあるが、常識的な意味ではわけのわからないきわめて禅的な語り方になっており、読んで誰にでもわかるというふうにはなっていない。それは、元臨済宗天龍寺派管長・平田精耕老師の『一切は空――般若心経・金剛般若経』（一九八三年、集英社、後に文庫化）もおなじである。

筆者自身もかつて大拙先生の本などを読んで学ばせていただいたのだが、長い間、結局、空とは何か、どうもわからないままだった。幸いにして、大乗の深層心理学とも評すべき唯識学に出会って、学び、わかったと思えた時、空ということも――最終的には直接に体験するほかないものではあるが――「とりあえずわかった。いちおう言葉でここまでは言える」と思ったものである。

そうした言葉でわかった空という思想を、できるだけわかりやすくほぐして語ることで、多くの方と共有したいと思って、『わかる般若心経』（一九九七年、水書坊、二〇〇四年、改題・文庫化『よくわかる般若心経』PHP文庫）を書いたが、幸いにして多くの方からまさに「よくわかる」というお声をいただだいた。

その後、二十年近く、筆者の主宰する「サングラハ教育・心理研究所」ではさまざまな般若経典についての講義を継続的に何度も行ない、その一環として『金剛般若経』の全文講義も行なった。その録音を文字起こし・修正して研究所の会報誌『サングラハ』に連載し、さらに徹底的な推敲を加えたのが本書であるが、「わかる金剛般若経」になっていると思う。

（研究所及び筆者の活動に関心を持っていただける方は、ＨＰ：http://www.smgrh.gr.jp
ブログ「伝えたい！ いのちの意味――岡野守也の公開授業＋α」：http://blog.goo.ne.jp/smgrh.gr.jp　をご参照ください。）

『金剛般若経』そして空がわかると、覚るというところまで行かなくても、かなり心が軽くなる。軽くなるだけでなく、心がしっかりと落ち着いてくるはずである。

今、日本人の精神的なアイデンティティの基礎であった神仏儒習合（神・仏・天地自然・祖霊をほぼおなじものと思うような日本的心性《メンタリティ》）の中核である大乗仏教の、さらに中核にある空・智慧と慈悲という思想がわかるということは、日本人としての自分のアイデンティティの再発見・再確立の確かな基礎になるはずである。アイデンティティが確立すると、言うまでもなく心が落ち着くのである。

あえて功徳という言葉を使えば、『金剛般若経』には実にさまざまな功徳があることになっているが、少なくともわかるだけでも心が軽くなり、落ち着いてくるという確かな功徳があることはまちがいない。

空という思想――『金剛般若経』――大乗仏教をわからせてくれる本になかなか出会えず、長らく不満を感じておられた本書の潜在的な読者に、「お待たせしました。ようやく書き上げることができました。きっと参考にしていただけると思います」と申し上げたいと思う。

終わりに、講義の文字起こしや文章の手直しの過程で献身的な協力をしてくださった『サングラハ』編集長の三谷真介氏、原稿段階で読んで貴重なコメントをくださった羽矢辰夫氏、横山昌太郎氏、そして何よりもサングラハ教育・心理研究所で長く続いた講義に根気よく付き合ってくださった（今もくださっている）聴講生のみなさんに、心から感謝申し上げたい。

また私事ではあるが、本書だけではないいろいろな、講義の準備、講義、原稿化、そして推敲、そのベースである日々の生活という長い長いプロセスにそろそろ四十五年もずっと付き添ってくれている妻に、ほんとうに有り難うと改めて言いたい。

最後に、きびしい人文書出版の状況下、あえて出版を引き受けてくださった大法輪閣の石原大道社長、黒神直也編集長にも深くお礼を申し上げたいと思う。

岡野守也

二〇一六年初夏

岡野 守也（おかの もりや）
1947 年、広島県生まれ。幼年期から高校まで山口県で過ごす。
関東学院大学神学部でキリスト教神学を学び、直接には八木誠一の神学の影響で原理主義的キリスト教を脱し、著書を通じて滝沢克己、久松真一、西谷啓治から影響を受ける。
1970 年、関東学院大学大学院神学研究科修士課程修了。秋月龍珉から禅を学びつつ、さらに研究を唯識、トランスパーソナル心理学へと展開。
キリスト教牧師と兼務で、仏教書出版社の編集者として仏教、心理学、エコロジー、ホリスティック医学など編集企画に携わり、ケン・ウィルバー、トランスパーソナル心理学をはじめ新たな思想潮流をわが国に紹介、並行して唯識と西洋深層心理学の統合を構想する。1982 年、牧師を辞任。
1992 年にサングラハ心理学研究所（現在サングラハ教育・心理研究所と改称）を設立。1998 年、出版社を退社し、研究所に専心。現在まで、同研究所の主幹として機関誌『サングラハ』を主宰する。
以降、執筆、講演・講義、ワークショップなどの活動を続け、社会人教育の講座（唯識心理学、コスモス・セラピー、トランスパーソナル心理学、論理療法等の講義及びワークショップ）を持続している。
2008 年、日本仏教心理学会創設、副会長（～ 2012 年）、現在運営委員。「持続可能な国づくりを考える会」運営委員長。2013 年まで、法政大学、桜美林大学、武蔵野大学等で教鞭を取った。
著書に『トランスパーソナル心理学』、『唯識の心理学』、『コスモロジーの心理学』（青土社）、『わかる唯識』、『わかる般若心経』（水書坊）、『コスモロジーの創造』（法蔵館）、『自我と無我』、『生きる自信の心理学』（ＰＨＰ研究所）、『道元のコスモロジー』（大法輪閣）など。翻訳に、ケン・ウィルバー『万物の歴史』（トランスビュー）などがある。
サングラハ教育・心理研究所 http://www.smgrh.gr.jp/
ブログ http://blog.goo.ne.jp/smgrh1992/

『金剛般若経《こんごうはんにゃきょう》』全講義《ぜんこうぎ》

平成 28 年 10 月 15 日 初版第 1 刷発行

著　者　岡　野　守　也
発行人　石　原　大　道
印　刷　亜細亜印刷株式会社
製　本　東京美術紙工
発行所　有限会社 大法輪閣
〒 150-0011 東京都渋谷区東 2-5-36 大泉ビル 2F
TEL (03) 5466-1401（代表）
振替 00130-8-19 番
http://www.daihorin-kaku.com

ISBN978-4-8046-1388-8 C0015